C·H·Beck
PAPERBACK

Großbritannien ist ein Land, das sich gerne am Rande Europas und im Zentrum der Welt ansiedelt. Dabei blickt es selbstbewusst auf seine Geschichte zurück: auf die stolzen Traditionen seiner Demokratie, seines Rechts, seiner Monarchie und seiner Kultur. Mit dem Kolonialismus, dem Sklavenhandel und der Unterdrückung Irlands kennt auch diese Geschichte ihre dunklen Flecken. Doch selbst Revolutionen und Weltkriege haben ihre beneidenswerte Kontinuität wenig beeinträchtigt. Thomas Kielinger folgt in seinem lebendig erzählten Buch den tiefen Spuren, die Alfred der Große und Wilhelm der Eroberer, Heinrich VIII. und Elisabeth I. in dem Land von heute ebenso hinterlassen haben wie Winston Churchill, Margaret Thatcher und die Queen.

Thomas Kielinger berichtet seit 1998 für «Die Welt» aus London. Seine journalistischen Beiträge wurden vielfach ausgezeichnet. Für seine Arbeit für die deutsch-britischen Beziehungen erhielt er 1995 den Orden eines *Honorary Officer of the Order of the British Empire* (OBE). Bei C.H.Beck sind von ihm erschienen: *Elizabeth II. Das Leben der Queen* (^{3}2012) und *Winston Churchill. Der späte Held. Eine Biographie* (^{5}2015).

Thomas Kielinger

KLEINE GESCHICHTE GROSSBRITANNIENS

C.H.Beck

Dieser Band erschien zuerst 2009
unter dem Titel «Großbritannien» in der Reihe
«Die Deutschen und ihre Nachbarn»,
herausgegeben von Helmut Schmidt und
Richard von Weizsäcker.

Mit 12 Abbildungen und 3 Karten

1., überarbeitete und erweiterte Auflage in C.H.Beck Paperback. 2016

Gestaltung und Satz: a.visus, Michael Hempel, München
Gesetzt aus Stone und Gill
Druck und Bindung: Druckerei C.H.Beck, Nördlingen
Umschlagabbildung: John MacVicar Anderson,
Blick auf Westminster von Lambeth aus, 1859, Privatbesitz,

Printed in Germany
ISBN 978 3 406 68953 6

www.chbeck.de

INHALT

9 I IM TAUMEL DER GEGENWART

Die große Unberechenbarkeit · Die europäische Gretchenfrage

22 2 DIE INSEL AN SICH UND ALS SOLCHE

«England» oder «Großbritannien»? · Was uns der Inder Sachin Tendulkar über England verrät · Nachbarn des Festlands, aber kein Teil Europas · Harry Potter oder das Weltreich lebt · Die Deutschen blicken neugierig nach England – und umgekehrt?

36 3 DER «FREI GEBORENE ENGLÄNDER» UND SEIN RECHT

Warum Alfred der Große wichtig ist · Die Normannen übernehmen die angelsächsische Tradition · Ein Blick auf das englische Recht · Magna Charta · Simon de Montfort stellt die Weichen zur Moderne · Eduard I.: Die «Mutter der Parlamente» schält sich heraus

52 4 IM RÜCKENMARK DER NATION: DER PROTESTANTISMUS

Heinrich VIII. definiert die Staatsräson neu · Nordirland: Hält der Religionsfriede? · Warum selbst Tony Blair auf 1701 Rücksicht nehmen musste und Georg Friedrich Händel über 1714 besonders glücklich war

66 5 VON DER HINRICHTUNG KARLS I. ZUR GLORREICHEN REVOLUTION: DIE KONSTITUTIONELLE MONARCHIE

«Mein Gewissen und meine Ehre»: Der Tod des Königs · Oliver Cromwell: Das königlose Interregnum · Der restaurierte Stuart-König Karl II. provoziert das Parlament · Die Geburt der Parteien aus dem Streit um den katholischen Jakob Stuart · Jakob II. oder Das Endgame ·

Die Glorreiche Revolution verändert vieles: Das 18. Jahrhundert wird ein englisches · Was John Locke für uns heute bedeutet – und für Amerika

93 6 DIE ENGLISCH-FRANZÖSISCHE ERBFEINDSCHAFT

Napoleon, Jeanne d'Arc und der Mythos von Azincourt · Wie Voltaire den Franzosen England als Vorbild hinstellte · Charles de Gaulle hatte ein Problem mit den Engländern – und sie mit ihm

106 7 WAS UNS DIE DEUTSCHEN ANGLOMANEN DES 18. JAHRHUNDERTS ÜBER DAS HEUTIGE ENGLAND ERZÄHLEN

Vorab: Der Kontrast der Verfassungen · Der rüde Ton gegenüber der Obrigkeit und die Lust an der Provokation · Der Überwachungsstaat von heute: Eine neue Herausforderung für den *free-born Englishman* · Der Engländer und sein Patriotismus ... · ... stoßen an ein Identitätsproblem · Wie sich die Briten herunterspielen · Die öffentliche Rede: Eine Kunst, die Karrieren beflügelt

131 8 VOM EMPIRE

Wie Goethe und Hegel sich englischen Stolz erklärten · Ein Weltreich, das von einem Land mit zwei Prozent der Weltbevölkerung gebaut wurde · Indien ... · ... und das Commonwealth · Sklavenhandel: Ein dunkler Fleck wird beseitigt – und Afrika als Objekt der Kolonialpolitik entdeckt · Englands *balance of power*-Politik · Das «perfide Albion» und der deutsch-britische Gegensatz

160 9 1848/49: «WIE STOLZ UND UNVERSEHRT ENGLAND DOCH DASTEHT INMITTEN DER REVOLUTIONEN RINGSUM»

Was Marx und Engels in England nicht verstanden · Karl Marx im Lesesaal des British Museum · Europa vereinigt sich auf der britischen Insel ... · ... aber versteht die englische Klassengesellschaft nicht

170 10 DER KATASTROPHE ENTGEGEN

Die Engländer und ihre friedlichen germanischen Verwandten · Prinz Albert · Der Ton ändert sich · Konkurrenz, Konkurrenz. Und dann auch noch eine Flotte! · Die Diplomaten auf der Suche nach einer Antwort – doch 1914 gehen in Europa die Lichter aus

189 **11 VON NACHKRIEG ZU VORKRIEG ZU ...**

England kommt dem besiegten Deutschland entgegen · «Appeasement» – gut gemeint und ahnungslos · Missverstandene Konzilianz · Churchill, Hitler und der Krieg · Drei Tage im Mai 1940, die den Krieg entscheiden · «Operation Seelöwe»: Die Pläne der SS · Bomben über Deutschland – auch in England noch immer eine Wunde

213 **12 ZU NEUER PARTNERSCHAFT**

Umerziehung und *indirect rule* · Bindestrich-Politik: Die Briten gründen Nordrhein-Westfalen · Wie Adenauer vergeblich um England ringt ... · ... und der Deutsche Bundestag gegen Frankreich eine englandfreundliche Präambel durchsetzt

224 **13 «EIN FREMDER IN EUROPA»: GROSSBRITANNIEN UND DIE EU**

Wie die Insel sich im Verhältnis zum Kontinent sieht · Die «verpassten Gelegenheiten» seit 1945 · Die Eiserne Lady · Margaret Thatchers Deutschlandbild und das Fortwirken ihrer Sicht von Europa

237 **14 DIE MULTIKULTURELLE GESELLSCHAFT**

Wie Terror entsteht · Wie es nach dem Zweiten Weltkrieg zur Einwanderung kam · Multikulturalismus, ein belastetes Wort

253 **15 DER KOPF DER «FIRMA»: DIE QUEEN**

263 **ANHANG**

263 Zeittafel
269 Karten
272 Stammtafel
274 Literaturhinweise
278 Bildnachweis
279 Personenregister

Das Vereinigte Königreich in vier Nationen:
England, Schottland, Wales, (Nord-)Irland

I

IM TAUMEL DER GEGENWART

DIE GROSSE UNBERECHENBARKEIT

Ein Buch über die britische Geschichte kann nicht beginnen ohne einen Blick auf die Insel, wie sie sich dem heutigen Auge darbietet. Zwar stimmt, was Winston Churchill 1948 seinem Enkel – ebenfalls ein Winston – auf den Weg gab: Er solle die Vergangenheit studieren, um ein besseres Verständnis für die Gegenwart zu entwickeln. Aber der Rat hat einen Pferdefuß: Was, wenn die Gegenwart einen Grad der Unordnung erreicht hat, dass auch das Studium der Geschichte nur wenig hilft, die Wirrnis des Heute zu entflechten? Großbritannien teilt mit der Welt des Jahres 2015 ein wichtiges Charakteristikum: Gegenwartsschrumpfung. Mit dieser Wortprägung hat der Zürcher Philosoph Hermann Lübbe auf den Verschleiß alles Neuen hingewiesen oder, anders ausgedrückt, die Beschleunigung des Veraltens. Auf die Zeitgeschichte gemünzt heißt dies: Die Zeitspanne, über die wir verlässliche Urteile fällen können, wird immer kürzer, bedrängt von Ereignissen, die niemand vorhergesehen hat und die das Heute binnen Kurzem zu Geschichte machen. Die Gegenwart «schrumpft» und wird immer unberechenbarer.

Wer wusste vor Ende 2013 etwas von der kommenden Ukraine- und Krim-Krise, wer – außer einem kleinen Kreis von Eingeweihten – hatte je von ISIS gehört, der Bedrohung durch ein islamistisches Kalifat und seine mörderischen Tentakeln? Als alle Augen auf die Lösung der Euro- und Griechenland-Krise gerichtet waren, wer sah die Springflut der Flüchtenden voraus, die heute aus Afrika, Syrien oder Afghanistan nach Europa drängen? In Großbritannien bündelt sich wie in einem Prisma das Eintreten des Unerwarteten in die Geschichte. Das bringt Gefährdungen mit sich, welche die Politik in ein Rätsel um unlösbare Fragen verwandeln.

Hinzu kommt, dass das Vertrauen in die Weichensteller, die Politiker, auf seinem tiefsten Punkt angelangt ist. Die Ursache liegt nicht in jenem Stammtisch-Unmut, den die Menschen zu allen Zeiten der Politikerklasse entgegengebracht haben. Briten sehen vielmehr handfeste Gründe, an den Regierenden, wenn nicht am politischen Establishment überhaupt, zu zweifeln. Den Beginn dieser Entfremdung kann man an einem konkreten Datum festmachen: der Finanzkrise von 2007/08.

«Wir stehen am Anfang eines Goldenen Zeitalters», hatte Gordon Brown im Juni 2007 einem prominenten Zuhörerkreis in der Londoner City zugerufen, kurz nachdem er Premierminister geworden war. Vier Monate später musste er mit Northern Rock zum ersten Mal in der neueren Geschichte eine ins Schlingern geratene Bank verstaatlichen. Die Blase des straffreien Schuldenmachens war zerplatzt. Hatte die Politik nichts kommen sehen? Wie konnte sie noch im Sommer zum Leichtsinn im Umgang mit Geld raten und ein Goldenes Zeitalter, das Ende der Auf- und Abschwünge in der Wirtschaft, verkünden, während der Herbst schon lauerte, der diese Annahme zum Einsturz brachte? Mit Milliarden an Steuergeldern mussten mehrere Banken vor dem Ruin gerettet werden. Kein Wunder, dass auch diese Hochburgen des Mammon und ihre überbezahlten Lenker dem allgemeinen Misskredit verfielen. Wie auch jene, die schon früh die Lockerung der finanzpolitischen Klugheit gepredigt hatten, etwa der Mitbegründer von New Labour Peter Mandelson, der 1997 frohgemut verkündete, Geld sei jetzt auch bei der bürgerlichen Mitte-Links-Partei gut aufgehoben, denn Labour habe mit den «unverschämt Reichen», den «filthy rich», keine Probleme mehr. Man sprach und spricht heute gerne von einer «Krise des Kapitalismus». Es wäre besser, man hielte sich an das Wort des Cassius in

Shakespeares «Julius Caesar»: «Der Fehler, lieber Brutus, liegt nicht in unseren Sternen, sondern in uns selber.»

Als habe die Wirtschaftskrise das öffentliche Vertrauen nicht weit genug untergraben, kam 2009 über Nacht ein neues Desaster über die britische Gesellschaft, und auch dieses betraf einen traditionellen Garanten der Stabilität – das Parlament. Dabei konnte der Anlass dieses Vertrauensbruchs nicht trivialer sein. Ein generöses System von Spesen und Zuschüssen hatte es den Abgeordneten erlaubt, sich mit großem Einfallsreichtum steuerbegünstigte Vorteile zu verschaffen, die oft der Verschönerung – und Wertsteigerung – ihrer diversen Wohnsitze dienten. Lange hatten die wechselnden Regierungen es nicht gewagt, an die heikle Frage der Anhebung der Abgeordneten-Diäten zu rühren, um Proteste im Land zu vermeiden. Man installierte statt dessen ein hausinternes System lukrativer Ansprüche auf Kostenerstattungen, und wie überall, wo solche Möglichkeiten bestehen, wuchs auch bei britischen Parlamentariern die Versuchung, dieselben auszunutzen, unter Hintanstellung jeder Schicklichkeit und bis über die Grenze der Legalität hinaus.

Was überhaupt hat heute noch Bestand? Vielleicht das Ansehen eines Mannes wie Tony Blair, der immerhin zehn Jahre lang, von 1997 bis 2007, das Land regierte und in seiner Frühzeit wie ein junger Gott auf der europäischen Bühne agierte? Blair trat im rechten Moment zurück, im Sommer 2007, kurz vor Ausbruch der Finanzkrise. Aber gerade diese Krise warf ein ungünstiges Licht auf seine Jahre an der Spitze und ihren mit Schulden bezahlten Wirtschaftsboom. Mehr noch: Die Invasion in Irak im März 2003 hat sich längst als folgenschwerer Fehler der alliierten Amerikaner und Briten herausgestellt. Blair, der bis vor Kurzem jede Verantwortung für die heute entstandene Lage im Nahen Osten abstritt, entschuldigte sich Ende Oktober 2015 im US-Fernsehsender CNN zum ersten Mal für «unseren Fehler, nicht verstanden zu haben, was nach dem Sturz des Saddam-Regimes passieren könnte». Auch räumte er indirekt eine kausale Verbindung zwischen 2003 und 2015 ein, als er reichlich gewunden gestand: «Natürlich kann man nicht behaupten, dass wir, die wir Saddam Hussein beseitigten, gar keine Verantwortung für die heutige Situation tragen.» Das Eingeständnis schwächte er allerdings sogleich mit der Bemerkung ab, dass, wenn Saddam nicht gestürzt worden wäre, Irak heute womöglich als zweites Syrien dastünde.

Auf jeden Fall hemmen die Irak-Invasion und ihre Folgen bis heute die britische Politik, wenn es um neue militärische Einsätze außerhalb Europas geht. «Intervention» war ein positives Wort in der Blair-Ära – heute ist es verpönt. Und Tony Blair selber gilt inzwischen als die wohl am entschiedensten zurückgewiesene politische Figur Großbritanniens, wozu gewiss auch sein Lebensstil als Freund der Reichen und Überreichen in aller Welt beigetragen hat, zusammen mit einer schier unaufhaltsamen Akquisition von immer mehr Immobilien. Bei den Menschen, die heute bei steigenden Lebenshaltungskosten ums tägliche Überleben ringen und für die der britische Traum vom Grundbesitz unerreichbar geworden ist angesichts der astronomischen Hauspreise – bei ihnen und der Labour-Partei insgesamt ist der Name Blair zu einem Reizwort geworden, seine Ära fast eine Erinnerung aus der Vorzeit, die man am besten vergisst.

Das Sinken von Blairs Stern wurde auch zum Schicksal für Ed Miliband. Als Erbe einer Partei, unter deren Ägide das finanzpolitische Fiasko, die Verschuldungskrise, sich anbahnte, hatte er im Wahlkampf 2015 keine Chance gegen David Cameron, der jetzt mit einem strengen Sparkurs dem von Labour hinterlassenen Haushalts- und Staatsdefizit zu Leibe zu rücken versucht. Die zuvor fünf Jahre währende Koalition aus Konservativen und Liberaldemokraten hatte keine deutlichen Spuren in der Wahrnehmung der Zeitgenossen hinterlassen außer der Erkenntnis, dass man Koalitionen in Westminster wegen des andauernden Kompromissdrucks eigentlich nicht mag. Damit könne die Verschuldung des Landes nicht entschieden genug bekämpft werden, sagten sich die Wähler, die nun zähneknirschend die Kürzungen der öffentlichen Ausgaben in Kauf nehmen. Jetzt hat Premierminister Cameron allein die Verantwortung, den Augiasstall auszumisten. Und die Verantwortung, wenn es nicht gelingt.

«Her Majesty's Loyal Opposition», wie man die stärkste Oppositionspartei im britischen Unterhaus nennt, die Labour-Partei, hat derweil nichts zu lachen. Die Wahlschlappe vom 7. Mai 2015 offenbarte erneut eine erschreckend geringe Unterstützung für Labour – 30,4 Prozent, nach den 29 Prozent in der Wahl von 2010 – und zwang Ed Miliband zum Rücktritt. Was danach passierte, verrät, wie das Moment der Unberechenbarkeit, der unentwirrbare Augenblick geradezu neue Risikofreude erzeugen kann. Wenn kein Weg mehr irgendwohin weist, der Zustand einer geschlagenen Partei wie rettungslos erscheint – was kommt dann? Es ist das Spiel mit dem *Anything goes*. Dann wird plötzlich alles möglich, auch das schier Undenkbare wie die Wahl des 66-jährigen Linksaußen Jeremy Corbyn als neuen Parteivorsitzenden im Oktober 2015. Nur 36 der 232 Labour-Abgeordneten im Unterhaus hatten ihm in der Stichwahl ihre Zustimmung gegeben; dass er dennoch mit fast 60 Prozent gewählt wurde, verdankte er einzig den neu gewonnenen Parteimitgliedern im Lande, die damit den Labour-Konsens in Westminster glatt aushebelten und einen Propheten des Anti-Establishment an die Spitze hoben. Auch das ist ein Erdrutsch, den niemand in seiner Zukunftsprognose kommen sah.

Corbyn, seit 1983 im Parlament, hat in all den Jahren keine andere politische Position vertreten als die, gegen seine eigene Partei zu stimmen, wenn es seine linkssozialistische Denkungsart von ihm verlangte; die stand selbsternannten Revolutionären wie Präsident Hugo Chávez von Venezuela oder den Anführern von Hamas allemal näher als dem Konsens der Labour-Fraktion im Parlament zu Hause. Nun muss ausgerechnet dieser attestierte Außenseiter die geschlagenen Partei-Kohorten aus ihrem tiefen Tal herausführen – oder weiter ins Abseits verdammen?

Die Auguren sind sich nicht einig, was allein schon verrät, wie unauslotbar die britische Politik geworden ist. Aber die 60 Prozent

Labour-Mitglieder, die Corbyn gewählt haben, stellen immerhin einen deutlichen Meinungsstrang in der Gesellschaft dar und lassen auf eine im Ausland selten wahrgenommene Wunde schließen: Der britische Lebensstandard ist gefährdet. Er liegt etwa im Vergleich zu Deutschland auf einem sichtbar niedrigeren Niveau und ist zunehmend abhängig von den fluktuierenden Jobs im Dienstleistungssektor, während stabilisierende Faktoren wie die verarbeitende Industrie zurückgehen. England hat zwar die niedrigste Arbeitslosenquote in Europa, aber den höchsten Produktivitätsmangel. Und selbst Menschen *in work*, also mit einer bezahlten Arbeit, verdienen oft zu wenig und müssen mit Sozialleistungen unterstützt werden. Gerade diese aber kürzt die gegenwärtige Tory-Regierung weiter.

Schon Winston Churchill sprach als Innenminister der liberalen Regierung vor dem Ersten Weltkrieg von den «left-out millions», den Millionen von Bürgern, die das Establishment allzu lange übersehen und ohne Hoffnung an den Rand der Gesellschaft geschoben hatte. So begann unter seiner und Lloyd Georges Ägide die britische Sozialgesetzgebung. Über diese Anfänge ist der moderne britische Wohlfahrtsstaat zwar weit hinaus. Aber auch heute gibt es «left-out millions», denen Jeremy Corbyn eine Stimme gibt und die den Albtraum weiterer Sozialkürzungen nicht mehr verkraften können.

Nicht die Frage, ob Corbyns Antworten praktikabel sind oder seiner Klientel wirklich helfen würden, hat ihn nach vorne gebracht. Ohnehin bezeichnet er Labour unter seiner Führung mehr als eine «Bewegung» denn als eine moderne «Partei». An die Macht zu gelangen, scheint nicht seine oberste Priorität zu sein – was sympathisch ist, aber auch klug? Was nützen Reformideen, wenn nicht der Machtwille dahinter steht, sie auch durchzusetzen? Protest allein gewinnt keine Wahlen. Doch Corbyn reicht es einstweilen, dass unter ihm die Schattenseiten des Sparkurses hörbar zur Sprache kommen; die Regierung soll als arbeitnehmerunfreundlich an den Pranger gestellt werden können, als angeblicher Förderer weiterer Verarmung und der immer größer werdenden Kluft zwischen den *beati possidentes*, den glücklich Besitzenden, und den unteren Schichten. Mit Corbyn gewinnt das demokratische Gespräch somit neue Farbe, und die Konservativen würden sich einen Bärendienst erweisen, wenn sie ihn nicht ernst nähmen. Freilich hängt auch Corbyns Überleben an der Spitze seiner Partei am seidenen Faden der Unberechenbarkeit. *Anything goes*, und das Murren im Kern der Labour-Fraktion in Westminster kann zu einem Sturm des Aufstands gegen den eigenen Spitzenmann werden. Was dann?

Doch Größeres steht derzeit in Großbritannien auf dem Spiel als die Zukunft einer einst traditionellen Partei. Die Laune der Gegenwartsschrumpfung zerrt selbst am inneren Zusammenhalt des Vereinigten Königreichs. In Schottland sind Zentrifugalkräfte am Werk, die diesen Zusammenhalt sprengen könnten. Mit Macht hat sich die Scottish National Party (SNP), die sich die Abspaltung Schottlands vom Rest des Königreichs auf ihre Fahnen geschrieben hat, vorgearbeitet. 2007 bildete sie zunächst eine Minderheitsregierung in Schottland, seit 2011 regiert sie hier allein; sie dürfte 2016 unangefochten wiedergewählt werden. Eine erste Volksabstimmung über die Unabhängigkeit Schottlands ging im September 2014 noch glimpflich aus: Eine Mehrheit von 55 Prozent der Stimmberechtigten entschied sich für den Verbleib Schottlands im Königreich. Doch die Unterstützung für die SNP ist ungebrochen – bei der Unterhauswahl im Mai 2015 gewann sie sogar 56 der 59 schottischen Sitze im Parlament von Westminster; Labours traditionelle Hochburg in Schottland, wo die Partei zuletzt 41 Sitze inne hatte, wurde dadurch bis auf einen ausgelöscht. Damit haben sich die Nationalisten – die man besser Sezessionisten nennen sollte – eine starke Präsenz auf der politischen Bühne des Königreichs gesichert und können nun weiteren Druck ausüben für mehr Konzessionen an ihre Selbstverwaltung in Edinburgh. Bis zur schließlichen Unabhängigkeit?

Die schottische Ministerpräsidentin Nicola Sturgeon hält an diesem Ziel fest, muss aber sehr genau auf die Stimmung in ihrem Land achten: Könnte sie bei einem zweiten Referendum auch wirklich davon ausgehen, dass die Mehrheit ihrer Landsleute hinter ihr steht? Ginge die Abstimmung zum zweiten Mal verloren, wäre der Weg zur Unabhängigkeit auf lange Zeit unbegehbar. Auch die Regierungschefin in Edinburgh hat ein Problem mit dem Unberechenbaren. Der Schritt in die Unabhängigkeit wäre in jedem Fall ein Riesenwagnis. Hätte man ihn 2014 unternommen, in Erwartung starker Einnahmen aus Schottlands Goldquelle, dem Nordseeöl, hätte es ein böses Erwachen gegeben: Kurz nach der Volksabstimmung vom 14. September stürzte der Ölpreis weltweit ab. Schottland hätte sich in einem selbstverschuldeten Armenhaus wiedergefunden.

Im Januar 2013 hat David Cameron seinen Plan verkündet, die Briten bis 2017 in einem Referendum über ihre Mitgliedschaft in der EU abstimmen zu lassen. Schottland möchte in jedem Fall in der Europäischen Union bleiben. Ist aber die Möglichkeit eines britischen Neins zu Brüssel ein genügend gewichtiger Grund zur Neuauflage des schottischen Unabhängigkeitsbegehrens? Würde sie alle sonstigen Risiken dieses Schrittes aufwiegen?

DIE EUROPÄISCHE GRETCHENFRAGE

Mit einer «Fanfare for Europe», einer wochenlangen Jubelfeier, begrüßte Großbritannien 1973 den Beginn seiner Mitgliedschaft in der damaligen Europäischen Wirtschaftsgemeinschaft (EWG). Ein Fest reihte sich ans andere, europäische Kultur wurde zelebriert, auch wenn Paris sich weigerte, Leonardo da Vincis «Mona Lisa» an die Themse auszuleihen. Statt Mona Lisa schickte Frankreich den Maler Georges de la Tour auf die Reise, mit seinem Bild «Le Tricheur» – einer Kartenspielergruppe mit einem augenzwinkernden Schummler in ihrer Mitte.

Welche Symbolik! Als Opfer eines Tricks fühlen sich heute die meisten Briten, wenn sie an die Europäische Union und deren immer länger werdende Liste hoheitlicher Ansprüche denken. So haben wir nicht gewettet, sagen sie, man hat uns den Freihandel in einem großen Markt in Aussicht gestellt, und was ist daraus geworden? Kein Zweifel: England ist euroskeptischer geworden, wenn es denn je seine institutionelle Anbindung an Europa geschätzt oder gar geliebt hat. Der Beitritt 1973, der in einem Referendum zwei Jahre später mit einem Stimmverhältnis von 2:1 bestätigt wurde, war im Grunde nur eine Zweckehe, gedacht, um die marode Wirtschaft auf Vordermann zu bringen. Seither hat die Politik so gut wie keine Anstrengungen unternommen, um die europäische Idee in Großbritannien auf einer tieferen Bedeutungsebene zu verankern.

Eine Täuschung, ein Taschenspielertrick? Wohl kaum. Eher ein Ausweichen vor der inneren Logik des europäischen Projekts, die so ganz der historischen Erfahrung Großbritanniens widerspricht. Dieser Logik wollte man sich einfach nicht stellen, weil es gänzlich unvorstellbar war, das Land in eine supranationale Staatengemeinschaft zu überführen, welche die eigene legislative Souveränität untergraben würde.

Schwer zu verstehen ist freilich nicht, warum Großbritannien sich so viel kühler zu Europa äußert als wir Deutschen, umgeben wie wir sind von der Landmasse von neun Nachbarn. Ein Blick auf die Geografie hätte uns längst auf die Spur führen können: Eine Insel ist per se auf Distanz zum Kontinent. Man kann das nicht oft genug gerade denjenigen in Erinnerung rufen, die sich lauthals über das perfide Albion beschweren. Es ist nicht perfide, es ist einfach anders.

Großbritannien argumentiert von seiner maritimen Geschichte her, die tief in seine nationale DNA eingeschrieben ist. Das Reglement zu Land ist ein anderes als das zu Wasser, wo flexibles Reagieren auf wechselnde Bedingungen gefragt ist. «Something must be left to chance, nothing is sure in a sea fight», schrieb Lord Nelson am Vorabend der Schlacht von Trafalgar 1805 in einer Anweisung an die Kapitäne seiner Flotte – «etwas muss dem unberechenbaren Augenblick überlassen bleiben, nichts ist sicher in einer Seeschlacht». Eine Ermahnung an das Führungspersonal, sich für selbstständiges Reagieren bereitzuhalten, wenn die Lage es erfordert. Da ist für Irreversibilität – die europäische «Unumkehrbarkeit» – kein Platz. Alles haben die Briten vom Meer und auf dem Meer gelernt: Liberalität, Selbstständigkeit, Unsystematik, Risikobereitschaft. Und die Abneigung gegen die Gefangennahme der Zukunft durch Entscheidungen, die ein Zurück, das Lernen aus Irrtümern, *trial and error* von vornherein ausschließen.

Die Gretchenfrage stellt sich heute erneut: Wie hältst du's mit der EU? Darauf muss auch David Cameron eine Antwort finden. Damit stehen wir vor dem größten Unwägbarkeitsfaktor für Großbritannien in naher Zukunft. Offensichtlich favorisiert der Premierminister einen Verbleib in der EU, aber er macht dies abhängig von der Bedingung, dass er aus seinen Verhandlungen mit Brüssel als Gewinner hervorgehen wird; hier geht es um Kernfragen, die ihm und der euroskeptischen Mehrheit der Bevölkerung die weitere Zugehörigkeit zur EU schmackhaft machen könnten.

Es ist ein enormes Wagnis, die Gretchenfrage der britischen Politik der wechselnden Wetterlage im öffentlichen Meinungsklima zu unterwerfen. Die Bestürzung aller EU-Freunde über Camerons Ankündigung eines Referendums war entsprechend groß, hatte der Premierminister doch nur wenig getan, um die Vorteile von Großbritanniens europäischer Einbindung genügend herauszukehren. Einer der besten Kenner der Materie, der frühere Staatssekretär für Europa und Labour-Politiker Denis MacShane, vertritt in seinem Buch «Brexit. How Britain Will Leave Europe» denn auch die Ansicht, das Land werde 2017, zum 60. Jahrestag der Römischen Verträge, die Union mit Europa verlassen, wenn nicht eine deutliche Veränderung in der britischen Europa-Politik eingetreten sei. Vor allem müsse die Bedeutung des Kontinents für Großbritannien und für dessen Stellung in der Welt in ein deutlich positiveres Licht gerückt werden.

Die beiden Lager, die über diese Frage streiten, die «In»- und die «Out»-Kampagne, haben bisher noch keinen durchschlagenden Erfolg bei den Bürgern erzielen können mit ihren jeweiligen Versionen der Folgen, die ein Austritt aus der EU haben würde. Die Meinungsumfragen spiegeln entsprechend eine Stimmungslage auf Messers Schneide wider; die mehr als vier Millionen Wähler, die am 7. Mai 2015 für die euroskeptische United Kingdom Independence Party (UKIP) stimmten, warten auf ihre Chance.

Camerons Forderungen gegenüber Brüssel – oder nennen wir sie besser «Erwartungen» – sind eine Mischung aus erfüllbar und unerfüllbar, was den Ausgang der Verhandlungen unsicher erscheinen lässt. Dass die Insel mit ihrem vom Kontinent separaten Selbstbild sich ungern an einer Stelle des Globus gleichsam festnageln lässt, ist noch die geringste Schwierigkeit. Man kann sich daher ausmalen, dass der britische Wunsch nach einer Ausnahme vom Ziel der «immer engeren Union» zwischen den EU-Mitgliedsstaaten von Brüssel anerkannt wird. Wer will schon in diesen Krisenzeiten wegen einer Formulierung, mag sie auch noch so bedeutungsschwer sein, das gemeinsame Band aufs Spiel setzen?

Auch der vorrangige Wunsch von Schatzkanzler George Osborne klingt nicht unerfüllbar. Osborne möchte Großbritannien und die acht übrigen EU-Staaten, die dem Euro nicht beigetreten sind, davor bewahren, unter den dominanten Einfluss der Euro-Zone zu geraten, die nur mit einer weiteren Vertiefung der Einheit überleben kann. Im Klartext: Die City of London möchte nicht tangiert werden von außerhalb Londons getroffenen Entscheidungen, etwa einer Finanz-Transaktionssteuer. Und die Nicht-Euro-Länder sollen frei bleiben von der Verpflichtung, sich an Rettungsaktionen wie für Griechenland zu beteiligen. Die EU, so sieht man es in London, muss als Multiwährungsunion anerkannt werden. Verhandelbar ist ebenfalls das britische Ansinnen, mehr Kompetenzen in die nationalen Parlamente zurückzuholen und den einzelnen Legislativen das Recht einzuräumen, neue Direktiven aus Brüssel zu blockieren.

Der Knackpunkt ist und bleibt das Prinzip der Freizügigkeit für alle Bürger der EU. Es gehört geradezu zum Glaubensbekenntnis der Union, zur Raison d'être ihrer Gründung. Die Idee, dieses Recht einzuschränken und dem Vereinigten Königreich freie Hand dabei zu lassen, die Einwanderung aus EU-Staaten zu kontrollieren, trifft auf heftigen Widerstand quer durch die EU, erst recht im Osten Europas. Aber der Migrationsdruck, eine Folge des attraktiven britischen Arbeitsmarktes, macht der Insel seit Jahren zunehmend zu schaffen. Erneut sind im Zeitraum zwischen April 2014 und März 2015 mehr als 300 000 Menschen ins Vereinigte Königreich geströmt, die Hälfte davon aus den osteuopäischen EU-Staaten. Innerhalb der drei letzten Jahre ist die britische Bevölkerung um eine Million Einwanderer gewachsen, die der Infrastruktur – Schulen, Gesundheitswesen, Wohnungsmarkt, Verkehrswesen – große Lasten aufbürden. So ist die Immigration an die Spitze der einheimischen Sorgen gerückt. Aber Experten halten dagegen, welchen Wachstumsschub sie der britischen Wirtschaft verschafft habe: 90 Prozent der fast zwei Millionen Polen etwa, die seit 2004 nach Großbritannien gekommen sind, zahlen in die Steuerkasse ein und füllen als Facharbeiter und Dienstleister Stellen, die von den «eingeborenen» Briten immer weniger besetzt werden. Dennoch sucht das Land nach einem Weg, souverän über seine Grenzen bestimmen zu dürfen.

Zu allem Unglück steht es nicht gut um die Europäische Union. Ihr Wirtschaftswachstum stagniert, der Reformwille in Frankreich und Italien lahmt, die gemeinsame Währung schlingert von Krise zu Krise, die Jugendarbeitslosigkeit in einigen Mittelmeerländern steht bei über 20 Prozent. Distanz zur EU wächst überall, nicht nur in Großbritannien – siehe den Sieg der euroskeptischen Gerechtigkeits- und Freiheitspartei in Polen Ende Oktober 2015. Die Flüchtingskrise obendrein hat einen unvorbereiteten Kontinent getroffen, der mit diesem Problem fast so etwas wie eine Sollbruchstelle der EU erreicht hat. Macht ein solcher Partner Lust auf Neuvermählung? Großbritannien teilt die genannten Reform- und Wachstumsschwächen nicht, und es wundert daher nicht, dass in der Bevölkerung der Gedanke Aufwind erhält, das Land sollte sich am besten unabhängig machen von der europäischen Anfälligkeit und sein Heil im globalen Markt auf eigene Faust suchen. Was die Menschen davor zurückschrecken lassen könnte, ist die Furcht vor der Ungewissheit des Lebens nach einem «Brexit». In Hamlets berühmtem Monolog kommt solches Zurückweichen unübertrefflich zum Ausdruck:

Nur dass die Furcht vor etwas nach dem Tod,
Das unentdeckte Land, von des Bezirk
Kein Wandrer wiederkehrt, den Willen irrt,
Dass wir die Übel, die wir haben, lieber
Ertragen als zu unbekannten fliehn.

Von Deutschland aus betrachtet wäre der Verlust Großbritanniens für die EU eine Katastrophe: Wir verlören einen wichtigen Mitstreiter für Freihandel und Reformen, und der Schwächezustand der EU könnte sich nur vertiefen. Aber wie weit wollen wir, will die EU den englischen Wünschen entgegenkommen, um einen «Brexit» zu verhindern? Auch das ist eine unbeantwortete Frage. Wir stünden jedenfalls vor einem tiefgreifenden Paradigmenwechsel in der internationalen Politik, sollte Großbritannien die EU verlassen.

David Cameron hat sich und seinem Land keinen Gefallen getan, als er bekanntgab, er wolle zur nächsten Unterhauswahl 2020 nicht mehr antreten. Musste er die Unberechenbarkeit der Gegenwart um diesen Faktor erhöhen? Er braucht die Folgen nicht auszubaden, die ein Sieg der EU-Gegner beim Referendum mit sich brächte. Darüberhinaus wird seine Stellung in der britischen Politik ohnehin bald schwächer werden, wenn sich die Aufmerksamkeit erst einmal auf den Kampf um seine Nachfolge konzentriert.

Das geschwundene Vertrauen in die Politik, die schottische Frage, die ungewisse Zukunft von Labour und alles überragend das EU-Referendum mit seinen beunruhigenden Implikationen: Willkommen in Großbritannien, dem Land der unbegrenzten Möglichkeiten – und Risiken.

2

DIE INSEL AN SICH UND ALS SOLCHE

«ENGLAND» ODER «GROSSBRITANNIEN»?

Doch gemach: Der Mensch lebt nicht von Politik allein. Ehe wir daher in die fesselnde Geschichte Großbritanniens einsteigen, die auch auf die deutschen Historiker immer eine große Faszination ausgeübt hat, sind noch einige Erklärungen nötig zur Eigenart der Briten im europäischen Vergleich. Beginnen wir mit einer linguistischen Frage: dem Namen des Landes.

Der Terminus «Great Britain» existiert erst seit 1707, dem Jahr, in dem mit dem «Act of Union» England (und Wales) mit Schottland zu Großbritannien verschmolz. Man nannte es mit vollem Namen «United Kingdom of Great Britain», und zwar bis 1801, als Irland hinzukam und das Ganze nun «United Kingdom of Great Britain and Ireland» hieß. Seit der Teilung Irlands in den 20er-Jahren des 20. Jahrhunderts, als die sechs nördlichen Grafschaften der Grünen Insel, weil überwiegend von Protestanten besiedelt, sich vom katholischen Irland abspalteten und für London optierten, gilt als offizieller Titel «The United Kingdom of Great Britain and Northern Ireland», auf Deutsch kurz «Das Vereinigte Königreich».

Winston Churchill verwendet in seinem vielbändigen Memoiren-Werk über den Zweiten Weltkrieg, das ihm 1953 den Literatur-Nobelpreis eintrug, durchgehend «England» als Leitwort. «Englands größte Stunde» lautet etwa der Titel des zweiten Bandes, der die Luftschlacht über der Insel 1940 und den Widerstand gegen Hitler zum Thema hat. «Großbritannien» oder «britisch» verwendet Churchill ohne terminologisches Wanken nur beim «British Empire» – in der Tat würde niemand auf den Gedanken kommen, vom «English Empire» zu sprechen. Es verdankt seine Blüte nicht zuletzt schottischem Einsatz, schottischem Können im Militär, in der Verwaltung und im Ingenieurswesen und bezeichnet eine Geschichtsepoche von großer nationaler Eintracht.

Dennoch hat der «Act of Union» von 1707, aus dem Großbritannien hervorging, «England» nie ad acta legen können; es war der seit angelsächsischen Zeiten feststehende Begriff, der selbst von den Schotten verwendet wurde. Freilich kann man ihnen – wie auch den Walisern – heute keine größere Beleidigung zufügen, als sie mit Engländern zu verwechseln. Von schottischer Distanz zum südlichen Nachbarn zu sprechen, wäre sogar eine Beschönigung – Hassliebe träfe den Tatbestand oft besser. Das gilt auch umgekehrt, wofür Samuel Johnson, die dominante Figur im literarischen England des 18. Jahrhunderts, ein frühes Beispiel abgibt. «Die vornehmste Aussicht, die ein Schotte jemals zu sehen bekommt, ist die Straße, die ihn nach England führt», war eine seiner berühmten Sottisen. In seinem 1755 veröffentlichten «A Dictionary of the English Language» liest man unter der Eintragung «oats» (Hafer): «Eine Art von Getreide, das in England Pferde, in Schottland Menschen ernährt.» Selten ist vom Porridge, einer schottischen Delikatesse, abfälliger gesprochen worden.

Hätten die Schotten also nicht schon früher alles daransetzen müssen, eine klare Linie zwischen sich und England zu ziehen, auch terminologisch? Das sah man einst gelassener als heute. Der in Edinburgh geborene Philosoph der Aufklärung David Hume schreibt in seinem Essay «Über die Charaktereigenschaften von Nationen» (1741) von den Engländern – wobei er aber die Briten meint –, ihre große Freiheit erlaube es jedem von ihnen, «die Art und Weise an den Tag zu legen, die ihm eigen ist». Daraus folgert Hume, «dass die Engländer unter allen Völkern der Erde wohl am wenigsten von einem Nationalcharakter haben, es sei denn, man lässt diese Einzigart [ihre Freiheit] als solchen gelten.»

Wir haben uns daher auch bei diesem Buch entschlossen, kein terminologisches Diktat zu verhängen und von der Insel unter den verschiedenen Namen zu sprechen, die sich von Mal zu Mal anbieten. Solange der Leser weiß, dass dann, wenn es «England» heißt – der zwar unscharfe, aber unter Deutschen geläufigste Name –, meist auch die drei keltischen Randzonen des Inselreichs mitgemeint sind, Schottland, Nordirland und Wales, so lange sollte jedes Missverständnis ausgeschlossen bleiben. Zweifellos ist «Großbritannien» die einzig korrekte Bezeichnung etwa im Kontext des politischen Geschehens der Gegenwart. Ihr stellen wir «England» zur Seite, den kulturgeschichtlichen Begriff mit altem Stammbaum.

WAS UNS DER INDER SACHIN TENDULKAR ÜBER ENGLAND VERRÄT

Am 16. Oktober 2008 ereignete sich in Mohali im indischen Bundesstaat Punjab eine Sensation, die nicht nur im kricketsüchtigen Indien, sondern auch im Mutterland dieses Sports, in England, Riesenwellen der Begeisterung auslöste. Indiens prominentester Kricketspieler, der 35-jährige Sachin Tendulkar, ein *batsman*, also ein Schlagmann, der den vom gegnerischen *bowler* gezielten Ball abzuwehren hat und danach eine unterschiedlich hohe Anzahl von *runs* erwirken kann, überschritt an jenem Tage in einem *test match* (Länderspiel) gegen Australien die Traummarke von 12 000 *runs* aus seinen insgesamt 152 Länderspielen. Das brach den alten Rekord von 11 953 *runs*, den der Westinder Brian Lara im Gesamt seiner internationalen Kricketkarriere erzielt hatte. Die britischen Zeitungen überschlugen sich in endlosen Berichten über dieses Ereignis, als habe England selbst die Kricket-Weltspitze erreicht. Mohali war überall, der Punjab um die Ecke und Sachin Tendulkar ein Name, der wie Honig von den Lippen floss; seine Laufbahn wurde heruntergebetet, als handelte es sich um die eines heimischen Olympiasiegers.

Es war ein *test match* zwischen Australien und Indien, aber England nahm daran teil wie an einem nationalen Hochfest. Einem Sport wie Kricket bleibt die Insel weltweit auf der Spur, und Rekorde werden nicht nur nach nationalen Kategorien gemessen, sondern im internationalen Vergleich, wie die Spitzenleistungen der Leichtathletik. Aber Kricket ist noch anders als andere Sportarten, Kricket «gehört» den Engländern, auch wenn Pakistan, Indien oder Australien die englische Mannschaft oft überstrahlen mögen. Dieser Sport hat seit den Zeiten des Empire, das ihn an die entlegenen Enden der Erde transportierte, seine besondere Qualität als Band der im britischen Weltreich vereinten Länder behalten. Er ist Teil des britischen Zuhauses in Übersee. Am 16. Oktober 2008 lag Mohali in England und England in Mohali. Da hätte am selben Tag die belgische Regierung gestürzt werden oder ein Skandal die italienische erschüttern können – es hätte die Prioritäten nicht umgestoßen: das Ereignis im Punjab zuerst, die Politik unter «ferner liefen».

Noch heute wirkt England oft wie eine sich selbst genügende Kultur. Zwar pflegt das Land engen Austausch mit Amerika, schon aufgrund der Sprachverwandtschaft und der offenen Arme, mit denen Hollywood britische Schauspieler begrüßt. Auch prägt die *special relationship* mit Washington das politische Denken. Und bedingt durch die Einwanderung wird das Land täglich, wenn auch nur in bestimmten urbanen Zentren, an das afrikanische und asiatische Erbe des Empire erinnert. Aber die Europäer scheint Großbritannien zu seinem Entertainment und zu seinem Lebensinhalt eher nicht zu benötigen, sieht man von Urlaubsreisen ab oder dem Wunsch, in Mittelmeerländern eine Immobilie zu erwerben.

England also ein Ort am Rande Europas, weit weg vom europäischen Mainstream? Offenbar war das auch in Deutschland früher eine stereotype Einschätzung der Briten. So konstatiert Johann Gottfried Herder in seinem überschwänglichen Shakespeare-Aufsatz von 1773, nachdem er seine Ideen von der wahren Dramenkunst auf den Tisch gelegt hat, er sei damit «bei den *totos divisis ab orbe Britannis* und ihrem großen Shakespeare» angekommen. Das unübersetzte lateinische Zitat hat sich Herder bei Vergil entliehen, dem Dichter der römischen Klassik, der in der ersten Ekloge seiner «Bucolica» (Hirtengedichte) von zwei wie heimatvertrieben umherwandernden Hirten handelt, die das Los von ihresgleichen beklagen, wandern doch manche sogar «weit zu den Briten, die jenseits wohnen vom Erdkreis».

NACHBARN DES FESTLANDS, ABER KEIN TEIL EUROPAS

Aber die Insel als fern von Europa zu bezeichnen, ist nur die halbe Wahrheit. Fast 500 Jahre lang – von der normannischen Eroberung 1066 bis zum Verlust von Calais 1558 – hatte England nicht nur um seinen Besitz in Frankreich gekämpft, nein vielmehr um seine Identität als englisch-französische Doppelmonarchie. Nach der gescheiterten Ausdehnung auf dem europäischen Festland blieb nur noch ein Auslauf übrig: das Meer. Es sollte in den Gencode Britanniens einfließen. Carl Schmitt hat in seinem bis heute immer wieder neu verlegten Essay «Land und Meer» von 1942 fesselnd geschildert, wie England lernte, die Welt vornehmlich vom Meer aus zu betrachten, und wie die Insel «von einem abgesprengten Stück des Festlandes zu einem Teil des Meeres wurde, zu einem Schiff oder noch deutlicher zu einem Fisch».

Aus den reich fließenden Quellen, die Englands spezifischen Weg illustrieren, seien nur drei erwähnt, deren Ähnlichkeit über die Jahrhunderte hinweg frappiert. Schon ein Jahr nach seiner Thronbesteigung 1509 wurde der jugendliche Heinrich VIII. von einem seiner Ratgeber folgendermaßen instruiert: «Sire, lassen wir in Gottes Namen von unseren Versuchen ab, uns auf der terra firma festzusetzen. Die natürliche Lage von Inseln verträgt sich mit Unternehmen solcher Art nicht. England allein und für sich ist ein gehöriges und wohl begründetes Reich. Wenn wir uns aber ausdehnen wollen, dann möge es in der Richtung geschehen, in der wir dazu imstande sind und zu welcher die ewige Vorsehung uns bestimmt hat – nämlich über das Meer.»

Das war im europäischen Vergleich eine eher späte Entdeckung, hatten doch Portugiesen und Spanier England einiges voraus an maritimer Welterfahrung. Aber die Insel holte rasch auf, und heraus bildete sich im britischen Horizont nicht nur das Meer als die natürliche Bestimmung, sondern zugleich diese tiefe Kluft zwischen Europa und den «Briten jenseits vom Erdkreis». Darauf lenkt unser zweites Zitat. Nach dem Frieden von Utrecht 1714, der das Ende des spanischen Erbfolgekrieges besiegelte, dieser Jahre von nicht enden wollenden Festlandsunternehmungen gegen Ludwig XIV. von Frankreich, fand England seinen kolonialen Besitz in Kanada und im Mittelmeer (Gibraltar) beträchtlich erweitert. Daraus zog Lord Bolingbroke, der englische Unterhändler in Utrecht, ein gewichtiges Resümee: «Seien wir allzeit eingedenk, dass wir Nachbarn des Festlandes sind, nicht aber ein Teil von ihm; dass wir Europa zugeordnet sind, nicht aber ihm angehören.»

Den Tenor dieser Aussage finden wir erneut, gut 200 Jahre später, in einem Aufsatz Winston Churchills vom Februar 1930, in der viel gelesenen amerikanischen Zeitschrift «Saturday Evening Post». Bolingbrokes Worte müssen ihm noch im Ohr geklungen haben, arbeitete Churchill doch damals gerade an der Biografie seines Vorfahren, des Herzogs von Marlborough, der Ludwig XIV. in Europa militärisch Paroli bot: «Wir stehen zu Europa, gehören aber nicht dazu; wir sind verbunden, aber nicht umfasst; wir sind interessiert und assoziiert, aber nicht absorbiert; wir gehören zu keinem einzelnen Kontinent, sondern zu allen.» Vielleicht muss man diese Sätze wegen ihrer Bedeutung im Original zitieren: «We are with Europe but not of it. We are linked but not comprised; we are interested and associated, but not absorbed. We belong to no single continent, but to all.»

Das sollte Churchills Philosophie bleiben bis nach dem Zweiten Weltkrieg und bis zu seiner Amtszeit als Premierminister ab 1951. In jenem Jahr traf Konrad Adenauer mit ihm in der Downing Street zusammen, und im Laufe ihres Gesprächs entspann sich folgender

Dialog, den Hans-Heinrich Herwarth von Bittenfeld, der damalige deutsche Botschafter in London, in seinen Memoiren aufgezeichnet hat. Churchill: «Sie können beruhigt sein, Großbritannien wird immer an der Seite Europas stehen.» Darauf Adenauer: «Herr Premierminister, da bin ich ein wenig enttäuscht, England ist ein Teil Europas.»

Wir führen diese Dinge nicht auf, um zu behaupten, die Insel habe sich nicht von der Stelle ihrer «ewigen Vorsehung» bewegt. Die institutionelle Zugehörigkeit zur EU, so umstritten sie sein mag, ist Bestandteil der britischen Politik. Doch haben wir hier mit Sachin Tendulkar und dem Ort Mohali im indischen Punjab begonnen. Und an bestimmten Ereignissen kann man eben doch immer wieder ablesen, wie Großbritannien zwar in Europa beteiligt ist, aber sein Herz doch wärmer in Übersee schlägt, zumal bei Sportarten wie Kricket oder Rugby, die auf dem europäischen Festland kaum eine Rolle spielen, ausgenommen Rugby in Frankreich. Anders beim Fußball: Wenn hier der Kontinent seine Aufwartung auf der Insel macht, wie im Mai 2013 beim Finale der Champions League zwischen Bayern München und Borussia Dortmund in Londons Wembley-Stadion, kennt die britische Begeisterung kein Halten mehr – und verbeugt sich hochachtungsvoll vor dem deutschen Fußball.

HARRY POTTER ODER DAS WELTREICH LEBT

Immer schon waren die Kontraste, die Widersprüche das, was in England am stärksten auffiel. Schon Heinrich Heine rang in seinen «Englischen Fragmenten» (1828) mit dem Bild der Insel, die beim ersten Anblick «wie ein Schauplatz der Verwirrung und Widersprüche» wirke. Sie ist heute nicht weniger verwirrend als vor 200 Jahren. Die Gesellschaft der sprichwörtlichen Zurückhaltung, des berühmten *restraint*, weist die ungebärdigste Jugendkultur Europas auf, mit der höchsten Frequenz an Teenager-Schwangerschaften, Drogenkonsum und Alkoholmissbrauch. Auch sitzen seit den Zeiten der Prinzessin von Wales, der unvergessenen Lady Di, öffentliche Tränen locker wie nie: Die *stiff upper lip* steht der neuen *touchy-feely*-Kultur gegenüber, die Gefühle gerne «heraushängen lässt». Mit einer herrschenden Klasse, die Reichtum, Karriere und Leistung traditionell eher zu verstecken beliebt, kontrastiert heute die grelle Prunksucht der *nouveaux riches*, denen Geld, Status und Celebrity-Wert alles ist, ob im Business, dem Showgeschäft oder auf dem Sportfeld.

Doch man soll sich nicht täuschen: Mag die britische Gesellschaft beim Blick in den Spiegel degenerative Züge an sich feststellen, mag das Land seiner politischen Bedeutung nach als Mittelmacht dastehen, so gilt England in vielen Bereichen noch immer als eine Weltmacht mit weitreichender *soft power*, um den Begriff zu übernehmen, den der Harvarder Politologe Joseph Nye Jr. in die internationale Debatte eingeführt hat. Nye spricht von «hard power», wo es um militärische Potenz geht wie bei der Hypermacht Amerika. Mit «soft power» beschreibt er alle jenseits des rein Militärischen anzutreffenden Fähigkeiten, die einer Nation zu Ansehen und Geltung verhelfen.

Allein auf dem Feld der Literatur ist England weiterhin eine Macht erster Ordnung. Der Thriller steht mit Namen wie Ian Fleming, Eric Ambler, P. D. James, Frederick Forsyth, John le Carré oder Ian Rankin glänzend da, in der allgemeinen Belletristik haben Ian McEwan, Anne Enright, Beryl Bainbridge, Pat Barker oder Martin Amis auch in Deutschland Zugkraft. Hinzu kommen Autoren, die ihre Wurzeln teilweise in Kulturen des Commonwealth haben, wie Salman Rushdie, V. S. Naipaul, Zadie Smith oder Monica Ali. Sie sind aus der englischen Literatur der Gegenwart – und aus den Märkten, in die sie übersetzt wird – nicht wegzudenken. Auch auf dieser Ebene bestätigt das Englische als globale Sprache seine Fähigkeit, Großbritannien weit über die europäische Welt hinaus kulturell zu verankern und im Gegenzug andere Welten auf der Insel anzusiedeln.

Einen besonderen Rang behauptet das Land in der Kategorie der Kinderliteratur mit *cross-over*-Ausstrahlung, mit Attraktion über die

Altersgrenzen hinweg: Hier haben zuletzt englische Autoren den Weltmarkt beherrscht, einschließlich der Leinwand als Fortsetzung der Magie. Von Tolkiens «Der Herr der Ringe» über C. S. Lewis' «Narnia»-Legenden und J. K. Rowlings Harry-Potter-Saga bis zu Philip Pullmans Trilogie «His Dark Materials» sind Phantasiewelten aus englischer Produktion ins Bewusstsein des globalen Dorfs eingedrungen.

Man könnte die zehn Jahre Tony Blairs als Premierminister geradezu das Harry-Potter-Jahrzehnt nennen. Zwei Monate nach dem Einzug Tony Blairs in Downing Street im Mai 1997 erschien die erste der sieben Folgen des Harry-Potter-Kosmos, einen Monat nach Blairs Abschied im Juni 2007 die letzte. Die Serie hat weltweit Generationen in Bann geschlagen, keine Unterhauswahl vermochte in England solche Fieber der Erwartung bei so vielen Menschen auszulösen wie die jeweils bevorstehende neue Folge aus der Chronik des Zauberhelden Harry. Machen solche Phänomene auch nicht im klassischen Verständnis des Wortes Geschichte, so prägen sie doch das Image von Nationen mit, auch deren Appeal.

Dass Literatur und Theater – nicht die Musik, nicht die bildenden Künste – solche Bedeutung erhielten, geht auf den Bildersturm des 16. Jahrhunderts zurück, der das reiche mittelalterliche bildliche Erbe fast völlig vernichtete und das Wort, die Verkündigung, die Beherrschung von Sprache in den Mittelpunkt rückte. Wenn der Engländer in typisch sich selbst herabsetzender Weise behauptet, der Intellektuelle spiele in seinem Land eigentlich keine Rolle, so versteckt er voller Stolz diese Tradition von Geist und Sprache, die zu den unverwechselbaren Stärken der Insel zählt. In Großbritannien werden jährlich pro Kopf der Bevölkerung mehr Bücher gedruckt als in jeder anderen Industrienation. Auf der Liste der zehn weltbesten Eliteuniversitäten rangieren unter den nicht-amerikanischen Adressen regelmäßig nur Oxford und Cambridge. Zu dem, was den weltweiten Appeal der BBC ausmacht, gehört auch die hohe Schule des gesprochenen Wortes. Und wer nach den Gründen fragt, warum britische Filmschauspieler in den letzten Jahren in Hollywood oder am Broadway so weit nach vorn gekommen sind, muss auf die Bühnenerfahrung schauen, die sie in der Heimat mit ihrer starken Konkurrenz unter den Theatertalenten gesammelt haben.

An England hängt eine Fülle attraktiver Bilder, die der Insel schon immer eine hohe Einschaltquote beschert haben. Sie leben auch in Krisenzeiten fort und geben den Briten von Zeit zu Zeit die tröstliche Gewissheit, dass der Funke der Inspiration sie noch nicht verlassen hat.

DIE DEUTSCHEN BLICKEN NEUGIERIG NACH ENGLAND – UND UMGEKEHRT?

Wie vertraut gerade den Deutschen die Insel schon immer war, findet man am schönsten dokumentiert in den Romanen Theodor Fontanes. Dort bekommt das Wort von den «Engländern» manchmal einen sarkastischen Unterton, vor allem wenn die Berliner Gesellschaft es auf ihr Hamburger Pendant anwendet, wo der Snobismus verlangte, in allen Dingen dem Englischen nachzueifern. «Das ist so hamburgisch», lästert Kommerzienrätin Jenny Treibel im Gespräch mit dem Spring-ins-Feld Corinna, «die kennen alle Engländer, und wenn sie sie nicht kennen, so tun sie wenigstens so.» Später im Roman, als sie die Möglichkeit einer Hamburger Schwiegertochter diskutieren, lässt der alte Treibel seiner Frau gegenüber eine bissige Charakterisierung der typischen Hamburgerin fallen, wenn er von «ihrem zwar immer bestrittenen, aber im Stillen gehegten Herzenswunsche, ‹für eine Engländerin gehalten zu werden›», spricht. «Englisch» stand für eine kulturelle Attraktion und Affektation, die sich als Anglophilie bis auf den heutigen Tag erhalten hat.

Es gibt wohl kein europäisches Land, von dem sich die Mehrzahl der Deutschen so angezogen fühlt wie von der britischen Insel. Das beginnt schon mit der allgemein akzeptierten Notwendigkeit, Englisch als Lingua franca der Gegenwart zu erwerben, und setzt sich fort in der Beliebtheit des «deutschen» Königshauses und aller seiner familiären Verzweigungen sowie in der magischen Anziehungskraft

Londons, in dessen Anonymität sich so schön ein- und untertauchen lässt. Das beschreibt zum Beispiel Jenny Marx, die Frau des Philosophen, in einem Brief an eine Freundin anno 1863: «London ist so riesig, dass Du Dich in Luft auflösen kannst. Niemand kümmert sich hier um Dich, während in Deutschland die Leute am nächsten Morgen schon wissen, was Du zum Abendessen hattest und wie viel Dein Mann verdient.»

Vor allem die deutschen Medien kommen ohne britischen Zufluss nicht aus, ohne alle diese Nachrichten aus der Pop-Kultur, der Skandalchronik der Gesellschaft, aus Auktionshäusern oder der Kunstwelt; dazu die Neuerscheinungen auf dem englischen Büchermarkt, ganz zu schweigen von den politischen News aus Whitehall und den Finanznachrichten aus der City. Man will alles wissen über Leben und Lieben des überlebenden Beatle Sir Paul McCartney oder über die Frage, ob das Model Kate Moss einen neuen Freund hat und wer es ist. Mit Pop-Ikonen wie den Beatles oder den Rolling Stones sind auch deutsche Generationen groß geworden, Namen wie diese führten auch in der Bundesrepublik der 60er-Jahre zu neuen Lockerungsübungen der Gebräuche und Sitten.

Aber wie sieht es in umgekehrter Richtung aus? Lange Zeit über war das Deutschland-Bild in England überschattet durch die Erfahrungen des letzten Krieges. Der Nazi diente als Erinnerungsfolie für einen glorreichen Triumph und wurde als Karikatur beliebig oft hervorgezogen, wenn man den «Krauts», wie die Deutschen gerne genannt werden, wieder einmal etwas ins Stammbuch schreiben und sich selbst dabei überlegen fühlen wollte. Doch die Usance hat sich abgenutzt, auch Klischees haben ihre Verfallszeiten.

Veränderung zeichnet sich schon seit längerer Zeit ab. Eine Zäsur bildete die Fußballweltmeisterschaft in Deutschland im Sommer 2006, deren Zustandekommen heute so stark in der Kritik steht. Die Lobeshymnen von damals über das ausgelassen feiernde Gastland und seine Aufgeschlossenheit richteten unter den so beliebten britischen Vorurteilen höchste Unordnung an, wie es damals ein Bericht im

«Daily Telegraph», einem eher Deutschland-skeptischen Blatt, griffig formulierte: «Unser Stereotyp von den Deutschen sieht so aus: auf Regeln und Regularien versessene Menschen, humorlose Bürokraten, inflexibel und kleinlich. Was Tausende von Besuchern während der Weltmeisterschaft entdecken konnten, war, wie überholt dieses Image ist.»

Neue Freunde gewinnt Deutschland vor allem auch im Kulturbereich. Die Baselitz-Retrospektive 2007 in der Londoner Royal Academy war ein Meilenstein in der britischen Rezeption moderner deutscher Kunst. Hymnisch feierten die Medien Florian Henckel von Donnersmarcks Film «Das Leben der Anderen», der in britischen Kinos im Original mit Untertiteln lief, wie alle fremdsprachigen Filme und wie zuvor schon der ebenfalls viel bestaunte Film «Der Untergang». Das andere Deutschland, die DDR und ihr Unterdrückungsapparat, war in England nie richtig wahrgenommen worden. Doch «Das Leben der Anderen», nach «Good Bye, Lenin!» der zweite in England gezeigte deutsche Film über die untergegangene DDR, schob das alte Nazi-Klischee wie auf ein Abstellgleis. Mit der Verfilmung von «Der Vorleser» kehrte es in subtiler Verkleidung für den nachdenklichen Betrachter zurück.

Bemerkenswert ist der Reichtum an Deutschland-Titeln, die der englische Buchmarkt zuletzt hervorgebracht hat. Ein Sensationserfolg wurde Hans Falladas letzter Roman «Jeder stirbt für sich allein» (1947), den der Verlag Penguin 2010 mit der Aufnahme in seine Reihe «Penguin Classics» ehrte. Im selben Jahr reüssierten Peter Watson mit «The German Genius» sowie Simon Winder mit «Germania. A Personal History of Germans Ancient and Modern». Es folgten Philip Oltermann, ein von Hamburg nach London transplantierter Deutscher und Mitarbeiter des «Guardian», mit «Keeping up with the Germans. A History of Anglo-German Encounters» (2012), Miranda Seymours «Noble Endeavours. The Life of Two Countries, England and Germany, in Many Stories» (2013), Stephen Green (ein Mitglied des britischen Oberhauses) mit «Reluctant Meister. How

Germany's Past is Shaping Its European Future» (2014) und *last but not least* Neil MacGregor, der Ex-Direktor des British Museum und neue Leiter des Humboldt-Forums in Berlin, mit «Germany. Memories of a Nation» (2014), das im Jahr darauf auch auf Deutsch erschien: «Deutschland. Erinnerungen einer Nation» (2015). «Germany. Memories of a Nation», als Ausstellung Mitte Oktober 2014 im British Museum eröffnet, wurde auf Wochen *das* Ereignis der Londoner Kulturszene. Die Vielfalt der deutschen politischen und künstlerischen Geschichte war dem britischen Betrachter noch nie derart einprägsam vorgeführt worden. In einer mehrteiligen Radioserie der BBC begleitete Neil MacGregor die Exponate und ihre Bedeutung mit zusätzlichen Erläuterungen. Mehrsprachig, darunter fließend im Deutschen, kommt hier eine kulturgesättigte Persönlichkeit an die Spree, in deren Horizont sich Wissen und Kommunikation, Kunst und politisches Gespür ideal vereinen – ein Glücksfall der britisch-deutschen Symbiose.

Umgekehrt hat Deutschland dem Victoria & Albert Museum in London mit dem Schwaben Martin Roth einen kundigen Direktor geschenkt, der seit 2011 der altehrwürdigen Institution zu neuer Frische verholfen hat. Wie viele andere entdeckt er auf der Insel ein neues Interesse an Deutschland, eine lange nicht erlebte Neugier, den «germanischen Vetter» besser als bisher kennenzulernen. Auch für die Nachfolge Neil MacGregors an der Spitze des British Museum hat man einen Deutschen bestellt: Hartwig Fischer, den scheidenden Generaldirektor der Staatlichen Kunstsammlungen Dresden.

Trotzdem wird der Geschichtsunterricht an englischen Schulen weiterhin von den Themen Nazi-Deutschland, Holocaust und, in geringem Umfang, Kommunismus bestimmt. Damit allerdings gehen die Schulen vor allem einem Dilemma aus dem Wege, das mit Großbritanniens eigener Geschichte zu tun hat: Nahezu 20 Prozent der britischen Schulkinder stammen aus ehemaligen Kolonien, und um keine Empfindlichkeiten zu schüren, macht der Unterricht gerne einen Bogen um das Empire und seine Geschichte, wenn nicht sogar um die kulturellen und wissenschaftlichen Leistungen des Mutterlandes. Als Thema ohne Risiko bieten sich dagegen die Weltkriege an, zumal der letzte. Das muss bedenken, wer in dem thematischen Übergewicht des Nationalsozialismus an englischen Schulen ein spezifisch gegen Deutschland gerichtetes Vorurteil zu entdecken meint; die Dinge sind in Wahrheit komplexer. Vielleicht lässt sich dieses Kapitel am besten mit einem Bonmot beenden, das der frühere deutsche Botschafter in London George Boomgaarden vor wenigen Jahren im Blick auf die deutsch-britischen Beziehungen prägte: «Briten und Deutsche haben sich von jeher bewundert – nur nie zur selben Zeit.»

3

DER «FREI GEBORENE ENGLÄNDER» UND SEIN RECHT

WARUM ALFRED DER GROSSE WICHTIG IST

«Kein Volk Europas», so schreibt Hans-Dieter Gelfert in seiner brillanten Studie «Typisch englisch. Wie die Briten wurden, was sie sind», «blickt auf eine glücklichere Geschichte zurück als das englische», und den Inbegriff dieses Glücks sieht er in der Stetigkeit des englischen Lebenslaufs, seiner Kontinuität über die Jahrhunderte hinweg. Dies ist in der Tat der überwältigende Eindruck, den die Beschäftigung mit der Insel bei auch nur flüchtigem Studium zurücklässt. Die Geografie hat viel zum Glücksfall England beigetragen, schenkte doch die Insellage lange Zeit über eine Unangreifbarkeit, hinter der sich ein unabhängiger Charakter vorzüglich entfalten konnte. Stein für Stein schichtete sich da eine Familiengeschichte auf, die sich kontinuierlich nacherzählen lässt wie ein großes Epos. Kein Wunder, dass dies auch auf die deutsche Geschichtswissenschaft, in den Worten Lothar Galls, «bis heute eine Faszination ausübt».

Kern der englischen Geschichte ist die Herausbildung eines Gemeinwesens, in das von frühester Zeit an die legitimen Interessen der Bürger einbezogen waren. Gehorsamkeit gegenüber dem Herrscher konnte eingeklagt werden, weil das Recht über allen stand, auch über der Krone. Wo der Monarch das vergaß und sich über das Recht stellte, gab es Widerstand. Karl I. kostete es sogar den Kopf, sein übernächster Nachfolger wurde aus dem Land gejagt. Wie die Freiheit bewahrt und aufbewahrt blieb im Schutz des sich allmählich herausbildenden Parlaments – an keinem Thema lässt sich das Wesen Großbritanniens, seine Kontinuität und Stabilität in der Geschichte besser und fesselnder ablesen.

Diese Geschichte wie meist üblich mit Wilhelm, dem Herzog der Normandie, beginnen zu lassen, der am 14. Oktober 1066 bei Hastings im heutigen East Sussex den letzten angelsächsischen König Harald schlug und die Insel eroberte, greift freilich zu kurz. Denn knappe zweihundert Jahre zuvor hatte bereits ein anderer Herrscher, und das bei ständiger Bedrohung durch feindliche Krieger, die Wikinger (Dänen), ein Reich von Rechtsnormen aufgebaut, auf das sich viele Spätere berufen durften. Alfred der Große, König von Wessex (Westsachsen, was sich mit dem westlichen und südlichen England von heute deckt), war der wichtigste angelsächsische König zwischen dem Ende der römischen Herrschaft in Britannien (410) und der Ankunft der Normannen. Er ragt aus dem Zeitalter, das wir das dunkle nennen, wie ein Leuchtturm des Fortschritts heraus.

Alfred konnte im Jahr 878 die immer wieder auftauchenden Dänen in ihr eigenes Reich, den Danelag im Osten und mittleren Norden der Insel, zurückdrängen und sich danach ganz auf sein Reformwerk in Wessex konzentrieren, auf seine sehr modernen Vorstellungen von Recht, Bildung und Geschichte. Als Erstes ließ er durch angelsächsische und ins Land gerufene fränkische Juristen alle Spuren des angelsächsischen Rechtsbrauchs sammeln, in einem Codex, der zur Grundlage der Rechtskultur seiner Zeit wurde. Dieses sogenannte Book of Dooms, altenglisch «dom-boc», stellte eine Sammlung von Urteilen (*dooms*) mit Rechtswirkung dar und griff auf, was bereits vor Alfred Tradition war – das angelsächsische Gewohnheitsrecht (*case law*), eine Rechtsprechung nach Präzedenzfällen, wie sie viel später zur Grundlage des englischen Common Law werden sollte. Alfred schuf darüber hinaus ein System für Lehen und Steuern, regulierte, was Einzelne schuldeten und wem, und führte zum ersten Mal für Rechtsverstöße Geldstrafen ein. Frauen erfreuten sich größerer Rechte in seinem Reich als in vielen Jahrhunderten später; sie durften Land besitzen im eigenen Namen, hatten das Recht, sich scheiden zu lassen, und durften nicht zur Ehe gezwungen oder gar in eine solche verkauft werden.

In seinen Verfügungen an die Amtsträger in den Regionen seines Reichs und auf seinen Münzen erschien dieser Feudalherrscher als «König der Anglecynn» (Engländer) – die Berechtigung für diesen Titel erwarb er sich mit einer kulturellen Großtat: der Aussaat eines frühen, rudimentären Geschichtsbewusstseins unter den Untertanen des Reichs. Dazu rief der König das «Anglo-Saxon Chronicle» ins Leben, eine Chronik, die, bis ins 12. Jahrhundert fortgeschrieben, zur wichtigsten Quelle für die angelsächsische und frühmittelalterliche Geschichte des Landes werden sollte. Auch ein anderes Geschichtswerk, ins altenglische Idiom übersetzt, gewann jetzt neue Bedeutung: die «Historia ecclesiastica gentis Anglorum», die «Kirchengeschichte des englischen Volkes» des Benediktinermönches und Geschichtsschreibers Beda Venerabilis aus dem Jahre 731. Den Bischöfen des dreihundert Jahre vor Alfred christianisierten Landes sollten damit auch Unterlagen zur Förderung der allgemeinen Alphabetisierung an die Hand gegeben werden.

Die Herrschafts- und Rechtsordnung, die Alfred der Große hinterließ – er starb 899 –, war für die Normannen die Brücke, auf der sie gingen, um das Volk, über das sie jetzt herrschten, nicht mit allzu großen Innovationen und strukturellen Umbrüchen gegen sich aufzubringen. Schon mit Wilhelm dem Eroberer gewann Kontinuität entscheidendes Gewicht im politischen Denken Englands. Alfred, der große Angelsachse, findet sich im Übrigen auch in der Walhalla bei Regensburg mit einer Gedenktafel geehrt, die der Bayern-König Ludwig I. 1842 zur Ehre dieses «rühmlich ausgezeichneten Teutschen» anbringen ließ.

DIE NORMANNEN ÜBERNEHMEN DIE ANGELSÄCHSISCHE TRADITION

Daniel Defoe, der Autor des «Robinson Crusoe», hatte recht, als er 1701 reimte: «A true-born Englishman's a contradiction / In speech an irony, in fact a fiction» – «Ein echt-geborener Engländer ist ein Widerspruch, als Wort eine Ironie, als Fakt eine Fiktion.» Diese «Mischlingsrasse aus lauter Halbblut» hatte römische Vorfahren erlebt, auch Pikten und keltische Ahnen wie die Scoten, danach Jüten, Angeln, Sachsen und andere germanische Eindringlinge, denen die zu Dänen verwandelten, wenn auch nur schwer zu zähmenden Wikinger folgten. Und diesem Genpool gaben nach 1066 die Normannen ihren Anteil hinzu.

Wilhelm der Eroberer machte aus der Gesellschaft der Angelsachsen, die noch aufgespalten war in die unterschiedlichen Herrschaftsbereiche Northumbria, Mercia und Wessex, ein gesamtenglisches Feudalsystem, in dem der König als oberster Lehnsherr rechtlich zum Eigentümer des ganzen Landes wurde. Er gab Land an seine loyalsten militärischen Gefolgsleute, von dem diese wiederum weitere Grundstücke unter ihre Anhänger aufteilten. Aber die neuen Eigner von Königs Gnaden, die Earls oder Barons, waren nicht annähernd so mächtig wie ihre Pendants auf dem europäischen Kontinent, die sich als Grafen und Prinzen mit eigenen Fürstentümern außerhalb der kaiserlichen Zentrale ausbreiten konnten. Der neue Herrscher hatte den «tenants-in-chief» Lehen über ganz England verteilt zugewiesen, keines davon groß genug, um dem Herrscher Konkurrenz zu machen. So wurde England zu einem straff zentralisierten Königreich. Der Monarch ließ zu Ende seiner Herrschaft sogar das erste uns erhaltene Inventar sämtlicher Liegenschaften des Landes aufzeichnen, das «Domesday Book», da er zur Besteuerung genau wissen wollte, wer was wo und wie viel besaß.

Trotz seiner weitreichenden Herrschaftsrechte konnte Wilhelm nicht wie ein absoluter Monarch regieren, sondern schränkte seine Macht an zwei Stellen bewusst ein. Er regierte nicht auf dem Wege

Wilhelm der Eroberer (1066–1087), Herzog der Normandie (l.), trifft auf den letzten König der Angelsachsen, Harald II. (r.), Ausschnitt aus dem sogenannten Teppich von Bayeux

des Diktats, sondern in Konsultation mit seinen weltlichen Granden sowie den Bischöfen, Erzbischöfen und Äbten. Diese *curia regis*, der Rat des Königs, löste ein angelsächsisches Vorbild, den Witenagemot, ab und sollte die Keimzelle bilden, aus der später das Parlament entstand.

Die zweite Kontinuität, auf die der Normanne setzte, hatte mit dem Rechtsbrauch des Landes zu tun: Wilhelm übernahm das angelsächsische ungeschriebene Gewohnheitsrecht, das in Fallurteilen des Richterstandes gründete, wie es bereits Alfred der Große befolgt hatte. Überhaupt hatten schon die angelsächsischen Könige immer Wert darauf gelegt, ihre Gesetze nicht innovatorisch, sondern als «schon vorhanden» (Robert Colls) erscheinen zu lassen. Sie bestätigten, statt zu revolutionieren, und legten damit früh den Grundstein jenes Denkens, das Jahrhunderte später in der Glorreichen Revolution triumphieren sollte: kein Umsturz, sondern die Bewahrung alter

Rechte. Indem Wilhelm vorhandene Einrichtungen wie die *curia regis* sowie das System des Gewohnheitsrechts übernahm, stärkte er als neuer Herrscher zugleich die Legitimität seines Anspruchs als englischer König.

So tief sollte Kontinuität das Nationalempfinden der Engländer prägen, dass spätere Rechtsgelehrte davon ausgingen, den «free-born Englishman» habe es schon seit *times immemorial,* seit undenklichen Zeiten, gegeben.

EIN BLICK AUF DAS ENGLISCHE RECHT

Rechtskultur und englische Mentalität sind ohne einander nicht zu denken, wir müssen kurz darauf zu sprechen kommen. Zwei grundverschiedene Rechtstraditionen kennzeichnen die westliche Kultur. Da sind einmal die Länder des Römischen Rechts und seiner späteren Kodifikationen, zum anderen die Länder des angelsächsischen Case Law. Auf der einen Seite ist der Gesetzgeber, auf der anderen der Richterstand Träger des Rechts. In normannischen Zeiten ritten im Auftrag des Königs reisende Richter durchs Land und sprachen Recht. In einem kodifizierten Rechtssystem a priori steigt die Rechtsfindung vom Paragraphen zum Einzelfall herab, im Präzedenzrecht vom Einzelfall aufwärts zum Rechtssatz. Dort wird Recht geschaffen aufgrund des Codex juris, hier aufgrund des Rechtslebens und der Natur der Sache. Gustav Radbruch hat darüber in seiner Studie von 1946, «Der Geist des englischen Rechts», ausführlicher und schöner vorgetragen, als das hier geschehen kann.

Zur Rechtsprechung aufgrund von *precedents* gesellte sich in England seit Eduard I. (gestorben 1307) das *statute* oder *statutory law,* geschriebene Gesetze, die in der Legislative, dem Parlament, entstehen. Im 20. und 21. Jahrhundert haben diese *statute laws* stark zugenommen, sie bestimmen heute weitgehend die Rechtsprechung des Landes. Aber die Richter haben noch immer eine zentrale Rolle bei der Anwendung dessen, was aus dem Parlament zu ihnen gelangt.

Das Rechtsdenken *from the bottom up*, von unten nach oben – statt *from the top down* –, findet in der englischen Philosophie sein passendes Pendant. Von Francis Bacon zur Zeit Elisabeths I. über John Locke gegen Ende des 17. Jahrhunderts bis zu den schottischen Philosophen der Aufklärung gilt als Leitfaden nicht die Deduktion, sondern die Induktion, das heißt: Erfahrung und Empirie, von der auf Allgemeingültiges geschlossen wird, also die Methodik des *from the bottom up*. Es ist der Tatsachensinn, der einen Robinson Crusoe auf seiner Insel leitete; Descartes, welcher der sinnlichen Erfahrung misstraute, wäre für ihn keine Hilfe gewesen. Es fällt dem Engländer schwer, Entschlüsse zu treffen mit Blick auf Zustände, die noch gar nicht eingetreten sind oder sich aus abstrakten Prämissen ableiten. Daher hat zum Beispiel in der Europa-Debatte kein Wort die Briten so befremdet wie das Wort von der «finalité» des Einigungsprozesses – so etwas wie sein Endpunkt, der bisher aber noch recht unscharf definiert ist. Wer wollte sich darauf festlegen lassen? Der «finalité» steht allein schon die Tradition von *trial and error* im Wege, von Versuch und Irrtum und der Korrigierbarkeit menschlicher Wege. Ebenso fremd klingt in englischen Ohren das deutsche «konsequent», es kommt ihnen vor wie der Halbbruder der «finalité». Das Apriori der Ideen ist der Insel suspekt.

Von der allgemeinen Idee der Menschenrechte und der Freiheit waren die Franzosen beseelt, England ging es vor allem um die Freiheit des «free-born Englishman». Der Historiker Thomas Macaulay spöttelte: «Ein Morgen Landbesitz in Middlesex ist besser als ein Königreich in Utopia.» Im Sommer 1835, vier Jahre nach seiner epochalen Reise in die Vereinigten Staaten, besuchte Alexis de Tocqueville England und traf dort unter anderem mit dem berühmtesten Sozialphilosophen der Zeit, John Stuart Mill, zusammen. Der erklärte ihm, wie man England zu verstehen habe, worüber der Franzose später in «Journeys to England and Ireland» berichten sollte: «Unsere Gewohnheiten oder die Natur unseres Temperaments ziehen uns auf keine Weise in die Richtung genereller Ideen.

Geistige Zentralisierung aber ist auf Ideen gegründet – der Hang der Macht, sich auf uniforme und allgemeine Weise mit den gegenwärtigen und zukünftigen Bedürfnissen der Gesellschaft zu befassen. Wir haben Regierungen nie von so erhobenem Standpunkt aus konzipiert.»

MAGNA CHARTA

Geld, Geld, Geld – Kriege verschlingen eine Unmenge davon. König Johann, der von 1199 bis 1216 regierte, wusste ein Lied davon zu singen, sah er sich doch in Frankreichs Westen, den Stammlanden der Normannen, dem französischen Herrscher Philipp II. aus dem Haus der Kapetinger gegenüber, der ihm Stück für Stück seine Besitztümer streitig machte. Dann, bei der Schlacht von Bouvines, 1214, verlor Johann fast alle, darunter das Herzstück, die Normandie. Philipp II. ließ ihm gnädig noch Aquitanien, die Heimat seiner Mutter Eleonore, sowie einen kleinen Teil von Poitou. John Lackland, Johann Ohneland, nannten ihn schon die Zeitgenossen.

In England rührte sich Unwillen unter den Notabeln des Reiches. Der König hatte zuletzt so gut wie gesetzlos regiert, hatte die *curia regis*, das etablierte Konsultationsorgan, vernachlässigt und Steuern für seine militärischen Expeditionen erpresst, wo er nur konnte. Auch die Kirche sah sich zunehmend durch seine Interventionen in ihrer Eigenständigkeit bedroht. Kurzum: Aufstand lag in der Luft. Dieser entlud sich ein Jahr nach Bouvines, als die mächtigsten Barone des Landes sich am 10. Juni 1215 in London einfanden und den König zu einer Zusammenkunft herausforderten. Johann, vielfach geschwächt, willigte ein.

So kommt es am Montag, dem 15. Juni 1215, auf einer Themse-Insel bei Runnymede, zwischen Staines und Windsor gelegen, zu dem historischen Tag der Magna Charta, des ersten Dokuments der Verfassungsgeschichte, in dem ein Herrscher sich mit seinem Siegel bereit erklärt, Gesetz und Recht über sich anzuerkennen, wie es auch jedem anderen Bürger des Reiches oblag. Es ist Hochmittelalter, und schon nimmt auf der britischen Insel, gleichsam einem Außenposten des Weltgeistes, die Herrschaft des Rechts ihren Anfang, auch wenn solch große Perspektiven dem Verständnis der Zeit völlig fremd waren. An Festlegungen für die Zukunft dachte niemand. Und doch sollte sich der Geist der Magna Charta zum Motor der englischen (und später der amerikanischen) Geschichte entwickeln. Das Dokument wurde zu einer Bibel der Freiheit.

Wenig bekannt ist, dass es bereits vor der Magna Charta eine englische Charter of Liberties gab, eine Charta der Freiheiten. Heinrich I., vierter Sohn des Eroberers, proklamierte 1100, im Jahr seiner Thronbesteigung, eine Vereinbarung mit dem Adel, worin er bestimmte Rechte von Baronen und Bischöfen wiederherstellte, die sein Bruder und Vorgänger auf dem Thron missachtet hatte. Ganze Passagen dieser Charter of Liberties, an die man sich erst wieder zur Zeit des Aufbegehrens gegen König Johann erinnerte, fanden dann wörtlich Eingang in die Magna Charta, weshalb diese gelegentlich auch als «Magna Charta Libertatum» bezeichnet wird. Kontinuität, eine englische Spezialität.

Aber mit seinen 63 Artikeln stellte das Dokument von 1215 etwas gänzlich Neues dar. Aus dem Toleranz-Versprechen Heinrichs I. wird jetzt ein Rechtsanspruch. Ein Quantensprung. Drei der in der Magna Charta beschriebenen Freiheiten gehören noch heute zum *statute law* des Vereinigten Königreichs. Darunter am bedeutsamsten Artikel 39, die Beschreibung des Habeas corpus: «Kein freier Mann darf aufgegriffen oder gefangen gesetzt, enteignet oder entrechtet werden, es sei denn durch auf Recht beruhendem Urteil von seinesgleichen oder durch die Gesetze des Landes.» Auch Artikel 1, der von der Freiheit der englischen Kirche handelt, ist weiterhin gültig, wie auch Artikel 13 mit seiner Garantie der Freiheit der City of London, des heutigen Finanzdistrikts, wo der Lord Mayor das Sagen hat, außerhalb der Macht des Bürgermeisters von London, und wohin selbst der Monarch seinen Fuß nicht ohne Erlaubnis des Lord Mayor setzen darf.

In der Geschichte des *free-born Englishman* und seiner Institutionen kommt freilich dem Artikel 61, dem längsten des Dokuments, überragende Bedeutung zu. Er hat als «Sicherheitsklausel» Geschichte gemacht, wird hier doch zum ersten Mal das Wort *security* angesprochen, das heißt die Sicherheit der Untertanen vor der Willkür der Majestät. An dieser Stelle stimmt der König fast einer Selbstentmachtung zu, auf jeden Fall einer deutlich umschriebenen Einschränkung seiner Macht: «Die Barone des Reichs mögen aus ihren Reihen fünfundzwanzig wählen, die ‹mit all ihrer Macht› auf die Einhaltung des Friedens und der Freiheiten im Lande zu achten haben, wie sie in diesem Freibrief umschrieben sind. Sodass, wenn Wir oder unser Rechtsvertreter oder unsere Bailiffs und andere unserer Bediensteten die Artikel des Friedens und der Sicherheit verletzen [...], diese 25 Barone namens des ganzen Landes Uns Not und Einschränkung zufügen dürfen auf jede Weise, die ihnen möglich ist, namentlich, indem sie Burgen, Ländereien und andere Unserer Besitztümer beschlagnahmen, bis nach ihrer Einschätzung Wiedergutmachung geschehen ist, und dass sie danach Uns erneut Gehorsam leisten.»

Ein umstürzender Gedanke: Der Herrscher gibt in einer bestimmten Situation, wenn er nach dem Urteil Berufener die Ordnung des Landes verletzt hat, die Macht an das Kollegium der Notabeln ab, sodass er in solcher Lage König nur noch dem Namen nach ist. Kein Wunder, dass Johann die Magna Charta sofort widerrief, kaum hatten die Adligen London verlassen. Auch Papst Innozenz III., vom König zum Oberlehnsherrn Englands berufen, verurteilte das Dokument scharf, da es in seinen Augen gegen den Grundsatz der Königsmacht von Gottes Gnaden verstieß, gegen die kein Ungehorsam zulässig sei. Die (lateinisch verfasste) Magna Charta kam ihm «widerlich, abscheulich, schändlich» vor, ein «Verstoß gegen die Religion».

Der Text aber konnte nicht mehr aus der Welt geschafft werden. Auch nicht Artikel 14, der für die parlamentarische Geschichte Englands ebenso wichtig werden sollte wie Artikel 61 für das Verhältnis zwischen Herrscher und Beherrschten. Darin wird ein *common council of the realm*, ein gemeinsamer Rat des Reichs, ins Leben gerufen, der nicht nur wie bisher über Steuerfragen und andere Angelegenheiten des Landes zu befinden habe. Der Kreis der Teilnehmer wird erweitert: Nicht nur der hohe Adel und Klerus, nein, durch rechtsbefugte Abgesandte des Königs wie Bailiffs und Sheriffs sollen auch solche Männer aus den Gemeinden eingeladen werden, die der Krone als untergeordnete Lehensnehmer verbunden sind. Zu diesem «Gemeinsamen Rat» gehören damit erstmals auch Mitglieder unterhalb der höchsten Adelsstufe, Ritter zunächst, später, nach Johann, aufsteigende *burghers* oder *burgesses* aus Städten und Gemeinden, die bald zusammen mit dem Ritterstand, der *landed gentry*, dem niederen Adel, einen eigenen Machtfaktor der sich herauskristallisierenden Gesellschaft bilden werden.

Der *common council* wird jetzt nicht mehr so sehr als eine dem König in Treue verbundene Institution, wie sie noch die *curia regis* war, definiert, sondern als ein Instrument zum Wohle des Ganzen. Das hebt Artikel 14 ausdrücklich hervor. Da wird den Teilnehmern zum Beispiel in Aussicht gestellt, sie dürften sich in Notsituationen vom Treueeid gegenüber dem König lösen und den Eid der Gefolgschaft auf den Rat übertragen. Es treffen sich demnach Artikel 14 und Artikel 61 in einem deutlich artikulierten Recht auf Widerstand in Ausnahmesituationen. Im «Großen Rat», wie er später heißen wird, darf man das Protoplasma des englischen Parlamentarismus erkennen, das erste Anzeichen einer vom König unabhängigen Institution.

SIMON DE MONTFORT STELLT DIE WEICHEN ZUR MODERNE

Die institutionelle Machtfrage rückte nach 1215 in den Mittelpunkt. Dazu muss man wissen, dass sich der Hochadel nach König Johann verstärkt auf England als das eigentliche Feld seiner Betätigung zu konzentrieren begann. Ursprünglich besaßen die normannischen

Barone ja Pfründe in England und Frankreich, und so lebten sie lange Zeit wie in gespaltener Identität, als Herren von Territorien beiderseits des Kanals. Je mehr aber von ihrem französischen Besitz verloren ging, desto mehr sahen sie sich auf England verwiesen als die Spielwiese ihrer Ambitionen. Ihr Widerstand gegen die kriegerischen Verwicklungen in Frankreich wuchs, das Misstrauen gegenüber dem französischen Einfluss am englischen Hof auch, der aber unter den Plantagenets, dem neuen Herrscherhaus, am Traum eines dualen Empire festhielt. Fest hielt aber auch der Hochadel, inzwischen etabliert in seinen ihm anvertrauten Gemarkungen (den *shires*), an seiner Selbstständigkeit, vor allem dem Recht, sich selbst zu verwalten. Davon wollte König Heinrich III., Johanns Nachfolger, nichts wissen. Er sah sich noch immer als der Vikar Gottes, während die Barone dagegenhielten, sie seien die Vertreter der Kommunität des ganzen Reichs.

Der aus dem Französischen stammende Begriff der *communes* trat jetzt immer mehr nach vorne. Das «House of Commons», das britische Unterhaus, als «Kammer der Gemeinen» zu übersetzen, ist nicht korrekt. Es war immer Repräsentant der Gemeinden, eben dieser *communes*. Erst im bürgerlichen Zeitalter mit seiner neuen Klassenordnung las man in «Commons» fälschlicherweise so etwas wie «Commoners», die Gemeinen, also den am weitesten vom Adel entfernten Stand. Der auch heute noch offizielle Titel des Unterhauses bringt die tatsächlichen Zusammenhänge ins Bewusstsein. Er lautet: «Die Ehrenwerten Ortschaften des Vereinigten Königreichs von Großbritannien und Nordirland, im Parlament versammelt».

Heinrich III. war als Neunjähriger seinem Vater auf den Thron gefolgt. Das hatte für Adel und Klerus, die im Namen des minderjährigen Königs die Geschäfte führten, den Vorteil, dass man frei walten konnte entsprechend den Vorgaben der Magna Charta. Damit war es, kaum war der König volljährig, vorbei. Die alten Konflikte meldeten sich zurück, auch die teuren Verwicklungen in Europa. Selbst auf ein Abenteuer in Sizilien ließ sich der König ein.

Das war der berühmte Strohhalm, der den Rücken des Kamels brach, wie man in England zu sagen pflegt. Die Barone waren in Aufruhr. Ihr Anführer, der aus einem französischen Adelsgeschlecht stammende Simon de Montfort, trommelte für die Einsetzung eines Ausschusses von 24 Adligen, die den künftigen Kurs des Reiches beratend mitzubestimmen hätten. Man traf sich am 12. April 1258 in Oxford und gebar ein Dokument, das als «Provisions of Oxford» in die Geschichte eingegangen ist. Kernpunkte dieser Vorkehrungen: Ein künftiger Kronrat aus 15 Adligen und zwölf Vertretern aus der *community of the realm* solle in Zukunft den König beraten, seine Amtsgeschäfte überwachen und den Haushalt kontrollieren. Dreimal jährlich sei ein *parliament* (vom französischen *parler* – sprechen) einzuberufen, das die Arbeit des Kronrats zu begutachten habe.

Der König willigte nolens volens ein und leistete auf Drängen der Notabeln seinen Eid auf diese Provisions of Oxford. Doch nur zum Schein. Denn vier Jahre später, 1262, ließ er sich durch eine päpstliche Bulle von seinem Eid befreien und beschwor damit einen regelrechten Bürgerkrieg herauf. Beide Seiten, die Montfort- und die Königspartei, rüsteten auf. In der Schlacht bei Lewes (Sussex), am 12. Mai 1264, gerieten Heinrich, ein Bruder von ihm sowie die beiden Söhne, darunter Kronprinz Eduard, in Gefangenschaft.

Das war die Stunde de Montforts, französischer Graf und 6. Earl of Leicester. Für 15 Monate wurde er Alleinverwalter des Landes. Noch im Dezember berief er ein neues Parlament ein, das erste in der englischen Geschichte ohne königliches Plazet. Es tagte vom 20. Januar bis zum 15. Februar 1265, auf der Basis der Provisions of Oxford. Dabei führte de Montfort ein Novum ein: Neben dem Hochadel ließ er je zwei Ritter (*knights*) aus allen Grafschaften, den *shires*, und je zwei *burgesses* aus den urkundlich verbrieften Markt- und Burgflecken, den *boroughs*, einladen. Der Earl of Leicester erwies mit der Erweiterung der Teilnahmeberechtigung an seinem Parlament der neuen Klasse, der *gentry* und den *burghers*, seine Reverenz, düpierte damit aber den etablierten Hochadel. Viele davon kehrten ihm nun den Rücken und liefen ins Königslager über. Mit der Gefangennahme des Königs war de Montfort in ihren Augen ohnehin zu weit gegangen. Als Heinrich III. und der Kronprinz schließlich fliehen konnten, gruppierten sich seine Getreuen und konnten Leicester am 12. August 1265 bei Evesham in Worcestershire besiegen, wobei dieser das Leben verlor. Wie ein Heiliger wurde er lange Zeit über in England verehrt, als «protector gentis Angliae», wie es in einer zu seinem Andenken geschaffenen Liturgie der Zeit hieß.

Ein lateinisch geschriebenes Langgedicht eines anonym gebliebenen Minoritenmönches von 1264 erfasst den Geist jener Jahre wie im Brennspiegel. Der König, so spricht es das Poem aus, dürfe nicht vergessen, dass auch er ein Knecht Gottes sei, denn nur in dem Maße, in dem er selbst Gehorsam und Liebe übe, könne er sie von seinen Untertanen beanspruchen. Daraus folgert der Dichter, dass, wenn der Herrscher irrt und sich nicht bessert, er auch von ebendiesen Untertanen zur Rechenschaft gezogen werden könne. Hatte nicht genau das schon der Artikel 61 der Magna Charta postuliert – das Recht, sich gegen königliche Willkür zu erheben? Die Vorstellung, dass Gesetz und Recht über der Krone stehen, war 50 Jahre nach dem Tag von Runnymede bereits tief ins allgemeine Bewusstsein eingedrungen.

EDUARD I.: DIE «MUTTER DER PARLAMENTE» SCHÄLT SICH HERAUS

Etwas Bemerkenswertes geschieht unter Eduard I., dem Sohn Heinrichs III., der 1272 nachrückt. Der König, der allen Grund hätte, sich für den Aufstand unter de Montfort zu rächen und dessen parlamentarische Neuerungen schleunigst vergessen zu machen – ausgerechnet dieser König tut alles, um den Rebellen zu rehabilitieren, indem er dessen sieben Jahre zuvor begonnene Reformen aufgreift und sie entschlossen fortentwickelt. So konnte die von ihm im November 1295 einberufene Versammlung zu Recht das *model parliament* werden, das Musterparlament, vorausweisend für die nachfolgende Geschichte sowohl in Bezug auf die Breite, in der die Stände vertreten waren, als auch auf die Geschäftsordnung. Schon in der Einberufungsproklamation legte der König ein Zeugnis seines Denkens ab: «Was alle berührt, soll von allen gebilligt werden, und klar ist auch, dass gemeinsame Gefahren durch Maßnahmen beantwortet werden sollten, die von allen gemeinsam verabschiedet wurden.»

Auch Eduard I. brauchte Geld, das war der unmittelbare Ansporn für 1295. Wales und Schottland sollten gezähmt werden. Wales wurde es, Schottland nicht, das im Übrigen mit Frankreich paktierte, ein besonderes Ärgernis. Wales bekam als Zuckerbrot für seine Eingemeindung ins Reich die Zusage, dass hinfort der Erstgeborene, der Thronerbe, den Titel «Prince of Wales» führen werde, was seit 1301 ohne Unterbrechung befolgt worden ist. Und die Vertretung im Parlament wurde immer breiter, im Musterparlament von 1295 waren es schon 341 Köpfe. Darüber hinaus gewährte der König eine weitere Konzession: Es durften dem Parlament Petitionen und Beschwerden eingereicht werden, sodass das Volk hier eine Stimme gewann, mit der es sich artikulieren konnte. Wollte der König beim Parlament Gehör finden für seine Steuer- und Finanzpläne, musste er als Gegenleistung sein Ohr auch anderen Desiderata leihen.

Das Musterparlament von 1295 war musterhaft auch darin, dass es die künftige Unterteilung in zwei «Häuser» aufscheinen ließ: hier die Kronvasallen oder *Lords*, dort die *landed gentry* und Bürger aus ländlichen und städtischen Gemeinden, die *Commons*. Die Voraussetzung zum Zwei-Kammer-System war geschaffen. Dabei wurde das Bündnis zwischen der *gentry* und der Bürgerschaft zu einem soziologischen Phänomen von großer Tragweite. Die *gentry*, mit ihrem breit gestreuten Grundbesitz, und die aufstrebenden Berufe mit ihrem wachsenden ökonomischen Gewicht verflochten ihre Interessen und bildeten eine neue Mittelschicht, die wesentlich zur Stärkung der zweiten Kammer beitrug und prägend für die Gesellschaft insgesamt werden sollte.

Aber 1295 traf man sich noch *unicameral*, also gemeinsam. Erst beim Oster-Parlament von 1343 unter Eduard III. tagten die *Commons* zum ersten Mal getrennt vom hohen Adel und Klerus. Der Krieg gegen Frankreich hatte begonnen, und der König wollte sich dadurch stärken, dass sein Programm, vor allem die Finanzierung, von beiden Häusern getrennt bestätigt wurde. Die *Commons* erhielten später in der St. Stephen's Chapel des Westminster-Palastes ihren Tagungsort, wo sie im Chorgestühl der Kirche ihre Plätze einnehmen durften. Dieses Design, die sich gegenüberliegenden Reihen des Chorgestühls, hat sich bis in die Zeit der Entwicklung der politischen Parteien erhalten, ja, es kam dem Zwei-Parteien-System geradezu entgegen, wie man am House of Commons noch heute sehen kann. Die Sitzbänke laufen noch heute parallel auf den Speaker zu (er taucht als Figur zum ersten Mal 1376 auf), der an jener Stelle thront, wo in der Zeit der St. Stephen's Chapel der Altar gewesen war. Das britische Parlament weist somit anders als die meisten übrigen demokratischen Versammlungen keine Rundform auf, sondern jene eigentümliche konfrontative Bankanordnung, in der man den Gegner besonders gut aus nächster Nähe angreifen kann. Dass das Chorgestühl frommer Zeiten zu diesem Muster der parlamentarischen «Schlachtordnung» geführt hat, ist ein besonders apartes Detail der britischen Geschichte.

Der Begriff «House of Commons» bürgerte sich schließlich in der zweiten Hälfte des 14. Jahrhunderts ein, vom «House of Lords» sprach man erstmals 1544 in der Zeit Heinrichs VIII. Eine Regierung mit Ministern und Kabinetten sollte sich erst unter den neu entstehenden politischen Parteien 150 Jahre später herausschälen. Auch hingen die Könige noch lange Zeit an der Idee des Herrschers von Gottes Gnaden. Aber er stand unter dem Gesetz, nicht darüber: Das war der entscheidende Gewinn dieser Jahrhunderte. Jedoch blieb er umstritten, bis es darüber zum Bürgerkrieg kam, schließlich zum Abschied von den Stuart-Königen, die sich den neuen Errungenschaften nicht bequemen wollten.

4

IM RÜCKENMARK DER NATION: DER PROTESTANTISMUS

HEINRICH VIII. DEFINIERT DIE STAATSRÄSON NEU

Unter allen Kirchen, die sich im 16. Jahrhundert von Rom abspalteten, nimmt die Church of England als ein Eckpfeiler der Nation eine Sonderstellung ein. Sie erwuchs nicht wie die Reformation in Deutschland aus volkstümlichem Boden, nicht aus innerlichem religiösen Drang. Vielmehr verdankt sie ihr Entstehen primär dem Kalkül eines Monarchen, Heinrichs VIII., der die Kirchenfrage zu einer Machtfrage der Tudor-Dynastie erhob (und sie ganz nebenbei dem unersättlichen Geldbedarf seiner Politik unterwarf). Damit war auf der Insel von Anfang an die Reformation an das nationale Interesse gebunden, wenn nicht geradezu gekettet. Früh also verschmolz die Church of England mit der englischen Identität, und Protestantismus made in England wurde *das* staatstragende Element. Die Abwehr von Versuchen, den protestantischen Bestand Englands zu schwächen oder ihn gar zu untergraben, wurde neben der Abwehr potenzieller Invasoren der Zwillingsantrieb nationaler Politik überhaupt. Man könnte daher von der Church of England mit einem modernen Terminus als einer «embedded church» sprechen, einer in die Nationalgeschichte eingebetteten und von dieser in Beschlag genommenen Kirche. Anders als jede vergleichbare kirchliche Institution in anderen Ländern spiegelte sie die Entwicklung der Gesellschaft in allen Etappen, begleitete sie und nahm sie in sich auf.

Der Eigenwille Englands auch in Kirchenfragen hatte sich freilich lange vor Heinrich VIII. und seinem Bruch mit dem Papst

Heinrich VIII. (1509–1547) nach einem Gemälde von Hans Holbein, 1537

gezeigt. Schon die Magna Charta von 1215 proklamierte, wie wir gesehen haben, im ersten ihrer 63 Artikel die Unabhängigkeit der Kirche, und das hieß damals und seitdem immer auch das Recht der katholischen Hierarchie, sich zu beschweren über unliebsame Eingriffe der römischen Zentrale, seien es finanzielle Bürden oder bürokratisch-kirchliche Anmaßungen. Und die antipäpstliche Einstellung des heimischen Klerus wuchs und verband sich mit antidogmatischen Tendenzen. Auf dem Konzil von Lyon 1254 legten die Abgesandten der englischen Kirche feierlich Protest ein, unter Auflistung aller päpstlichen «Erpressungen». Robert Grosseteste, Bischof von Lincoln und bedeutender Theologe seiner Zeit, schloss sich dem Protest an: «Das Patrimonium der Kirche von England, das für die Andacht Gottes, den Unterhalt seiner Geistlichen und der Armen Christi da ist, wird von Feinden aus fernen Landen usurpiert. Möge England sich erheben und diesen Schimpf zurückweisen, der seiner Mutterkirche angetan wird.» Die Sprache des Kirchenfürsten, auch er ein *free-born Englishman.*

Einhundert Jahre später startete der Oxforder Theologe John Wycliffe eine regelrechte Kampagne gegen römischen Machtwillen und den Verfall christlicher Bescheidenheit. Sein Protest ging weit über einen Grosseteste hinaus und berührte bereits tiefste Glaubensinhalte. Wycliffe predigte gegen Heiligen- und Reliquiendienst, gegen den Zölibat und die Transsubstantiation, die Lehre, wonach sich Brot und Wein beim Abendmahl in Fleisch und Blut Christi verwandeln, und nahm damit weitgehend vorweg, was die Reformatoren im Gefolge des Bruchs mit Rom nach Heinrich VIII. zu Grundlagen des neuen Glaubens erheben würden.

Jedermann kennt die Namen der sechs Frauen Heinrichs, sie haben sich lebhaft der Geschichte und den Geschichtsbüchern eingeprägt: Katharina von Aragon, Anne Boleyn, Jane Seymour, Anna von Kleve, Catherine Howard, Catherine Parr. Die Loslösung von Rom wird entsprechend gerne dem *sex drive* des mächtigen Tudor-Königs zugeschrieben, der sich in der Frage der Scheidung von seiner ersten Frau, die ohne männlichen Erben blieb, nicht von Rom hineinreden lassen wollte. Was man dabei freilich übersieht, ist, wie zentral die Sorge um einen männlichen Thronfolger im Denken des Königs verankert war. Denn die Tudor-Monarchie, 1485 von Heinrichs Vater Heinrich VII. gegründet, galt alles andere als gefestigt, hatte sich Heinrich VII. doch gegen etliche Prätendenten wehren müssen, die ähnlich wie er einen Anspruch auf Thron und Krone erhoben. Sein Sohn war wie besessen von dieser Frage, von der immer gefährdeten Stabilität der Tudor-Dynastie. Es war dieses Verlangen nach dem Thronerben, das zum Bruch mit Rom führte; die dynastische Frage wurde für Heinrich VIII. wichtiger als die Treue zum Papsttum.

Doch kann man nicht sagen, dass unter ihm der Katholizismus in England abgeschafft wurde. Den Glauben hat Heinrich, der katholisch erzogen wurde und sich zeitlebens als Katholik empfand, nicht antasten wollen. Der Papst verlieh dem Monarchen 1521 sogar den Ehrentitel «Defensor Fidei», Verteidiger des Glaubens, in Anerkennung einer Streitschrift gegen Luther, in der Heinrich die Sakramente gegen diesen verteidigt hatte. «F. D.» (Fidei Defensor) findet sich bis heute auf den englischen Münzen neben dem Kopf der Königin.

Der Paradigmenwechsel unter dem Tudor-Monarchen war nicht so sehr eine anti-katholische als eine politisch-nationale Revolution. Nicht gegen den Katholizismus war der vom Parlament gebilligte Suprematsakt von 1534, mit dem Heinrich VIII. zum Kopf der englischen Kirche wurde, gerichtet, sondern gegen den Papst als auswärtigen Souverän und alle Untertanen, die sich weiter an dessen Weisungen gebunden fühlten. Ein Souveränitätskonflikt also, keine Stiftung einer neuen Religion. Die katholische Lehre selbst behielt Heinrich VIII. so weit wie möglich bei. So hieß es in demselben Statut, das die Hoheit Roms über den englischen Katholizismus abschaffte, «dass alle bestehenden Kirchengesetze und sakramentalen Verfügungen, welche den Gesetzen und Gewohnheiten des Reiches und dem Vorrecht des Königs nicht entgegenstehen, so lange in Kraft bleiben sollen, bis darüber anders befunden wird».

Der Abfall vom Papst, dem «Bischof von Rom», ging also auf zwei Motivationen zurück: sich in der Frage des männlichen Thronerben nicht durch ein päpstlich-theologisches Diktat gegen Scheidungen hineinreden zu lassen und die nationale Eigenständigkeit Englands jetzt auch in Fragen der Kirche zu demonstrieren und zu etablieren. Im Grunde beginnt mit Heinrich VIII. die englische Großmachtpolitik – das Postulat der freien Hand in allen Belangen der Politik, einschließlich denen der Kirche. Auf Heinrich, den Souverän auch in Kirchenfragen, musste nun jeder Gläubige den Eid schwören. Thomas Morus und Erzbischof John Fisher taten es nicht. Sie wurden hingerichtet wegen Hochverrats, das heißt wegen Insubordination gegenüber der Macht im Lande, da sie weiterhin am Papst als der obersten Instanz in Kirchenbelangen festhielten.

«Anglicana Ecclesia», so formuliert es der Text des Suprematsakts vom Dezember 1534, «annexed and united to the imperial crown of this realm» – «die englische Kirche, vereinigt und vereint mit der imperialen Krone dieses Reiches». Das war deutlich: Kirche und

Staat vereint unter dem Dach der Nation. Immer wieder sprach Heinrich VIII. seitdem von seinem Reich als einem «empire entire unto itself» – modern übersetzt: einem Imperium allein auf eigene Rechnung. Es sollte unter Elisabeth I., der Tochter Heinrichs VIII., seinen ersten Höhepunkt erreichen. Äußeres Zeichen der neuen Machtentfaltung war der Aufbau einer eigenen Flotte, womit Heinrich das Vehikel schuf für die spätere imperiale Ausdehnung Englands – auch für die Verteidigung gegen römisch-katholische Bedrohungen, wie sich bereits 1588 bei der Abwehr der spanischen Armada zeigen sollte.

Aber das «empire entire unto itself» verabschiedete gleichzeitig tausend Jahre seines christlichen Kulturerbes. Als Erstes wurden ab 1535 sukzessive alle 800 Klöster des Landes aufgelöst, ihre Kirchen zerstört und als Steinbrüche missbraucht, das Besitztum der Orden preiswert dem Landadel als neuer Grund und Boden überlassen. Das trieb dem Staatssäckel ungeahnte Pfründe ein und dem Adel wachsenden Status. Es war der größte Transfer von Landbesitz in England seit der normannischen Eroberung. Tiefer noch schnitt die kulturelle Revolution: Ein wahrer antiklerikaler Hooliganismus griff um sich, der mit dem Mittel des Staatsterrors das bildliche Erbe des englischen Mittelalters stürmte. Pilgerstätten, Heiligenschreine, Kirchenkunst jeder Art fielen dem Vorschlaghammer der Kommissare von Thomas Cromwell, Heinrichs Erstem Minister, zum Opfer. Unersetzliche Wandmalereien wurden geschändet und übertüncht, Altarbilder zerbrochen und durch großflächige Bibelworte und die Zehn Gebote ersetzt, das Visuelle machte dem Verbalen Platz.

Doch dieser Akt eines kollektiven Vandalismus zeitigte eine unerwartete Folge: das Aufblühen des Englischen als eines literaturfähigen Mediums der Kommunikation. Die Menschen entdeckten ihre Vorliebe zum eigenen Idiom, zum Diskurs in der eigenen Sprache – erst bei der Interpretation der jetzt auf Englisch vorliegenden Heiligen Schrift, dann in der allmählichen Aneignung der Lebenswelt insgesamt. Aus den Trümmern eines Erbes christlicher Devotion, die plötzlich als «römische Idolatrie» verdammt wurde, erwuchs eine neue, aufklärerische Tradition – Englands Nationalliteratur. Es ist ein ironischer Kommentar zu dem Bildersturm, der unter Heinrich VIII. begann und sich bis in die Zeit des Lord Protectors Oliver Cromwell einhundert Jahre später fortsetzen sollte, dass ohne diesen gewalttätigen Kulturbruch ein Shakespeare, ein Marlowe, Bunyan, Donne oder Milton nicht denkbar gewesen wären. Das Wort wurde zum Mittelpunkt, die Sprache, das Drama, die Redekunst.

Was aber wurde aus den «Kirchengesetzen und sakramentalen Verfügungen», die nach 1534 zunächst in Kraft blieben? Nun, auch Ritus und Glaubensbekenntnis entwickelten sich allmählich zu neuer englischer Eigenart, zum größten Teil freilich erst nach dem Ableben des allerkatholischsten Königs. Ihm folgte sein minderjähriger Sohn Eduard VI., gestützt durch Regenten, auf den Thron, und in dieser Ära konnte der Erzbischof von Canterbury, Thomas Cranmer, die eigentliche protestantische Umwandlung der englischen Kirche durchsetzen, was ihm unter Heinrich VIII. als Häresie angekreidet worden wäre. Unter seiner Führung verloren sich Schritt für Schritt die katholischen Glaubensinhalte, eine Entwicklung, die schließlich unter Elisabeth I. 1563 in den noch heute gültigen «39 Artikeln» ihren doktrinalen Abschluss fand. Bilder-, Heiligen- und Marienverehrung wurden abgeschafft, ebenso der Zölibat und die Ohrenbeichte, und unter den Sakramenten blieben nur zwei verbindlich: Taufe und Abendmahl, Letzteres ohne Transsubstantiation. Mit dem «Book of Common Prayer» stiftete Cranmer aber auch das bis heute verwendete Andachtsbuch der Anglikaner und zugleich eine erste klassische Blüte des Englischen – einen sprachlichen Wegbereiter der literarischen Renaissance.

Sanft vollzogen sich die Übergänge des 16. Jahrhunderts nicht. Unter Maria I. (1553–1558), der «Blutigen», die den Katholizismus wieder einzuführen suchte, sowie unter der großen Elisabeth (1558–1603), die das Steuer erneut in Richtung des anglikanischen Glaubens herumwarf, mussten Hunderte von Anhängern beider Konfessionen ihr Leben lassen, auf dem Schafott oder dem Scheiterhaufen. Thomas Cromwell verlor noch unter Heinrich VIII. sein Leben, Thomas Cranmer unter Maria I. Hofintriganten waren mit Vorwürfen wie Hochverrat und Ketzerei schnell zur Hand, die Reformation fraß viele ihrer Kinder. Was ihr half, in England zu überleben, war nicht die Kraft des neuen Glaubens, den viele, auch wenn sie Lippenbekenntnisse ablieferten, noch lange heimlich ablehnten. Es war vielmehr seine Fundierung in der Staatsraison, sein Verschmelzen mit dem nationalen Interesse, das eine klare Trennung gebot von den katholischen Vormächten Spanien und Frankreich.

Was den Ritus anging, so entschied sich Elisabeth I. für einen Anglikanismus mit katholischen Elementen. Eine Anekdote aus ihrer Zeit spricht für große Flexibilität und die Kunst des mittleren Weges. Als die Königin einmal gefragt wurde, ob die Leute sich weiter nach Art der Katholiken zu bekreuzigen hätten, gab sie zur Antwort: «Alle können, keiner muss, aber einige sollten» – «all can, none must, some ought.»

Die Interessen der katholischen Minderheit dagegen erlitten seit einem misslungenen Attentat katholischer Verschwörer am 5. November 1605 einen Rückschlag, von dem sie sich über Jahrhunderte nicht erholen sollten. Im «Gunpowder Plot» hatte eine Gruppe Adliger um Guy Fawkes versucht, König Jakob I., den ersten Monarchen der Stuart-Linie, und das gesamte Parlament bei dessen Eröffnung in die Luft zu sprengen. Doch der geplante Anschlag wurde durch eine Indiskretion rechtzeitig aufgedeckt. Der Status der Katholiken lag seither vollends ruiniert da, die Symbole ihres Glaubens wurden bei den jährlichen 5.-November-Freudenfeuern verlacht und geschmäht, mit der Puppe des «Guy» auf der Spitze der Scheiterhaufen.

Auf ihre Emanzipation mussten die Katholiken bis 1829 warten. Selbst der große Aufklärer John Locke hatte ihnen in seinem «Toleranz-Brief» von 1689 die Bürgerrechte abgesprochen: «Diejenige Kirche kann im Staat nicht geduldet werden, deren Glieder durch ihren Glauben gleichzeitig einem auswärtigen Souverän verpflichtet sind.»

Der Subversionsverdacht gegen die «Papisten» saß tief. Zumal die Insel sich noch zweimal im 18. Jahrhundert durch katholische Aufstände, von Frankreich mitgeschürt, bedroht sah, 1715 und 1745. Alles fügte sich zu einem klaren Feindbild. Der Anti-Katholizismus ging in die Gene der Briten ein. Dafür hatte der Übertritt des Landes zum Protestantismus für England die gnädige Folge, dass ihm die Zerrissenheit, wie sie der Dreißigjährige Krieg dem europäischen Kontinent bescheren sollte, erspart blieb.

NORDIRLAND: HÄLT DER RELIGIONSFRIEDE?

Ian Paisley, presbyterianischer Geistlicher aus Belfast, gestorben 2014, war die letzte Figur, die im Vereinigten Königreich aus absoluter Rom-Feindschaft politisches Kapital zu schlagen wusste. Seit Jugendzeiten hatte er sich jeder Kooperation mit Katholiken als «Pakt mit dem Teufel» widersetzt. Paisleys Extremismus trug mit dazu bei, den Friedensprozess in Nordirland während langer Jahre zu lähmen. Viele Terroristen auf protestantischer Seite im nordirischen Bürgerkrieg beriefen sich auf die Rhetorik dieses Feuer speienden Geistlichen. Doch der Reverend Ian Paisley wurde gegen Ende seines Lebens von einem Saulus zum Paulus, und seine Partei, die Democratic Unionist Party, sitzt heute Seite an Seite mit den einst verhassten Katholiken auf der Regierungsbank in Belfast.

Dass die beiden verfeindeten Religionsgruppen im irischen Teil des Vereinigten Königreichs überhaupt zu politischer Koexistenz, ja zur Zusammenarbeit in einer Allparteienregierung gefunden haben, gilt mit Recht als eine der erstaunlichsten Metamorphosen der jüngeren britischen Geschichte. Über 3500 Menschen sind in Nordirland während einer 30 Jahre langen Bürgerkriegszeit, von 1969 bis 1998, ums Leben gekommen, Opfer sektiererischen Mordens durch paramilitärische Untergrundgruppen auf protestantischer wie katholischer Seite. Man nennt diese Ära reichlich euphemistisch die Zeit der «troubles». Dabei verlief der Konflikt nicht nur entlang religiöser Trennlinien. Er reichte und reicht noch heute auch in die

Tiefen nationaler Loyalität. Denn die katholische Bevölkerung Nordirlands schwört auf die Zugehörigkeit ihrer Provinz zum übrigen Teil der Grünen Insel, der (katholischen) irischen Republik, von der sie nach der Unabhängigkeit Irlands von britischer Herrschaft in den 20er-Jahren des 20. Jahrhunderts getrennt wurde. Die Protestanten Nordirlands hängen ihrerseits mit ebenso glühender Überzeugung an der Zugehörigkeit zu Großbritannien und zur britischen Monarchie. In den Wohnsiedlungen mit Mehrheiten der einen oder der anderen Seite sieht man unterschiedliche Nationalfahnen gehisst – die irische Trikolore in Grün-Weiß-Orange gegenüber dem britischen Union Jack. Eine Provinz – zwei Loyalitäten. Wie sollte dieser gordische Knoten jemals durchschlagen werden?

1998 schien es gelungen zu sein, als sich die zerstrittenen Parteien in dem in die Geschichte eingegangenen «Karfreitagsabkommen» von Belfast einigten, eine Regionalregierung zu bilden – Teil der von London eingeleiteten Regionalisierung (*devolution*) des Vereinigten Königreichs. Doch Ian Paisleys Democratic Unionist Party (DUP), der fundamentalistische Flügel der nordirischen Protestanten, boykottierte das Abkommen: Mit der katholischen Sinn-Fein-Partei zusammenzuarbeiten, die weiter für die irische Wiedervereinigung eintritt und deren militärischer Teil, die Irish Republican Army (IRA), verantwortlich war für viele Morde an Protestanten während der Bürgerkriegsjahre, erschien den protestantischen Hardlinern wie ein Ausverkauf von irischen Interessen. Auch eine Splittergruppe der IRA, die radikale «Real IRA», fühlte sich nicht an das Belfaster Abkommen gebunden, sondern verübte noch im August 1998 den blutigsten Bombenanschlag überhaupt gegen den Friedensprozess: 29 Personen kamen dabei in dem Städtchen Omagh ums Leben.

Erneut verhärteten sich die Fronten. Erst als Paisleys Partei in den Bürgerschaftswahlen von 2004 zur stärksten protestantischen Gruppierung in Ulster – wie man Nordirland seit alters her nennt – aufgestiegen war, zeichnete sich ein Umschwung zu neuer Kooperationsbereitschaft ab. Sollte die Provinz sich weiter von London aus verwalten lassen, während Wales und Schottland bereits Jahre autonomen Regierens erlebten? Heute stellt die Ulster Unionist Party als stärkste Fraktion in Stormont, dem Belfaster Parlament, den «Ersten Minister» (vergleichbar einem Ministerpräsidenten), Sinn Fein den stellvertretenden Regierungschef. Die Regionalisierung der Randzonen des Vereinigten Königreichs ist damit komplettiert.

Doch was sich auf der politischen Ebene an Koexistenz aufgebaut hat, spiegelt noch lange nicht die Wirklichkeit am Boden, das heißt in der Bevölkerung. In der Hauptstadt Belfast und anderen Städten Nordirlands trennen weiterhin sogenannte *peace lines* die protestantischen und katholischen Stadtteile. Eine kuriose Bezeichnung: Diese «Friedenslinien» bestehen in Wahrheit aus hohen Mauern und Stacheldrahtzäunen mit kleinen Durchlässen zum Aus und Ein. Die Menschen dahinter bleiben weiterhin vom jeweils anderen Teil der religiös gespaltenen Gesellschaft getrennt, kein Politiker könnte riskieren, für die Beseitigung dieser Markierungen zu plädieren. Der viel gerühmte Friedensprozess hat eben in manchen urbanen Siedlungen, in zumeist unteren sozialen Schichten, noch keine Versöhnung herbeigeführt; die Wunden des erbarmungslosen Bürgerkriegs sind noch lange nicht verheilt, und nur Mauern halten manche Menschen davon ab, erneut aufeinander loszugehen. Aber ein gewaltiger Schritt in die Zukunft ist dennoch gelungen, der auch durch gelegentliche Rückfälle in Terror-Morde und aufflackernde Zwietracht unter den koalierenden Parteien nicht mehr rückgängig gemacht werden dürfte.

WARUM SELBST TONY BLAIR AUF 1701 RÜCKSICHT NEHMEN MUSSTE UND GEORG FRIEDRICH HÄNDEL ÜBER 1714 BESONDERS GLÜCKLICH WAR

Der Protestantismus als britische Staatsraison war auch nach den Tudor-Monarchen noch lange nicht gesichert. Die Stuart-Könige Karl II. (1660–1685) und Jakob II. (1685–1688) hatten unter dem Einfluss des französischen Herrschers Ludwig XIV. sogar gefährliche

Neigungen entwickelt, den Absolutismus einzuführen und mit ihm auch wieder den Katholizismus und die Idee einer Monarchie von Gottes Gnaden. Das hätte leicht das Ende des *free-born Englishman* und seiner stetig gewachsenen parlamentarischen Freiheiten bedeuten können. In der Glorreichen, das heißt der unblutigen Revolution von 1688/89 vertrieb man daher den letzten sich offen katholisch bekennenden Herrscher Englands, Jakob II., installierte den protestantischen Oranier Wilhelm auf dem vakanten Thron und verabschiedete 1701 den Act of Settlement and Succession. Er enthielt die gesetzliche Festlegung der dynastischen Folge in England allein über den Protestantismus, womit schließlich 1714 die deutsche Hannoveraner Linie auf den britischen Thron gelangte.

Wie es dazu kam? Nun, keines der siebzehn (sic) Kinder der Königin Anne (1702–1714) hatte die Mutter überlebt, und daher suchte man bei ihrem Tod angestrengt nach den letzten Spuren der protestantischen Stuarts – und fand sie in Hannover. Sophie, die Witwe des 1698 verstorbenen Kurfürsten Ernst August, war eine Enkelin des schottischen Stuart-Königs Jakob VI., den die Welt besser kennt als Jakob I., den Nachfolger Elisabeths I. auf dem englischen Thron; mit ihm waren England und Schottland 1603 unter ein und demselben Monarchen miteinander verschmolzen, wenn auch noch nicht zum «Vereinigten Königreich Großbritannien», das erst durch den Act of Union von 1707 entstand. Sophie, Jakobs Enkelin, starb aber wenige Wochen vor Queen Anne, und so rückte ihr kurfürstlicher Sohn Georg Ludwig am 1. August 1714 als Georg I. in die englische Thronfolge.

Niemand war glücklicher über diese Entwicklung als Georg Friedrich Händel, den die Engländer bald als «ihren» George Frederick Handel eingemeinden sollten. Er weilte gerade mit einem Stipendium der Königin Anne in London, als sein Kurfürst, an dessen Hannoveraner Hof er als Kapellmeister letztlich hätte zurückkehren müssen, sich plötzlich als König in England wiederfand. Das erlaubte Händel, ebenfalls dort zu bleiben. Damit begann seine einzigartige Karriere als englischer Komponist, der, von einer machtvollen Monarchie und ihrer Ausstrahlung angezogen, zu musikalischem Weltruhm aufstieg.

Großbritannien handelte, wenn es um die dynastische Absicherung seines Königshauses ging, immer sehr kosmopolitisch. Die Normannen waren Franzosen, der erste Tudor-König Heinrich VII. ein Waliser, Jakob I. Schotte, Georg I. Deutscher, Viktoria ebenfalls aus deutscher Familie. Dass Georg V. 1917 aus dem königlichen Familiennamen Sachsen-Coburg-Gotha flugs das Haus Windsor machte, entsprang der anti-deutschen Stimmung im Lande während des Ersten Weltkriegs. Darauf musste der König reagieren, dem man ohnehin allzu große Nähe zu seinen deutschen Verwandten – der Kaiser war sein Cousin – nachsagte. Als Wilhelm II. von der Namensänderung hörte, parierte er mit einem denkwürdigen Bonmot: Er freue sich schon, ließ er wissen, auf die nächste Aufführung von Otto Nicolais komischer Oper «Die lustigen Weiber von Sachsen-Coburg-Gotha».

Der Act of Settlement and Succession von 1701 sah vor, «dass alle Personen, die sich zum päpstlichen Glauben bekennen oder einen Papisten heiraten wollen, ausgeschlossen werden, dass sie unfähig sein sollen, Krone und Regierung dieses Königreichs zu erben oder zu besitzen». Diese Warnung ereilte sogar noch im Jahr 2007 den ältesten Enkel der Queen, Peter Phillips, Sohn der Princess Royal, Prinzessin Anne. Er stand damals als Zehnter in der Reihenfolge der Thronerben, war aber im Begriff, eine katholische Kanadierin zu heiraten, Autumn Kelly, was ihn seinen Platz in der Thronfolge gekostet hätte, streng nach dem Gesetz von 1701. Die junge Frau wollte ihrem Zukünftigen ein solches Opfer aber nicht zumuten, und so konvertierte sie vor der Eheschließung rasch zum Anglikanismus. Jetzt kann sich ihr Mann ausruhen auf seinem Platz der britischen Thronfolge, die Dinge haben wieder ihre alte Ordnung.

Prominentes Opfer war auch Tony Blair, der frühere Premierminister, verheiratet mit einer Katholikin aus irischer Einwandererfamilie und loyal dem Glauben seiner Frau und den katholisch erzogenen Kindern ergeben. Ob der Act of Settlement auch für ihn bindend war oder nicht, hätte kontroverse Diskussionen hervorgerufen, denen er dadurch taktvoll aus dem Wege ging, dass er sich den lange gehegten Wunsch, zum Katholizismus überzutreten, erst im Dezember 2007 erfüllte – sechs Monate nach seinem Abschied von Downing Street.

Die Aufhebung des Gesetzes von 1701, mit seinem antikatholischen Affekt, wird heute auf der Insel stark diskutiert. Prinz Charles, der Thronfolger, will sich gar laut eigenem Bekenntnis als König nicht mehr «Verteidiger des Glaubens» nennen, sondern «Verteidiger von Glauben», in Anerkennung der multi-religiösen Natur des Königreichs heute. Sollte man die etablierte Kirche nicht ohnehin ganz aus ihrer Verklammerung mit dem Staat lösen, sie ent-etablieren («disestablish») und ihr dadurch neues Leben, neue Konzentration auf ihre christliche Mission einhauchen? Schöne Ideen. Aber die Folgen, die es für die Verfassung hätte, wenn der Monarch nicht mehr Gouverneur der Church of England wäre und der Staat ohne seine institutionelle Verankerung im Protestantismus auskommen müsste – diesen Bruch mit der Tradition will im Grunde niemand wagen, allen Diskussionen zum Trotz.

Ohnehin erlitten alle aufrechten Protestanten Englands im April 2005 einen riesigen Schock, als sei die Insel dabei, von einem Dornröschenwald der katholischen Restauration verschluckt zu werden. Was war geschehen? Das komplette britische Establishment hatte sich vor dem Katafalk mit dem Sarg des soeben verstorbenen polnischen Papstes Johannes Paul II. verneigt und ihm während der Exequien in Rom die letzte Ehre erwiesen. Unter den Notabeln war auch der Thronfolger, Prinz Charles, der diesem Anlass zuliebe den Termin seiner Eheschließung mit Camilla Parker-Bowles sogar um einen Tag verschob, vom 8. auf den 9. April. Ihm zur Seite fand sich das Oberhaupt der anglikanischen Kirche, Erzbischof Rowan Williams, der später zur Inauguration des neuen Papstes erneut nichts Besseres zu tun hatte, als nach Rom zu eilen. Erstaufführungen allesamt, quer zur britischen Geschichte. Dem plötzlich aufflutenden Interesse der Öffentlichkeit an der katholischen Kirche hielt die Wochenzeitschrift «The Spectator» wie zur Vergewisserung entgegen: «Großbritannien ist nicht römisch-katholisch. Das Papsttum steht für autokratische und hierarchische Prinzipien und den Glauben an Dogmen, was alles dem britischen Staat zutiefst fremd ist.»

Die größere Toleranz allem Katholischen gegenüber geht freilich Hand in Hand mit einer steigenden Indifferenz gegenüber jeglicher etablierter Religion. Seit Langem ist das auffallendste Merkmal der Church of England ihre schleichende Auszehrung. Die katholische Kirche mag keine wesentlich bessere Glaubenspraxis ihrer Eingeschriebenen aufweisen. Aber sie besitzt in der Institution des Papsttums ein Mittel augenfälliger Ausstrahlung. Besonders wenn dieses von einem Magier der Kommunikation verkörpert wird, wie Johannes Paul II. es war, oder einem Anwalt der Armen, wie es heute Papst Franziskus ist.

5
VON DER HINRICHTUNG KARLS I. ZUR GLORREICHEN REVOLUTION: DIE KONSTITUTIONELLE MONARCHIE

«MEIN GEWISSEN UND MEINE EHRE»: DER TOD DES KÖNIGS

Der 30. Januar 1649 war ein kalter Tag, und Karl I., oben auf seinem Schafott, das man ihm vor der Banqueting Hall in der Straße Whitehall gerichtet hatte, bat um einen warmen Umhang gegen die Unbill des Wetters. «Die Jahreszeit ist so bitter, ich könnte das Zittern bekommen, aber die Leute würden meinen, es sei die Angst. Ich kann eine solche Unterstellung nur weit von mir weisen.» Man hatte den Stuart-Monarchen am 27. Januar verurteilt, als «Tyrannen, Verräter, Mörder und öffentlichen und unversöhnlichen Feind des Commonwealth von England». Über ihn zu Gericht hatten 70 Mitglieder aus dem ehemaligen Long Parliament gesessen, das der Armeegeneral Oliver Cromwell im Dezember 1648 durch einen Untergebenen, Oberst Thomas Pride, von allen Königstreuen und gemäßigten Protestanten hatte säubern lassen. Von ehemals 429 Mitgliedern waren nur mehr knapp 100 in diesem «Rumpfparlament» übrig geblieben, das Cromwell mit Juristen und anderen Persönlichkeiten aufstocken ließ, um Gericht halten zu lassen über den König; es nahmen aber nur etwa 70 Personen an den Sitzungen teil, 59 unterschrieben später das Todesurteil.

Heftig befehdete Karl während des Prozesses dieses Gremium. «Ein König kann von keiner höheren Jurisdiktion auf der Erde vor Gericht gestellt werden. Und die Commons waren nie als Judikative berufen. Aber es geht hier nicht nur um mich, es sind *freedom* und *liberty* meines Volkes, für die ich stehe, da könnt ihr argumentieren, wie ihr wollt.» Eindringlich hielt er seinen Richtern vor: «Denkt daran, dass ich euer rechtmäßiger König bin, und welche Sünden ihr über eure Häupter bringt und welches Strafurteil Gottes über dieses Land. Bedenkt es wohl, sage ich, bedenkt es wohl, ehe ihr von einer Sünde zu einer noch größeren schreitet.» Dass der König schon bei Erhebung der Anklage laut und verächtlich lachte, wird ihm vor seinen Richtern nicht geholfen haben. Aber er war sich seiner Sache und seiner Salbung absolut sicher, darüber feilscht ein König von Gottes Gnaden nicht: «Was mir wertvoller ist als mein Leben, ist mein Gewissen und meine Ehre.» Ein Schlusswort hatte man dem Monarchen verweigert, da er sich zur Anklage formal nicht geäußert hatte, nicht mit Ja oder Nein, womit er nach altem Brauch sein Recht verwirkt hatte, ein abschließendes Plädoyer in eigener Sache führen zu dürfen.

Doch jetzt, am Morgen des 30. Januar, sprach er es doch von seinem Schafott herab, als Vermächtnis an die Geschichte: «Ich muss euch sagen, dass Freiheit und die Rechte des Volkes darin bestehen, eine Regierung zu haben, deren Gesetze den Menschen ihr Leben und ihr Gut zumeist überlassen. Es geht nicht darum, dass das Volk Anteil besitzt an der Regierung, damit hat es nichts zu tun. Ein Untertan und ein Souverän sind zwei deutlich verschiedene Dinge. Hätte ich mich zu einer willkürlichen Änderung der Gesetze bequemt unter dem Druck des Schwertes, hätte ich nicht hierherzukommen brauchen. Und daher sage ich euch, ich bin der Märtyrer des Volkes.»

«Ein Untertan und ein Souverän sind zwei deutlich verschiedene Dinge»: Dieser Satz ist der Schlüssel zur englischen Geschichte des 17. Jahrhunderts, zum Streit zwischen Krone und Parlament über die Fragen, die eigentlich im 14. Jahrhundert bereits geklärt schienen, darunter das Prinzip, dass auch die Krone unter dem Gesetz stehe. Die Stuarts nach Jakob I. (1603–1625) ließen nichts unversucht, um diesen Konsens zu ignorieren. Karl I. gab das Bild des absolutistischen

Herrschers, willkürlich in seiner Leutseligkeit, immer auf Kriegsfuß mit dem Parlament. Von 1629 bis 1640 regierte er sogar, ohne es auch nur einmal einzuberufen; die nötigen Steuern, die er sich eigentlich hätte bewilligen lassen müssen, holte er sich durch andere drückende Maßnahmen im Lande. Das Volk murrte, auch weil man wegen seiner Frau, Henrietta Maria von Frankreich, eine katholikenfreundlichere Politik des Monarchen befürchtete. Die wachsende Bewegung der protestantischen Sekten, unter denen die Puritaner den größten Zulauf verzeichneten, wurde vor den Kopf gestoßen durch eine neue Politik anglikanischer Uniformität, die der Erzbischof von Canterbury, William Laud, entschieden durchzusetzen sich vornahm: Auch die Hierarchie der Kirche ist, so befand er, eine göttliche Einrichtung, mit der Krone als dem Gipfel. Missliebige Personen wurden durch einen geheimen königlichen Gerichtshof, die berüchtigte Star Chamber, ohne Rechtshilfe und Öffentlichkeit abgeurteilt.

Schon 1628 machte sich der größte Rechtsgelehrte seiner Zeit, Sir Edward Coke (gesprochen «Cook»), zum Befürworter einer «Petition of Rights», die im Mai das Parlament passierte und dem König vorgelegt wurde, als Beschwerdeliste gegen seine Übergriffe und Unterlassungen. In der britischen Verfassungsgeschichte kommt dieser «Petition of Rights» große Bedeutung zu, nahm sie doch vieles von dem vorweg, was dann die «Bill of Rights» vom Februar 1689 rechtskräftig besiegelte. Schon die Petition schrieb fest, dass Steuern nur vom Parlament gebilligt werden können, dass in Friedenszeiten kein Kriegsrecht verhängt werden darf und dass Häftlinge die Rechtfertigung ihrer Inhaftierung durch Rekurs auf Habeas corpus anzweifeln dürfen. Karl versprach, das Dokument «allergnädigst» zu berücksichtigen – eine Wortwahl, für die ihn Sir Edward ausdrücklich rügte. Im Juni gab der König sein Plazet für die Petition – um sie gleich wieder zu vergessen.

Aber seine Macht war nicht mehr unbegrenzt, die Nemesis wartete schon. In Schottland verkalkulierte sich der König vollständig, als er über Bischof Laud und dessen Helfer das anglikanische

Kirchenrecht der unabhängig gewordenen kalvinistischen schottischen Kirk überstülpen wollte. Eine Nation in Waffen erhob sich, das kleine Heer des Königs hätte nichts dagegen verrichten können. Kleinlaut gab Karl nach und musste der schottischen Generalversammlung ihr Prärogativ über die anglikanische Kirche zugestehen.

Neue Sturmwolken brachen 1641 in Irland los, wo ein Aufstand nach Eingreifen königlicher Macht rief, aber das Parlament, misstrauisch gegenüber dem Herrscher, wollte diesem nicht die Kontrolle über die Armee überlassen. Nur ausdrücklich vom Parlament ausgewählte militärische Anführer sollten die Expedition in Irland leiten. Wieder schätzte der Stuart das Spiel vollkommen falsch ein. Am 4. Januar 1642 drang er persönlich mit einer Wachmannschaft in die Räume des Unterhauses vor, um die fünf Anführer der Resolution zur Berufung der Heerführer festzunehmen. Diese aber waren durch eine Indiskretion der Kammerzofe Henrietta Marias gewarnt worden und hatten sich rechtzeitig durch Flucht in die Londoner City in Sicherheit gebracht. Eine Woche später kehrten sie im Triumph nach Westminster zurück.

Nie wieder hat ein britischer Monarch seitdem den unantastbaren Bezirk des Unterhauses betreten. Noch heute, wenn die Königin alljährlich das neue Sitzungsjahr des Parlaments eröffnet, vollzieht sich ein kunstvolles Rollenspiel, das an den Übergriff Karls I. von 1642 erinnert. Wenn die Königin sich im Oberhaus niedergelassen hat und die Commons bitten lässt zu erscheinen, um sich die Verlesung der Queen's Speech – der Regierungserklärung von «Her Majesty's Government» – aus dem Munde der Monarchin anzuhören, wird ihrem in schwarzen Gamaschen gekleideten Herold die Eingangstür zum Unterhaus vor der Nase zugeschlagen, als Zeichen, dass sich die Commons in ihren Geschäften nicht durch die Krone inkommodieren lassen möchten. Dreimal muss der Bote mit seinem Stab, dem *black rod*, an die Tür schlagen, ehe man ihn hereinlässt zum Verlesen der Einladung der Königin. Zur gleichen Zeit übrigens hält der Buckingham Palace einen Parlamentarier als symbolische

Geisel gefangen – man kann ja nie wissen, was dem Staatsoberhaupt im feindlichen Milieu des Parlaments alles blühen mag …

Die Würfel waren nach Karls unbedachter Aktion im House of Commons gefallen. Beide Seiten appellierten an die Öffentlichkeit zur Unterstützung ihrer Position, wobei sich auch im Parlament Risse zeigten: Die Königstreuen wünschten keinen Kampf auf Spitz und Knopf gegen den Monarchen. Militärisch schieden sich die royalistischen «Kavaliere» von den nonkonformistischen «Rundköpfen», so benannt nach ihrem im Gegensatz zum wallenden Haar der Kavaliere geschorenen Kopf. Unter den Rundköpfen dominierten, angeführt von Oliver Cromwell, die Puritaner, die mit Gebeten und Psalmengesängen in die Schlachten des Bürgerkrieges ziehen sollten. Karl pflanzte im August 1642 das Kriegspanier auf, aber seine Milizen kamen trotz Anfangserfolgen gegen die New Model Army Cromwells nicht auf. Dieser hatte einen neuen Typus von Militär gedrillt, mobile Kräfte, die anders als die jeweils örtlichen Milizen landesweit operierten und in Disziplin und Gefolgschaft, beflügelt von der religiösen Inspiration ihres Generals, das Muster einer neuen nationalen Armee abgaben. Bei Naseby in Leicestershire, den östlichen Midlands, mussten sich die Königstreuen 1645 schließlich kriegsentscheidend geschlagen geben. Und Bischof Laud endete, wie vor ihm der Earl of Strafford, unter dem Beil.

Aber der König selbst gab sein Spiel noch nicht auf. Er verlegte sich jetzt auf sein altes Intrigieren, um seine Gegner gegeneinander auszuspielen. Als Erstes versöhnte er sich mit den Schotten, mit dem abenteuerlichen Versprechen, er werde ein schottisches, streng presbyterianisches Kirchenregiment in England einführen, wenn man ihm nur ein Heer zur Niederschlagung der puritanischen Truppen bereitstellen würde. Gleichzeitig verhandelte Karl mit gemäßigten Mitgliedern des Parlaments, denen er das Gegenteil dessen versprach, was er gerade den Schotten konzediert hatte: Einführung einer eingeschränkten anglikanischen Bischofskirche ohne schottischen Einfluss, Kontrolle des Parlaments über alle Milizen sowie die Annullierung aller seiner früheren parlamentsfeindlichen Erklärungen.

Als die Schotten, auf die (Hinter)list des Königs eingehend, im Norden Englands einfielen, stellte sich ihnen Cromwells Armee bei Preston im sogenannten Zweiten Bürgerkrieg siegreich entgegen. Der König, in dem man mit Recht den Anstifter dieser neuen Kriegsrunde sah, wurde gefangen genommen. Der Rest ist, wie man sagt, Geschichte.

OLIVER CROMWELL: DAS KÖNIGLOSE INTERREGNUM

Die Hinrichtung des Königs war ein Schock für das Volk, viele sahen in Karl den Märtyrer, als den er sich vor seinem Tode selbst bezeichnet hatte. Schon am Tag seiner Beisetzung auf Schloss Windsor, dem 8. Februar, erschien ein Buch mit dem Titel «Eikon Basilike: Das Porträt Seiner Heiligen Majestät in Ihren Einsamkeiten und Ihren Leiden». Cromwell und die Armee erkannten sofort die subversive Qualität der Schrift und baten John Milton, den Sekretär des neu gebildeten Staatsrats, dagegen anzuschreiben, was Milton noch im gleichen Jahr mit seinem «Eikonoklastes» tat. «Die Menschen», so argumentierte er, «exorbitant und exzessiv in allen ihren Gefühlen, sind manchmal geneigt, sich nicht nur religiöser Idolatrie hinzugeben, sondern auch einer zivilen, indem sie ihre Könige als Götzen verehren.» Wie könne man aber nur so weit gehen, so fuhr er mit kaum gebremster Verachtung für den Plebs fort, ausgerechnet die Erinnerung an diesen Mann hochzuhalten, «der mit mehr Hinterlist unsere Freiheiten unterminierte und die Tyrannei zu einer Kunstform erhob als je ein britischer König vor ihm».

Scharfe Worte. Schon lange vor seinem erst in späteren Jahren geschriebenen epischen Hauptwerk, «Das verlorene Paradies», war John Milton als begnadeter Pamphletist und Verteidiger dessen aufgetreten, was wir heute die Bürgerrechte nennen würden. 1644 hatte er in seiner Schrift «Areopagitica» glanzvoll für die Pressefreiheit gefochten, die durch eine im Parlament vorbereitete neue Zensur eingeengt werden sollte. Diese Freiheit zu beschneiden, so Milton, sei etwa so erfolgreich, wie wenn ein reicher Gutsbesitzer des Abends seinen Park abschlösse und damit glaube, er habe die Vögel ausgesperrt. Den Königsmord verteidigte dieser frühe Radikalrepublikaner dann in seinem Plädoyer von 1651 mit dem bezeichnenden Langtitel «Verteidigung des Volkes von England bezüglich seiner Rechte, Könige und Magistratspersonen zur Rechenschaft zu ziehen, sie nach gebührender Überlegung abzusetzen und dem Tode zuzuführen». Freiheit, nicht Gefolgschaft war seine Devise.

Oliver Cromwell (1649–1658) auf seinem Sockel vor der Westminster Hall, dem ältesten Teil des Palastes von Westminster, des britischen Parlaments

Am 17. März 1649 schaffte das Rumpfparlament per Beschluss die Monarchie ab, nachdem man bereits am Tag zuvor ähnlich mit dem Oberhaus verfahren war. Am 19. Mai folgte dann die Ausrufung der Republik – das Wort freilich vermied man und ersetzte es durch den Begriff des «Commonwealth of England»: «England soll hinfort als ein Commonwealth oder *free state* regiert werden, durch die höchste Autorität dieser Nation, nämlich Repräsentanten des Volkes im Parlament und diejenigen, die diese unter sich als Minister ernennen und einsetzen zum Wohle des Volkes.»

Immer wenn sich eine neue Herrschaft «zum Wohle des Volkes» in den Sattel hebt, darf man misstrauisch sein, was denn das bedeute. Repräsentativ für das Volk zum Beispiel war das Parlament von Anfang an nicht, nur noch 90 Mitglieder gehörten ihm an, durch Nachwahlen wurden es 125. Ganze Landesteile waren ohne Vertretung; London hatte einen, Wales drei Abgeordnete, die Grafschaften Herefordshire, Lancashire, Hertfordshire und Cumberland gar keine. Mit dem Militär, in dessen Reihen der «Independentismus» dominierte, war außerdem eine außerparlamentarische Kraft herangewachsen, die jetzt ihren eigenen Druck auszuüben begann. Cromwell hatte aber noch andere Geister gerufen, radikale Gruppen wie die «Levellers», die nach einer sozialistischen Republik verlangten, nach Abschaffung des Eigentums: Grund und Boden sollte gleichmäßig an alle verteilt werden, die Unterschiede von Arm und Reich verschwinden. Solche Gleichheitsbestrebungen musste der General als Gefahr für das Gemeinwohl ansehen; er konnte sie nur unterdrücken.

Chaos meldete sich an, Ordnung musste etabliert werden. Wofür hatte man schließlich eine Armee? Das erste Exempel statuierte der neue Machthaber an den aufsässigen Iren. Im Sommer 1649 rückte er mit einer 15 000 Mann starken Truppe an, die sich aufführte wie Barbaren. In Städten wie Wexford und Drogheda nahm das «Werkzeug Gottes» wahllos Rache für die Aufstände von 1641, Massenmord war an der Tagesordnung, ganze Landstriche wurden verwüstet. Der Hass der Iren auf den englischen Nachbarn rührt aus jener Zeit der Mordlust und Grausamkeiten, welche die New Model Army in Irland praktizierte.

Aber auch zu Hause stieg die Unruhe, denn die Armee ließ nicht locker: Sie forderte gar allgemeine Wahlen! Ein neuer Bürgerkrieg drohte, das Rumpfparlament war nicht bereit, sich selbst zu entmachten. Also entmachtete Cromwell es selbst, des Zanks zwischen den Commons und der Armee überdrüssig. Am 20. April 1653 betrat er mit dem Schwert in der Hand, begleitet von seinen Soldaten, das Unterhaus und verjagte die Versammelten unter berühmten Beschimpfungen: «Es ist höchste Zeit, dass ich euren Sitzungen an diesem Ort ein Ende bereite, den ihr durch eure Verachtung jeder Tugend entehrt und durch die Praxis jedes Lasters beschmutzt habt. Ihr seid die Feinde guten Regierens, ein Pack gedungener Halunken, die wie Esau das Land für ein Linsengericht verkaufen würden. Gibt es irgendeine Tugend, die noch unter euch verblieben ist, ein Laster, das ihr nicht besitzt? Ihr habt nicht mehr Religion als mein Pferd; Gold ist euer Gott. Ihr seid der ganzen Nation unerträglich verhasst geworden, ihr habt hier schon viel zu lange gesessen für das wenige Gute, das von euch ausgeht. Im Namen Gottes, geht!» Worte, die ein Unterhausabgeordneter im Mai 1940 Neville Chamberlain an den Kopf warf, dem Premierminister, dem man nicht mehr zutraute, den Kampf gegen Hitler zu führen.

Mit dem Schwert war das Parlament gegen den König vorgegangen, vom Schwert wurde es auseinandergetrieben. England hatte keinen König, kein Oberhaus und kein Unterhaus mehr. Aber Cromwell versuchte es noch einmal mit dem repräsentativen Prinzip. Er ließ die Armee aus im ganzen Land eingesammelten Listen 140 ehrenwerte Notabeln auswählen, eine puritanische Elite, die man bald «das Parlament der Heiligen» nannte, ein sarkastisches Wort, denn die «Heiligen» machten rasch durch bürokratischen Fanatismus von sich reden, der nichts an der alten Ordnung unberührt ließ, vor allem nicht die Eigentumsverhältnisse, *property*, das heilige Gut des *free-*

born Englishman. Im Januar 1654 wurde Oliver Cromwell zum Lord Protector erhoben, England hatte seinen Diktator, vom Parlament gebilligt, einen Monarchen ohne Monarchie.

Doch das Volk lehnte ihn innerlich zunehmend ab, während es unter seinem Regime litt. Um die Ordnung besser aufrechterhalten zu können, hatte der Alleinherrscher das ganze Land in zehn Distrikte unterteilt, die jeweils einem Generalmajor mit eigenem Truppenkontingent unterstanden. Deren Offiziere wurden angehalten, die lokalen Behörden zu kontrollieren und das Volk zu einem puritanischen Lebenswandel zu zwingen. Eine Frühform des Talibanismus zog ein, so könnte man sagen. Pferderennen, Hahnenkämpfe, Tanz, Schauspiel und andere Vergnügungen wurden verboten, die Gasthäuser geschlossen. Ein Polizeisystem griff um sich.

Der Lord Protector reagierte praktisch mit permanentem Ausnahmezustand, mit dem Militär als Instrument der Unterdrückung. Die tiefe Abneigung der Engländer gegen ein stehendes Heer im eigenen Land geht auf diese Erfahrung zurück. Cromwell sprach von seinen Maßnahmen als einer «grausamen Notwendigkeit» – ein Vorgriff auf die Begründung, mit der 140 Jahre später Robespierre in Frankreich Schrecken verbreiten sollte. Auch mit dem Parlament schaltete er nach Gusto: War es ihm nicht genehm, löste er es auf und ließ es in verkleinerter Zahl neu antreten. Er war verdammt, die Fehler, die man Karl I. angekreidet hatte, seinerseits zu wiederholen. Als das verkleinerte Parlament ihm 1658 die Königswürde anbot, musste er unter dem Druck der Armee ablehnen, was das Parlament bedauerte: Ein Monarch würde eindeutiger unter dem Gesetz stehen als ein alleinherrschender Protektor.

Außenpolitisch brachte Cromwell mit der Navigationsakte von 1651, die dem niederländischen Handelsmonopol den Kampf ansagte und 200 Jahre in Kraft bleiben würde, England einen Schritt weiter auf dem Weg zur unbeschränkten Seemacht. Importierte Waren durften nur noch auf englischen Schiffen oder den Schiffen des Herkunftslandes transportiert werden, und auch im Handel mit seinen Kolonien etablierte Cromwell das Prinzip: nur auf englischen Schiffen. Darüber entspann sich 1652–1654 der erste Englisch-Niederländische Krieg, der mit einer Niederlage Hollands endete. Im Frieden von Westminster wurde der englischen Marine die Kontrolle über die Seegebiete um England zugestanden, und Holland musste die Navigationsakte anerkennen, womit es seine Führung im Seehandel einbüßte. Doch zur Dominanz auf den sieben Meeren brauchte es dringend mehr Beruhigung im Innern, die das Commonwealth aber nicht bieten konnte. Die innere Ordnung stand auf dem Spiel, als Cromwell 1658 starb.

DER RESTAURIERTE STUART-KÖNIG KARL II. PROVOZIERT DAS PARLAMENT

Richard Cromwell war nicht daran interessiert, in die Fußstapfen des Vaters zu treten. Der Landedelmann in ihm bevorzugte das geruhsame Leben. Wieder stand die Armee vor der Not zu handeln. Deren Führer John Lambert und Charles Fleetwood stürzten die Protektoratsherrschaft, lösten den Staatsrat auf und setzten das von Cromwell 1653 eigenhändig auseinandergetriebene Rumpfparlament wieder ein, mit nur noch 42 Köpfen. Eine machtlose Gruppe, die der weiter um sich greifenden Anarchie nicht Herr wurde. Erneut handelte die Armee und zwang das Häuflein der Commons diesmal, das alte, nie legal aufgelöste Parlament von 1640 einzuberufen, mit allen jenen Mitgliedern, die 1648 daraus entfernt worden waren. Selbstauflösung und Neuwahlen folgten, unter Aufsicht des Militärs, aber unter Wahrung der Kontinuität durch das Parlament. Und dieses, das neue «Konventionsparlament», beschloss im Frühjahr 1660, Karl II., den ältesten Sohn des hingerichteten Königs, auf den Thron zurückzuholen.

Es konnte keine andere Lösung als diese geben. Das Volk wollte es, die Parlamentarier sahen es ein, keine andere Macht war da, die Ordnung im Lande unter akzeptablen Bedingungen wiederherzustellen.

Eine blutige Strafe erwartete die Königsmörder. Wer nicht fliehen konnte, wurde festgesetzt und zur schlimmsten aller Hinrichtungsmethoden verurteilt: dem Aufhängen, der Entleibung und der Zerstückelung der Leiche («hanged, drawn and quartered»). Aber es regte sich Abscheu unter vielen, die dem schrecklichen Vorgang beiwohnten. Nur zehn Verurteilte wurden auf diese Weise abgeschlachtet, die Übrigen verschwanden im Tower. Doch selbst bereits vor 1660 Verstorbene fanden keine Ruhe. Cromwell und zwei Richter des Tribunals, das Karl I. zum Tode verurteilt hatte, darunter der Vorsitzende John Bradshaw, wurden exhumiert und in ihren Leichentüchern aufgeknüpft, ehe man ihre Schädel weithin sichtbar vor dem Palast von Westminster aufgespießt zur Schau stellte. Samuel Pepys notierte in seinem Tagebuch, das Schauspiel habe besonders die Hofdamen äußerst ergötzt.

Karl II. fand sich ausgerechnet in der Religionsfrage mit seinem Parlament bald über Kreuz. Verheiratet mit der portugiesischen Infantin Katharina von Braganza, neigte er selbst dem Katholizismus zu und gab mit zwei Erklärungen seine Absicht kund, weitgehend Toleranz gegenüber Dissidenten und Katholiken zu praktizieren. Das Parlament aber wollte von Nachsicht in religiösen Fragen nichts wissen. Stattdessen gewannen das alte Staatskirchenprinzip von Bischof Laud und die Idee der kirchlichen Uniformität wieder an Boden – der protestantische Dissens wurde ins Abseits der Nonkonformität gedrängt, der Katholizismus ausgeschlossen. Mit dem Act of Uniformity verloren alle Geistlichen, die den erforderten Eid und die Benutzung des revidierten «Book of Common Prayer» verweigerten, ihre Ämter. Das steigerte sich mit der Test-Akte von 1673, der zufolge auch jeder zivile und militärische Amtsträger neben der Feier des Abendmahls nach anglikanischem Ritus vor einem öffentlichen Gericht zusätzlich den Eid auf die kirchliche Suprematie leisten musste. Dadurch verlor der jüngere Bruder des Königs, der Herzog von York und spätere Jakob II., sein Amt als Lord High Admiral, da er zum Katholizismus konvertiert war.

Von seinem Vater hatte der neue König eine fatale Neigung zu Intrige und Geheimdiplomatie geerbt, und da er zum Hof Ludwigs XIV. enge Beziehungen unterhielt, war Frankreich der natürliche Partner in diesem Spiel. Um sich Gelder und Truppen ohne die Zustimmung des Parlaments zu verschaffen, schloss er 1670 in Dover einen abenteuerlichen Geheimvertrag mit Frankreich: Für die Hilfe Ludwigs XIV. bei dem Versuch, England zu rekatholisieren und einen Absolutismus nach französischem Vorbild zu errichten, versprach der König, auf der Seite Frankreichs gegen das holländische und das spanische Kolonialreich vorzugehen und sich Frankreichs Hegemonie in Europa unterzuordnen. Doch der Wankelmut überkam ihn, als er 1677 mit Rücksicht auf die antikatholische und antifranzösische Haltung des Parlaments seine 15-jährige Nichte Mary, die Tochter seines Bruders und Nachfolgers Jakob II., mit dem niederländischen Statthalter Wilhelm von Oranien verheiratete, dem Heros der protestantischen Mächte. Ohne es zu wissen, hatte der Stuart damit die Richtung angedeutet, aus der schließlich 1688 die Glorreiche Revolution kommen sollte: aus Holland.

Inzwischen erreichte der Verdacht gegen papistische Machenschaften in England einen Siedepunkt. Eine neue Katholikenverfolgung setzte ein, der viele Unschuldige zum Opfer fielen. Am entschiedensten aber reagierte wiederum das Parlament, indem es 1679 eine Exclusion Bill vorbereitete mit dem Ziel, Jakob von der Thronfolge auszuschließen und stattdessen einen unehelichen Sohn des Königs, den Herzog von Monmouth, als protestantischen Nachfolger vorzusehen.

DIE GEBURT DER PARTEIEN AUS DEM STREIT UM DEN KATHOLISCHEN JAKOB STUART

Doch die Parlamentarier waren gespalten. Es sagt sich so leicht, den legitimen Erben von der Thronfolge auszuschließen. Noch umgab eine fast religiöse Aura die Kontinuität des Königshauses. Der Eingriff in das alte göttliche Recht, das unantastbare Erbrecht der

Dynastie – kam er nicht einem Frevel gegen die Ordnung gleich, war er nicht ein Schritt zu weit, bei aller Unbeliebtheit des Monarchen?

Exklusionisten und Anti-Exklusionisten bezogen die Barrikaden, die «Country Party», wie man Erstere auch nannte, gegen die «Court Party», die Partei des Hofes, in der sich die Legitimitätsfrage auf die Ablehnung des parlamentarischen Eingriffs in die natürliche Erbfolge konzentrierte. Hinter beiden Gruppen stellte sich die Öffentlichkeit wie in geteilter Schlachtordnung auf, es wurde der erste regelrechte Parteienkampf in der englischen Geschichte. Er formierte sich auch deshalb so leicht und schnell, weil beide Seiten sich mit handlichen Schimpfworten belegten, die bald zu gängiger Münze wurden. Die Country Party nannte ihre Gegner in der Court Party «Tories», was ursprünglich irische Banditen außerhalb der bürgerlichen Ordnung meinte; diese, nicht faul, bedachten die Verunglimpfer mit einem eigenen abschätzigen Namen, «Whigs» (von Whiggamore), einst ein Terminus für schottische Vieh- und Pferdetreiber.

So zerbrach der Kompromiss der Restauration von 1660. Die Tories verteidigten die Einheit von Monarchie und anglikanischer Bischofskirche, verbunden mit dem Prinzip der «non-resistance» gegenüber der höchsten Gewalt. Die Whigs, die sich fast 200 Jahre später in «Liberale» umtauften, definierten sich als Anhänger des wahren Protestantismus, den sie mit den Rechten des *free-born Englishman* in eins setzten. Neben das göttliche Recht stellten sie den Gedanken des Naturrechts, mit einer Ordnung, die auf menschlichen Vereinbarungen beruhte. Der Kontrast führte zu eingängigen politischen Trennlinien: Gehorsam gegen Widerstandsrecht, staatskirchlicher Konformismus gegen protestantische Freiheit, Uniformität gegen Toleranz. Der Anführer der Exklusionisten, der 1. Earl of Shaftesbury – dessen Enkel, der 3. Earl of Shaftesbury, im 18. Jahrhundert zu einem der führenden Geister Englands wurde –, lieferte sich am 15. November 1680 im Oberhaus mit seinem Widerpart auf der Tory-Seite ein siebenstündiges Rededuell, das die Gegensätze in imponierender Größe aufscheinen ließ.

Aber Shaftesbury kommt noch eine andere historische Bedeutung zu: Er war der Erste, der moderne Techniken des Wahlkampfes einsetzte, sich Agenten und Zuträger suchte, die mit Pamphleten und Briefen regelrechte Feldzüge starteten für die Position der Whigs, und er führte so jenen lärmenden Wahlbetrieb ein, der dann, in der Formulierung Kurt Kluxens, «das Vorrecht der nicht stimmberechtigten Engländer» wurde. Wir haben einen guten Zeugen für dieses Phänomen – Theodor Fontane. Der beschrieb in dem Buch über seinen zweiten Aufenthalt auf der Insel 1852 («Ein Sommer in London»), wie er einmal, aus Anlass der «Middlesex-Wahl», diesen Wahlbetrieb erlebte. Bannergroße Schlagworte empfingen die Besucher schon am Eingang zu einem offenen Feld: «Sturz der Intoleranz!», «Triumph bürgerlicher und religiöser Freiheit!», so hießen die Slogans der Zeit. Aber die sich da heiser schrien und dem jeweiligen Kandidaten zujubelten auf seiner Plattform, hatten weder Wahlrecht noch Stimme im Parlament; sie kamen dem deutschen Besucher vor wie eine «Rotte außerhalb des Wahlrechts, nur mit dem Schimpfrecht ausgestattet». Dieses «Schimpfrecht» wusste der Earl of Shaftesbury als Erster zu aktivieren, und die Folgen für die allmählich sich herausschälende politische Kultur ließen nicht lange auf sich warten.

Denn mit seiner gezielten Agitation brach der Earl auch in die alten Seilschaften im Parlament ein. In die gepflegten Abhängigkeitsverhältnisse konnten sich jetzt von Wahl zu Wahl – es fanden während der Exclusion Crisis zwischen 1679 und 1681 dreimal Wahlen statt – auswärtige Kandidaten einmischen und den Inhabern bestimmter Parlamentssitze ihren Anspruch streitig machen. Allerdings erwies sich all dies Agitieren als kontraproduktiv für die Whigs: Tories und Krone verbündeten sich schließlich unter dem Eindruck solcher Exzesse, Shaftesbury musste fliehen, und der «Rye House Plot» von 1683, ein amateurhaft eingefädelter Attentatsplan gegen Karl II. und seinen Bruder, tat ein Übriges, die Whigs, die Country Party, zu diskreditieren.

Für alle Katholiken und Nonkonformisten war es eine große Enttäuschung, dass der dem Katholizismus zuneigende Monarch sich jetzt ganz auf die Tories stützte, die Whigs aus den meisten öffentlichen Ämtern vertrieb und eine Art Tory-Despotismus entstehen ließ, der den Grundkonflikt nicht löste, sondern ihn nur vertagte. Derweil ging das Hofleben in französischer Opulenz weiter. Karl II. starb nach 25 Jahren an der Macht, nicht ohne noch auf dem Sterbebett zur katholischen Religion konvertiert zu sein. Die innere Ordnung aber stand auf Messers Schneide, nichts war seit Oliver Cromwell gewonnen als neue Unsicherheit.

JAKOB II. ODER DAS ENDGAME

Für diese labile Lage fehlte dem neuen König, Jakob II., der seinen Katholizismus offen zur Schau trug, jedes Gespür. Unbekümmert ernannte er zahlreiche katholische Amtsträger und entband sie von allen Bestimmungen der Test-Akte. Die Rekatholisierung schritt voran. Selbst Tory-Friedensrichter, die treuesten der Treuen, setzte er ab; sie hatten eben die falsche Religion. Im Gefühl absolutistischer Macht verkannte Jakob vollkommen, dass der Geist des Widerstands, kaum gezähmt, nur einer geringen Provokation bedurfte, um sich zurückzumelden. Das geschah prompt, als der König 1688 befahl, den Text einer Erklärung, mit der er vor allem religiöse Dissidenten auf seine Seite ziehen wollte, von den Kanzeln des Landes verlesen zu lassen. Die anglikanischen Bischöfe bestürmten ihn mit einer Petition, den Verlesungsbefehl zu stornieren. Umsonst. Sieben Bischöfe, die sich dennoch widersetzten, kamen ins Gefängnis.

Damit riskierte der von jeglicher politischer Vernunft verlassene Monarch das Bündnis mit Kirche und Staatspartei, den Tories. Hatten die nicht auf dem Boden der «non-resistance»-Lehre ihre Loyalität zur Krone bekundet? Jetzt machte Jakob ausgerechnet seine wichtigsten Anhänger zu neuen Feinden. Jetzt übernahmen auch sie jene Grundsätze, deretwegen sie in der Exclusion Crisis die Whigs so heftig befehdet hatten. Der *free-born Englishman* ließ sich auch unter den Legitimisten nicht verleugnen, wenn man ihn so reizte, wie der König es tat. Vielleicht aber hätte die Kirche noch eine Zeit lang stillgehalten und die Ära Jakobs II. einfach ausgesessen; die protestantischen Nachfolger, William und Mary in Holland, zeichneten sich doch ab. Konnte man nicht wenigstens bis dahin warten?

Nein, man konnte nicht, denn ein Ereignis schob sich dazwischen, das alle diese Perspektiven über den Haufen warf: Maria von Modena, nach dem Tod von Anne Hyde Jakobs zweite Ehefrau, gebar 1688 einen Sohn, James Francis Edward Stuart, und die Hoffnung auf die holländische Lösung schwand für die Kirche und die Tories dahin, wenn man beim Recht der dynastischen Erbfolge bleiben wollte. Jetzt drohte in der Tat die Rekatholisierung Englands. Der Konflikt lag eigentlich schon in der Tatsache begründet, dass ein katholischer Herrscher Haupt der anglikanischen Kirche war, deren Anspruch auf Uniformität er gar nicht gerecht werden konnte und es auch nicht wollte. Dieser Gegensatz zur Staatskirche unterminierte Jakobs Herrschaft von Anfang an, es war ein labiles Konstrukt, das über kurz oder lang zusammenbrechen musste.

Das geschah nun unter den Auspizien der Thronnachfolge durch einen katholischen Erben. Die Menschen erschauerten. Auf dem Kontinent war die Gegenreformation auf dem Vormarsch; in Frankreich hatte Ludwig XIV. das Edikt von Nantes aufgehoben und die Hugenotten, die französischen Protestanten, vertrieben, von denen 50 000 auf der Insel Zuflucht fanden; und England drohte durch einen katholischen Erben den Protestantismus, das wichtigste Ingredienz seiner Identität, zu verlieren. Tories und Whigs waren sich einig zu handeln.

Der Prozess gegen die sieben Bischöfe endete am 30. Juni 1688 mit Freispruch. Schon wenige Stunden später verließ ein Bote London in Richtung Holland, mit einem von sieben Lords aus dem Oberhaus, vier Whigs und drei Tories, unterschriebenen Schriftstück, das Wilhelm von Oranien bat, in England zu intervenieren: «Die Menschen dieses Landes sind äußerst unzufrieden mit der jetzigen Aufführung der Regierung in Betreff ihrer Religion, ihrer Freiheiten und ihrer Eigentumsverhältnisse, die allesamt grob verletzt worden sind; sie haben eine solche Sorge um die sich täglich verschlechternde Lage, dass wir Eurer Hoheit versichern können, es sind neunzehn von zwanzig Teilen des Volkes, die einen Wandel herbeisehnen.» Das war Hochverrat an der Krone und dem göttlichen Recht der Erbfolge, unblutiger zwar als die Enthauptung Karls I., aber, wie sich herausstellen sollte, in seinen Konsequenzen noch sehr viel weitreichender.

Wilhelm nahm die Einladung an und bereitete die Invasion vor. Am 5. November 1688, dem Jahrestag des Gunpowder Plot von 1605, landete er in Torbay in Devon mit einer stattlichen Armee von 25 000 Mann; Widerstand blieb aus. Schon im Oktober hatte der niederländische Statthalter einen längeren Text tausendfach auf der Insel verteilen lassen, in dem er seine friedlichen Absichten kundtat. Das wirkte. Mit einer nach geltendem Recht völlig ungesetzlichen Initiative hatte das Parlament den größten Widersacher des französischen Absolutismus in Europa, Wilhelm von Oranien, auf den englischen Thron gehoben und sich damit als Herr der Geschichte erwiesen.

DIE GLORREICHE REVOLUTION VERÄNDERT VIELES: DAS 18. JAHRHUNDERT WIRD EIN ENGLISCHES

Jakob II. verließ am 28. Dezember des Jahres England in Richtung Frankreich, wobei er das große Staatssiegel demonstrativ in der Themse versenkte, zum Zeichen, dass keine weitere Maßnahme nach ihm mehr Legitimität beanspruchen könne. Er war so weit von der Realität entfernt wie sein Vater, der noch kurz vor seiner Enthauptung verkündete, ein Untertan und ein Souverän seien «zwei deutlich verschiedene Dinge». So verstand auch der geflohene König die Welt einfach nicht mehr, wenn er glaubte, es gäbe keine Instanz außer ihm, die Macht legitimieren könnte. Das Parlament griff auf eine andere Legitimation zurück, auf die Magna Charta und das

Recht des *free-born Englishman* aus ältester Zeit. Dabei begründete man das Ende der Stuarts mit der Verletzung des «Urvertrages» zwischen König und Volk durch Jakob II. Schon kam die Formel von dem «divine right of kings», vom göttlichen Recht der Könige, nicht mehr vor, die naturrechtliche Vertragstheorie gewann die Oberhand, John Lockes politische Philosophie begann sich abzuzeichnen.

In der von Rubens' herrlichen Deckengemälden geschmückten Banqueting Hall in Whitehall versammelten sich am 13. Januar 1689 die «Lords Spiritual and Temporal, and Commons, in Westminster», um dem holländischen Prinzen und seiner englischen Gemahlin eine Deklaration der Rechte vorzulesen, die als «Bill of Rights» in die Geschichte eingehen sollte. Wilhelm und Mary waren Enkel des enthaupteten Königs, Karls I.; die Geschichte führte sie jetzt an den Ort zurück, von dem ihr Großvater seinen letzten Gang angetreten hatte. Den Thron aber besteigen durften der Prinz und die Prinzessin nur unter den Bedingungen des Parlaments, die man ihnen jetzt vorlas:

Der König hat kein Recht, Gesetze ohne Zustimmung des Parlaments aufzuheben (1); er kann auch kein Gesetz oder dessen Anwendung durch königlichen Dispens aussetzen (2); der König darf kein Geld zur Verfügung der Krone eintreiben ohne Zustimmung des Parlaments (3); die Untertanen haben das Recht, sich mit Petitionen an den König zu wenden, und dürfen dafür nicht benachteiligt werden (4); es ist gegen das Gesetz, ein stehendes Heer in Friedenszeiten im Königreich aufzubauen oder zu unterhalten, es sei denn mit Billigung durch das Parlament (5); Wahlen zum Parlament sind frei (6); die Freiheit, die Debatten und das Prozedere im Parlament können durch kein Gericht außerhalb des Parlaments angeklagt oder in Frage gestellt werden (7); übertrieben hohe Kautionen oder Geldstrafen sind weder erforderlich, noch dürfen grausame und unübliche Strafen verhängt werden (8); damit man Beschwerden nachgehen kann und Gesetze überarbeitet, verstärkt und bewahrt werden können, soll das Parlament oft einberufen werden (9).

Erst nach dieser Verlesung verkündete das Parlament seinen Willen, «dass William und Mary, Prinz und Prinzessin von Oranien, zum König und zur Königin von England, Frankreich und allen dazugehörenden Dominien erklärt werden». Der Anspruch auf Frankreich war, wie man sieht, noch immer nicht aufgegeben; tatsächlich nannten sich die englischen Monarchen bis 1815 auf offiziellen Dokumenten auch «König von Frankreich». Die «Declaration of Rights» wurde bald als «Bill of Rights» vom Parlament verabschiedet – und erfuhr in den zehn Zusatzartikeln zur amerikanischen Verfassung von 1791, die ebenfalls «Bill of Rights» heißen sollten, ihre welthistorische Verlängerung.

Es war die Geburtsstunde der konstitutionellen Monarchie: Es ging nun nicht mehr um die göttlich abgeleitete Hoheit des Monarchen. Ein rechtsgeschützter Vertrag zwischen Krone und Parlament hatte den Absolutismus endgültig verbannt, einhundert Jahre vor der Französischen Revolution, der *free-born Englishman* hatte sich durchgesetzt. Dabei behielten der Oranier-König Wilhelm III. und viele Monarchen nach ihm weiterhin bestimmte Hoheitsrechte, wie das Recht auf Ernennung der Minister, Einberufung und Beendigung der parlamentarischen Sitzungsperiode, die Leitung der Außenpolitik, auch die Entscheidung über Krieg und Frieden sowie das Recht zum Abschluss von Bündnissen mit auswärtigen Mächten. Aber der König war gut beraten, dabei auf Konsens mit dem Parlament zu achten, und dieser Umstand, das Ringen und Feilschen um politischen Einfluss beim König und um den Einfluss des Hofes im Parlament, wurde auf hundert und mehr Jahre hinaus zum Muster der englischen Politik. Bis die Monarchie sich im 20. Jahrhundert endgültig in ein zeremonielles, aber tragendes Dekor der englischen Verfassung verwandelte. Nach 1700 konnte, wenn dem Volk bestimmte Entscheidungen in Westminster nicht gefielen, eine scharfsinnige Feder wie der große Alexander Pope spöttisch vom «divine right of kings to govern wrong» schreiben, vom «göttlichen Recht der Könige, falsch zu regieren». Dieses Recht haben sie heute nicht mehr.

Sie können sich allenfalls falsch verheiraten, wie der Prinz von Wales in seiner ersten Ehe mit Diana Spencer.

Auch der Hochadel und die *gentry* zogen für ihren *way of life* nach 1689 die Konsequenzen. Der Drang nach einem Leben auf dem Lande, weit weg von den Londoner Geschäften, wurde prägend, auf Scharwenzeln bei Hof war niemand mehr angewiesen. Man gab sich im Sommer seinem Landsitz, der Manor, hin sowie dem Ausbau seiner Ländereien, im Winter lockte die Stadt mit ihren urbanen Attraktionen. So entstand, was der Historiker Lewis Namier Englands «amphibische Kultur» genannt hat, das Leben in zwei Welten, der Stadt und der *countryside*. Ein Stilwandel trat begleitend hinzu, bei den Möbeln, in der Silberkunst, vor allem in der Gartenarchitektur. Der strenge französische Stil, wie André Le Nôtre ihn in Versailles vorgemacht hatte, wurde als Vorbild abgehängt und durch die Kultur des *landscape gardening* ersetzt. Parks von weit nach Europa ausstrahlender Faszination entstanden im 18. Jahrhundert, poetisch von Pope und anderen Literaten untermalt, die «überraschende» Eingriffe in die natürliche Anordnung empfahlen, ein «embellishment of nature», eine Verschönerung der Natur durch neue Perspektiven für die Sicht, eingesprenkelte klassizistische Bauten und lieblich überbrückte Seen. Auf Natur und Freiheit lag die Betonung, nicht mehr auf barocken absolutistischen Stilformen. Europa pilgerte nach England, um sich von diesen natürlichen Gärten inspirieren zu lassen. Das 18. Jahrhundert begann französisch und endete englisch.

Das galt für Deutschland in ganz besonderem Maße. Fürst Friedrich Franz von Anhalt-Dessau reiste gleich viermal in Begleitung seines Freundes, des klassizistischen Architekten Friedrich Wilhelm von Erdmannsdorff, auf die Insel und holte sich dort die Anregung für sein Gartenreich in Wörlitz, den ersten Park der englischen Art im übrigen Europa. Und Lord Rumford schenkte München später den Englischen Garten. In der Literatur entthronte Lessing das französische klassische Drama mitsamt dessen Herold, dem einflussreichen

Leipziger Literaturtheoretiker Johann Christoph Gottsched, und setzte Shakespeare, den von Gottsched Verbannten, an seine Stelle. Eine «englische Invasion» ohnegleichen folgte. Die literarische Gesellschaft Deutschlands wurde von Begeisterung für englische Romane geradezu überspült, der Kult der Empfindsamkeit in Lyrik und Erzählung schlug hohe Wellen, an Edward Youngs «Nachtgedanken» schulte der junge Goethe sein Englisch, Ossians Volksliedton ergriff die Gemüter, fast jede kunsttheoretische Schrift der Engländer und Schotten in den Jahren 1760 bis 1780 wurde übersetzt und in kritischen Organen besprochen. Mit Hilfe des verwandten englischen Geistes rufe er den deutschen Geist zur Besinnung und Selbsterkenntnis auf, schrieb Johann Gottfried Herder.

Was aber war an der Glorreichen Revolution revolutionär? Mit den späteren Revolutionen in Frankreich oder gar in Russland oder der Befreiung der Kolonien in Amerika von englischer Herrschaft hatte das Ereignis von 1688/89 wenig gemeinsam. Edmund Burke lieferte sich über diese Frage am Ende des 18. Jahrhunderts einen berühmten Streit mit dem anglikanischen Geistlichen Richard Price. Dieser hielt vor seiner Gemeinde am hundertsten Jahrestag der Landung Wilhelms in Devon eine begeisterte Predigt, die offenbar von den gerade erlebten französischen Ereignissen mit inspiriert war. Der Sieg von 1689, so legte Reverend Price dar, habe «die Ketten gesprengt, die der Despotismus lange für uns geschmiedet hatte». Solche Sätze klangen dem Wortführer der Tories im Unterhaus, Edmund Burke, viel zu französisch. Das evolutionäre Prinzip der englischen Geschichte auch nur terminologisch in die Nähe zu dem verhassten Umsturz in Frankreich zu setzen, hielt der große Redner und Konservative für eine gefährliche Verirrung, auf die man sofort etwas entgegnen müsse.

So entstanden Burkes bahnbrechende «Reflections on the Revolution in France» (1790), das Bekenntnis zum Grundsatz englischer Kontinuität, dem Widerpart zu allen Abräumunternehmungen der Geschichte.

Burke argumentierte, dass rein nichts an der «Glorious Revolution» revolutionär gewesen sei. Keine Innovation lag vor, keine neue Idee, vielmehr die vernünftige Bestätigung alter Rechte. Der eigentliche Radikale war nach Burkes Auffassung Jakob II.; das englische Volk dagegen stellte 1688/89 nur die Normallage wieder her, den Status quo ante: «Die Revolution wurde gemacht, um unsere uralten und unzweifelhaften Gesetze und Rechte zu bewahren, sowie jene alte Konstitution der Regierung, welche unsere einzige Garantie ist für das Recht und die Freiheit. Allein die Idee der Fabrikation einer neuen Regierung genügt schon, uns mit Abscheu und Horror zu erfüllen. Wir wollten zur Zeit der Revolution, und wir wünschen es noch heute, dass wir in allem, was wir besitzen, das Erbe unserer Vorväter erkennen.»

Gerade dass sie so wenig änderte, war für Burke das Glorreiche an der Revolution. Keine universellen Menschenrechte wurden 1688 verkündet, sondern alte Erbrechte des Engländers. Burkes Landsmann Thomas Paine, der Künder der Revolution in Amerika, widersprach mit «The Rights of Man» (1791). Aber die universalen Rechte, die er im Gefolge der Revolution in Frankreich verkündete, stellten für Edmund Burke und seine Zeitgenossen einen dezidierten Bruch mit der Vergangenheit dar, einen Bruch mit der alten Kultur – nicht Freiheit, sondern Entfremdung werde die Folge sein. Diese Debatte sollte geradezu ein roter Faden werden in der späteren intellektuellen Auseinandersetzung in Europa. Marx und Engels verstanden nicht, warum die arbeitende Klasse Englands keine Revolution anzettelte, und auch Heine beklagte, dass «kein Prinzip im Parlament diskutiert [wird], nur Nutzen oder Schaden der Dinge». Der Grund dafür war dem Frankreich-Verehrer klar: «Keine gesellschaftliche Umwälzung hat in England stattgefunden.»

WAS JOHN LOCKE FÜR UNS HEUTE BEDEUTET – UND FÜR AMERIKA

Auf dem Schiff, das am 12. Januar 1689 Prinzessin Mary von Oranien nach England brachte, befand sich auch ein Gentleman von 55 Jahren, ein Arzt und Philosoph, der in seinem Gepäck die Manuskripte einiger Werke, die während seines Exils in Holland entstanden oder vollendet worden waren, mit sich führte. Der Mann hielt sich unter diversen Decknamen bei Freunden versteckt, da er sich als Anhänger der Whigs vor den Stuart-Spionen in Acht nehmen musste. Seine Werke, die bald sukzessive erscheinen sollten, brachte er anonym heraus, so vorsichtig war er auch nach seiner Heimkehr noch; erst nach seinem Tode, 1704, wurde die Autorschaft, zu der er sich in seinem Testament bekannte, enthüllt. Sein Name sollte bald zu einem europäischen Begriff für die englische Aufklärung werden. In unserer Geschichte darf er nicht fehlen.

John Locke war ein Freund des 1. Earl of Shaftesbury, der in der Exclusion Crisis um die Thronnachfolge Jakobs II. die führende Rolle gespielt hatte und ebenfalls hatte fliehen müssen. In Shaftesburys Haushalt war Locke früher ärztlicher Berater sowie Erzieher des Enkels, des 3. Earl of Shaftesbury, in den klassischen Sprachen. Die Auseinandersetzungen um die Religionsfrage, auch die Aufkündigung des Edikts von Nantes durch den französischen König Ludwig XIV. hatten den Philosophen in seinem Exil tief beunruhigt. In dem 1689 veröffentlichten «Letter Concerning Toleration» zog er dem Staat entsprechend enge Grenzen. Der Staat solle sich, statt mit Glaubensfragen und dem allgemeinen Seelenheil, lieber «mit bürgerlichen Interessen» befassen, die Locke definierte als «Leben, Freiheit, Gesundheit, Abwendung von körperlicher Qual und Besitz von äußeren Dingen wie Geld, Land, Häuser, Möbel und dergleichen». Hinter dem Duktus des Präzeptors sprach ein Mann des reinen, praktischen Common Sense.

Das nächste Werk, sein philosophisches Opus magnum, «An Essay Concerning Human Understanding» von 1690, vertiefte diese

Gedanken. «Die höchste Vervollkommnung der intellektuellen Natur des Menschen», so konnte man jetzt lesen, «liegt in dem sorgfältigen und dauerhaften Streben nach wahrem und fundiertem [solid] Glück.» Nach irdischer Glückseligkeit zu streben, mag uns Heutigen als selbstverständlich vorkommen, war aber als Postulat im 17. Jahrhundert noch reinste Häresie, wo die Seligkeit erst nach dem Tode in den Armen Gottes zu erwarten war.

Knapp hundert Jahre nach Locke aber trugen seine Ideen in den englischen Kolonien in Amerika unerwartete Frucht. Thomas Jefferson erwies sich als kundiger Leser der Werke des Philosophen, dessen Name längst zu einer Losung unter den amerikanischen *freedom fighters* geworden war. Jefferson griff Lockes Forderung an den Staat auf, sich vorrangig um «Life and Liberty» des Bürgers zu kümmern, ließ die *property*-Frage beiseite, borgte sich aber Lockes andere Auffassung vom «Streben nach dem wahren und fundierten Glück» zu neuer Formulierung an entscheidender Stelle der Unabhängigkeitserklärung: «dass die Menschen von ihrem Schöpfer mit gewissen unveräußerlichen Rechten ausgestattet sind, und dass dazu Leben, Freiheit und das Streben nach dem Glück gehören». Den Schutz von «life, liberty and property» hatte Locke in seinem nächsten Hauptwerk, «The Second Treatise of Civil Government», von 1690 dem Staat als zentrale Aufgabe zugewiesen. Jeffersons Änderung dieser Trias zu «life, liberty and the pursuit of happiness» wird zu Recht als Geniestreich des Autors der Declaration of Independence angesehen. Aber nur die wenigsten wissen, dass auch das dritte von Jeffersons «unveräußerlichen Rechten» – das Streben nach dem Glück – John Lockes praktischem Geist entsprungen war.

Mit dem freilich ein Philosoph wie Nietzsche nichts anzufangen wusste. «Das ist keine philosophische Rasse, diese Engländer», zürnte er in «Jenseits von Gut und Böse» (1886). «Im Kampf mit der englisch-mechanistischen Welt-Vertölpelung waren Hegel und Schopenhauer einmütig. [...] Hobbes, Hume und Locke sind eine Erniedrigung und Wert-Minderung des Begriffs ‹Philosophie› für mehr als ein Jahrhundert.» Der englische und der deutsche Geist gingen in unterschiedliche Richtungen.

Mit Thomas Hobbes hatte Locke im Übrigen selbst ein Hühnchen zu rupfen. Der Autor des «Leviathan» (1651) stand noch ganz unter dem Eindruck des gerade überstandenen Bürgerkrieges. Für ihn war das reine Walten des Naturrechts und Naturzustands ein «Krieg aller gegen alle». Den könne nur ein starker Souverän verhindern, postulierte Hobbes, an den jeder sein ihm angeborenes Naturrecht übertragen sollte: Er allein könne die Sicherheit aller garantieren. Locke widerspricht. Die Idee, dass die Menschen ihr Naturrecht an nur einen abgeben, der das seine als Einziger, nämlich als Souverän, behält und schrankenlos ausüben darf, sei lächerlich: «Wer so denkt, hält die Menschen für töricht.»

Knapp 40 Jahre liegen zwischen dem «Leviathan» und dem «Second Treatise of Civil Government»: Die Botschaft der Bill of Rights durchweht Lockes staatspolitisches Opus mit neuer Zuversicht, wie sie einem Hobbes im Bürgerkrieg nicht zur Verfügung stand. Es wird das Grundbuch seiner Zeit. Die Beziehung zwischen König und Volk wird jetzt als Treuhandverhältnis beschrieben, welches alle bindet. Das heißt: Wenn der Herrscher seine Verpflichtung auf den Schutz von Leben, Freiheit und Eigentum nicht erfüllt, haben die Regierten das Recht, ihn zu stürzen. O-Ton Locke: «Ein Herrscher, der versuchen sollte, seine Macht willkürlich zu gebrauchen, muss zum allgemeinen Feind und zur Pest der Menschheit erklärt und entsprechend behandelt werden.» Solche aus der britischen Geschichte gewachsenen Grundsätze standen den deutschen Offizieren, die sich unter großen Gewissensqualen fragten, ob sie Hitler beseitigen dürften, nicht zur Verfügung.

Für Locke sind Naturgesetze Gesetze der Vernunft. Muss man nicht anerkennen, dass der Mensch nach seinem Vorteil strebt? Das ist sein gutes Recht, solange er dabei nur die Moralgesetze beachtet. 1776, im Jahr der amerikanischen Unabhängigkeitserklärung, erkennt auch Adam Smith in seinem Hauptwerk über den «Wohlstand der Nationen» im Eigeninteresse des Menschen einen Urtrieb, der sich im Gesamt der Gesellschaft zum Wohle aller auswirke. Uns sind heute unter dem Eindruck der Finanzkrise Zweifel daran gekommen, wie weit der Optimismus eines John Locke oder Adam Smith noch trägt. Das Vertrauen in die Qualität unserer etablierten Ordnung ist erschüttert. Locke für seinen Teil hätte geantwortet, dass nicht der Mensch, sondern fehlende Gesetze zur rechtzeitigen Eindämmung die Krise verschuldet haben. Dabei könnte er bescheiden auf seine wohl berühmteste Sentenz hinweisen: «Wo das Gesetz endet, beginnt die Tyrannei.» Auch die Tyrannei ungezügelter Gier. Das Locke-Zitat findet sich unter anderem auf der Stirnwand des Bundesstaatsgerichts in Phoenix, der Hauptstadt des US-Staates Arizona.

6
DIE ENGLISCH-FRANZÖSISCHE ERBFEINDSCHAFT

NAPOLEON, JEANNE D'ARC UND DER MYTHOS VON AZINCOURT

Immer wieder taucht in der englischen Geschichte Frankreich als ein Mitspieler auf, in positivem oder oft auch negativem Zusammenhang. Das ruft nach Erläuterung. In der Tat hatten nicht nur die Deutschen – nein, auch die Briten sahen in Frankreich einst ihren Erbfeind, und das über lange Zeiten hinweg.

In den englisch-französischen Annalen spricht man zweimal von einem hundertjährigen Krieg. Der erste, den die Geschichtsschreibung ausdrücklich als solchen bezeichnet, verlief mit Unterbrechungen von 1338 bis 1453 und ging um die alte Frage: Wem gehört Frankreich? «No king of England, if not king of France», so sollte Shakespeare 1599 in «König Heinrich V.» diese Zeit zurückrufen – «kein König Englands ohne Frankreichs Thron». Vom zweiten hundertjährigen Krieg reden Historiker heute eher inoffiziell. Man datiert seinen Beginn mit Wilhelm III. von Oranien, der 1689, kaum war er zur Sicherung der protestantischen Erbfolge in England König geworden, Frankreichs Ludwig XIV. den Krieg erklärte, zur Sicherung seiner, Wilhelms, holländischen Stammlande. Aus den Kabinettskriegen des 18. Jahrhunderts ging England dann als die stärkste Kolonialmacht hervor, auf Kosten Frankreichs, das seine Besitzungen in Quebec und Indien an das britische Weltreich verlor. Den Siebenjährigen Krieg (1756–1763) führten Frankreich und England auf drei Kontinenten – in Europa, Nordamerika und Indien. Man nennt ihn daher nicht zu Unrecht auch den ersten Weltkrieg der neueren Geschichte. Frankreich rächte sich, indem es sich im amerikanischen Unabhängigkeitskrieg militärisch auf die Seite der Aufständischen stellte. Die Kapitulation der englischen Truppen unter dem Herzog von Cornwallis wurde 1781 in Yorktown von einem französischen General in Empfang genommen, dem Marechal de France Graf Rochambeau.

Die letzte Runde der Erbfeindschaft, 1792–1815, sollte die bitterste werden. Ein kurzes Kapitel nur, in dem die Rivalität sich allerdings zu ideologischer Todfeindschaft steigerte. «Du musst einen Franzosen hassen wie den Teufel», unterwies Nelson einen jungen Schiffsmaat. Die Furcht der Briten vor einer Invasion, wie sie Napoleon plante, rührte an Abgründe von Angst und Abscheu. Schon der revolutionäre Terror in Paris hatte auf der Insel die Abwehrkräfte mobilisiert.

Und die Karikaturisten. William Hogarth, James Gillray, Isaac Cruikshank und Thomas Rowlandson wetteiferten darum, Frankreich in den blutigsten Farben der Niedertracht zu zeichnen. Rowlandson verglich auf zwei Blättern die «British Liberty» mit der «French Liberty». Auf dem einen sieht man Marianne als flammende Megäre, gesträubtes Haar, wirrer Mund, in der Hand einen Dreizack mit einem aufgespießten Kopf in der Mitte, während im Hintergrund an einem Laternenpfahl ein Opfer baumelt. «British Liberty» zeigt die sitzend ruhende Britannia, Magna Charta als Flugblatt in der einen, die Waage der Gerechtigkeit in der anderen Hand, während im Hintergrund der Wind die Segel eines Schiffes bläht. Marianne tritt mit ihrem rechten Fuß auf den Hingerichteten, zu Britannias Füßen schläft friedlich ein Löwe.

Stereotypen einer Feindschaft, aus leidenschaftlichem Anti-Republikanismus gespeist. Die Regierung William Pitts griff zu drakonischen Gesetzen, einschließlich solcher gegen verdächtige Ausländer, um die Flamme der Revolution in England nicht lodern zu lassen. Charles James Fox, eine der großen Figuren im Parlament auf Seiten der Whigs, wie man die Liberalen damals noch nannte, wetterte

Thomas Rowlandson, Karikaturist und Maler, zeichnet während der Französischen Revolution den Kontrast zwischen britischer und französischer Freiheit

gegen die konterrevolutionäre Hysterie im Lande. Nie war «British Liberty» in ihrem Geburtsland so gefährdet. Ein europäischer «Clash of civilizations», der dem Abgeordneten Sir Edmund Burke erlaubte, mit seiner Schrift «Reflections On the Revolution In France» (1790) eine Kampfansage an den französischen Geist zu formulieren und England deutlicher als bisher zu definieren.

Vor dem Hintergrund dieser Geschichte klingt es wie ein großes Understatement, wenn der frühere französische Außenminister Dominique de Villepin vor wenigen Jahren über das französisch-britische Verhältnis schrieb, es gleiche «einer einzigartigen Mischung aus Irritation und Faszination».

Aber Villepin hatte nicht unrecht – die Faszination hat sich nach jedem Ausbruch der Feindschaft immer wieder neu eingestellt. Der englische Kanal, an seiner schmalsten Stelle nur 35 Kilometer breit, war trennendes und bindendes Element, wobei das Bild, das man sich jeweils vom Gegenüber machte, half, die eigene Identität umso schärfer zu erfassen. Zwillinge, die bei der Geburt getrennt wurden und erst nach langen Epochen zueinanderfanden. In die Zwischenzeit fielen Daten, an denen die Engländer sich wärmen konnten wie an der Gewissheit ihrer Überlegenheit: Azincourt 1415, Blenheim 1704, Quebec 1759, Trafalgar 1805, Waterloo 1815. Auf der Skala der Erregungen rangierte der Verlust der amerikanischen Kolonien nicht sonderlich hoch, und damit auch nicht die Schmach von 1781. Im Gegenteil: Der Abzug aus Neuengland machte neue Kräfte frei für die Expansion des Empire. Schon 1786 fand sich der Marquis von Cornwallis als Generalgouverneur von Indien wieder; Yorktown hatte seine Karriere mitnichten beendet.

Nationen kommen schnell über Niederlagen hinweg, wenn neuer Lorbeer winkt. Nur sechs Wochen nach dem 21. Oktober 1805, der vernichtenden See-Niederlage bei Trafalgar, konnte Napoleon mit seinen Truppen bei Austerlitz nahe dem mährischen Brünn am 2. Dezember das Kriegsglück zu seinen Gunsten wenden. Der «Elefant» und der «Wal», als die Napoleon Frankreich und England bezeichnete, befanden sich auf getrennten Wegen. Schon zwei Monate vor Trafalgar hatte der Kaiser damit begonnen, seine Truppen aus Boulogne abzuziehen, wo sie in Vorbereitung lagen für die Invasion Englands. Die führende Landmacht musste einsehen, dass ihre Kräfte nicht ausreichten, die führende Seemacht niederzuringen. Die Stoßzähne des Elefanten würden dem Wal nicht beikommen können – seine Chancen lagen anderswo.

Eine allmähliche Erkenntnis. Noch im Herbst 1797 hatte Napoleon vor der Regierung des *Directoire* in Paris verkündet: «Frankreich muss die englische Monarchie zerstören oder damit rechnen, selbst von diesen intrigierenden und unternehmungsreichen Inselleuten zerstört zu werden. Lasst uns alle Anstrengungen auf die *Navy* konzentrieren und England auslöschen. Danach wird uns Europa zu Füßen liegen.» Von dieser Ansage ging nur der zweite Teil in Erfüllung – die *Navy* erwies sich als unüberwindlich. Auch gegen Napoleons Kontinentalsperre, die gegen England verhängte Wirtschaftsblockade, wusste man sich zu wehren, mit einer Gegensperre über den von Frankreich besetzten Kontinent, was böses Blut weckte unter neutralen Nationen, die dadurch ihren europäischen Handel gefährdet sahen. Das sollte sich schließlich bis zum britisch-amerikanischen Krieg von 1812 bis 1814 hochschaukeln.

Vom Auslöschen des Gegners träumte man im Übrigen nicht nur auf französischer Seite. In einem seiner zahlreichen Briefe von Bord der «Victory» im Monat von Trafalgar schreibt Admiral Lord Nelson: «Es ist Auslöschung, was unser Land will, nicht bloß einen Sieg von 23 Schiffen über 33 – ehrenvoll, aber nutzlos im größeren Rahmen, Buonaparte im Mark zu treffen.» Der größere Rahmen verlangte am Ende dann doch ein Sichmessen mit Frankreich auf dessen stärkster Ebene, zu Land. Bei Waterloo gelang es mit vereinten Kräften, auch mithilfe der Preußen. Und der Walfisch sicherte für die nächsten hundert Jahre eine Pax Britannica. Napoleon war auf St. Helena in sicherer Verwahrung, die Briten seine Wächter.

Die Bilder, die sich Länder voneinander machen, können den Mythos streifen. Jeanne d'Arc wurde in England nicht zu einem solchen. Opfergestalten, die man selbst verschuldet, sind nicht das ideale Thema für Überhöhungen. Anders in Frankreich, wo «La Pucelle», wie Johanna sich nannte, ins Pantheon der Nation gehört. Dass John Lancaster, der 1. Herzog von Bedford, das Mädchen nach seinem zweiten Prozess am 30. Mai 1431 in Rouen den Tod auf dem Scheiterhaufen sterben ließ, mit dem Segen kirchlicher Institutionen, entsprach der grausamen Logik der englischen Herrschaft. Lancaster war Regent in Frankreich für seinen unmündigen Neffen, Heinrich VI., der Norden Frankreichs die Region, die ihm militärisch unterstand. Sie wurde bedrängt von allen Seiten, und da kam den Engländern ein Schauprozess, bei dem sie ihr zu Hause so hochgehaltenes Recht schmählich missachteten, als abschreckende Maßnahme nur recht. Freilich, der Tod in Rouen half ihnen wenig. Auch wenn Lancaster im Jahr der Hinrichtung Jeanne d'Arcs den Herrscherknaben Heinrich VI. in Notre-Dame in Paris rasch zum König von Frankreich krönen ließ – die nationale Welle der Franzosen sollte dem eigenen König Karl VII., den «La Pucelle» mit großer politischer Wirkung ein Jahr zuvor in Reims zur Krönung geführt hatte, die Herrschaft über ganz Frankreich und den Sieg über die Engländer eintragen. Auch tobte in England zur selben Zeit der Rosenkrieg zwischen den Häusern Lancaster und York. Schlechte Zeiten für die Sicherung auswärtiger Besitztümer.

Heinrich VI. sollte in Shakespeares Königsdramen drei große Teile einnehmen. Doch es war sein Vorgänger, Heinrich V., der dank Shakespeares Feder zum nationalen Mythos aufstieg. Als das Drama «König Heinrich V.» entstand, um 1599, war Calais, der letzte Brückenkopf Englands in Frankreich, schon seit 40 Jahren geräumt, aber die Erinnerung an bestimmte Höhepunkte aus dem Krieg, Siege in Crécy, Poitiers und, alle überragend, 1415 Azincourt, spukte weiter durchs kollektive englische Gedächtnis als das Memento heroischer Taten. Das goss Shakespeare in seine unübertroffene Sprache, und «König Heinrich V.» sollte dem englischen Nationalstolz für lange Zeit Begründung und Kraft liefern. Der Appell des Königs vor der Schlacht von Azincourt, «Cry ‹God for Harry, England, and Saint George!›» – «Ruft: Gott mit Heinrich! England! Sankt Georg», wurde seit Shakespeare zum Schlachtruf des nationalen Widerstands, wann immer ein äußerer Feind drohte. Noch gegen Ende des Zweiten Weltkrieges, 1944 – der Feind hieß jetzt Deutschland –, verfilmte man das Drama mit Laurence Olivier in der Hauptrolle als Epos heldenhafter Unbeugsamkeit.

Wie treffend spießte Shakespeare in diesem Stück Stereotypen auf, die auf englischer wie französischer Seite zu seiner Zeit (und oft seitdem) vom Gegenüber zirkulierten. Verweichlicht, dem losen Leben hingegeben, voll unbegründeten Stolzes, so sah man von England aus die Franzosen, «the confident and over-lusty French». Vor dieser Formulierung musste August Wilhelm Schlegels klassische Übersetzung kapitulieren – «die muntern, selbstvertrauenden Fran-

Shakespeare, «König Heinrich V.»: «Ruft ‹Gott mit Heinrich! England! Sankt Georg!›» Laurence Olivier als Heinrich V. in der Schlacht von Azincourt (1415), in der Verfilmung des Dramas aus dem Kriegsjahr 1944

zosen» bleibt weit hinter dem Original zurück. Auch die französische Seite wirft bei Shakespeare mit nationalen Klischees um sich. «Ist nicht ihr Klima neblicht, rauh und dumpf?», höhnt der Connetable in der 2. Szene des 3. Aktes über «les Anglais» und fährt fort: «Kann ihre Gerstenbrüh', gesottnes Wasser, / Ein Trank für überrittne Mähren nur, / Ihr kaltes Blut zu tapferer Hitze kochen?» Doch bleibt als Erinnerung auch die grandiose Geste der Versöhnung am Schluss des Dramas zwischen den verfeindeten Königen Heinrich V. und Karl VI., «auf dass die zwist'gen Staaten, / Frankreich und England, deren Küsten selbst / Vor Neid erblassen vor des anderen Glück, / Den Hass beenden».

WIE VOLTAIRE DEN FRANZOSEN ENGLAND ALS VORBILD HINSTELLTE

Vor Neid erblasst ob Englands Glück war auch Voltaire, der von 1726 an zweieinhalb Jahre auf der Insel zubrachte und die Summe seiner Erfahrungen 1734 in «Letters Concerning the English Nation» niederlegte. Das Buch, in Paris gleichzeitig als «Lettres philosophiques» auf den Markt gekommen, sollte geradezu eine Welle der Anglomanie in Frankreich auslösen. Vernunft und Freiheit sah Voltaire in England verwirklicht, hymnisches Lob kam ihm über die Lippen. «Ihr Rechtssystem erlaubt es den Engländern, sich öffentlich gemäß der Freiheit ihres Gewissens zu äußern», lautete einer der Kernsätze. Die Engländer hätten als einziges Volk «die Macht des Königs limitiert», und zwar durch Widerstand gegen ihn: «Der römische Bürgerkrieg endete in Unfreiheit, der englische in der Freiheit.»

Geradezu sensationell wirkte auf das noch weithin absolutistisch regierte Frankreich, was Voltaire über das frühindustriell keimende England und seinen Unternehmergeist zu sagen wusste. Nach einem Besuch der Börse kam er geradezu ins Schwärmen: «Die Börse ist als Ort verehrenswürdiger als viele Gerichtshöfe. Wie der Handel die Bürger des Landes bereichert, so leistet er gleichzeitig einen Beitrag zu ihrer Freiheit.» Am meisten frappierte den französischen Besucher, dass auf der Insel selbst Adlige sich industriell betätigten: «Ich möchte doch wissen, was nützlicher ist: ein scharwenzelnder Aristokrat, nach der Mode gepudert, der weiß, zu welcher Uhrzeit der König aufsteht und zu Bett geht, und der sich Airs von Grandeur und Staat gibt, oder ein Geschäftsmann, der von seinem Büro Aufträge nach Surat und Cairo schickt und damit zum Glück der Welt beiträgt.» Kein Wunder, dass es später von Voltaires England-Buch hieß, mit ihm sei die erste Bombe gegen das Ancien Régime geworfen worden.

Die Bewunderung für die geschäftstüchtigen Engländer, die Napoleon später als «a nation of shopkeepers» verspotten wird, ist bei Voltaire noch grenzenlos. Das Bedürfnis, seinen Landsleuten dies bewunderte Bild zur Nachahmung zu empfehlen, ebenfalls. Sein neues Drama «Zaïre» hatte der Autor 1732 pointiert einem englischen Gönner gewidmet, «M. Falkener, Geschäftsmann», und dem Seidenhändler in einem Begleitbrief geschrieben, er genieße die Gelegenheit, «meinem Land zu berichten, wie in England der Businessman in so hohen Ehren steht». Beim Staatsbesuch in London im März 2008 schien Präsident Sarkozy direkt daran anzuknüpfen, als er die Hochachtung rühmte, «welche in dieser Nation dem Unternehmer, dem Kaufmann entgegengebracht wird». Gordon Brown revanchierte sich, indem er die englisch-französischen Beziehungen als «entente formidable» in den höchsten Himmel hob. Dass die Hochachtung vor dem angelsächsischen Wirtschaftsmodell binnen weniger Monate auf französischer Seite – und nicht nur dort – Risse erhielt, steht auf einem anderen Blatt.

Was Voltaire über die Beziehung zwischen dem Adel und dem Kommerz vortrug, erfasste ein Spezifikum der englischen Gesellschaft, das im alten Europa einmalig war. In England hatte sich seit dem 12. Jahrhundert im Hochadel die Usance durchgesetzt, den Grundbesitz nicht an alle Kinder zu vererben, sondern nur an den Erstgeborenen. Gleiches galt auch für den Titel, ob Herzog, Markgraf, Graf oder Baron. Das Gesetz der «Primogenitur» bedeutete mithin, dass alle nicht erstgeborenen Söhne des höheren Adels, kaum waren sie dem Elternhaus entwachsen, sich in den gehobenen bürgerlichen Berufen durchschlagen mussten, ob in der Kirche, dem Militär, der Jurisprudenz. Oder eben auch, als die Klasse der Kaufleute und des Handel treibenden Bürgertums zur tragenden Schicht aufstieg, in der Beletage der Ökonomie, in der Börse, den Banken oder den kolonialen Handelsgesellschaften.

Der englische Adel musste sich also von frühesten Zeiten an einem mobilen System öffnen, in dem die jüngeren Söhne des Hochadels als niederer Adel zusammen mit der *gentry* und dem freien Bürgertum eine Klasse bildeten, die nach allen Seiten offen war. Wer aus dem Hochadel stammte, konnte, wenn der älteste Bruder starb, nachrücken in Titel und Manor House; verdiente *Squires* oder Gentlemen, wie sie bald heißen sollten, konnten der Ehre eines höheren Titels teilhaftig werden, so wie auch der aufstrebende Bürger, der damit den Aufstieg in den niederen Adel schaffte. Die Gruppen bauten gegeneinander keine Kastengrenzen auf, sondern verstärkten die soziale Mobilität noch durch Heiraten untereinander. Ein venezianischer Reisender berichtete 1497 an die Botschaft Venedigs in London, dass ihm in England besonders diese hohe strukturelle Mobilität aufgefallen sei. So wisse er von dem jüngeren Bruder des Herzogs von Suffolk, dass er, arm, aber von bestem aristokratischen Stamm, die reiche Witwe heiraten wolle, bei der er logiere.

Die Leute schnell aufsteigen zu lassen, galt auch deshalb als empfehlenswert, weil es den Steuereinnahmen zugutekam, anders als in Frankreich, wo der Adel kaum oder überhaupt nicht besteuert wurde. Man sieht: Immer diente Frankreich den Engländern als Folie, von der sich ihre eigene Gesellschaft vorteilhaft abhob. Das traf vor allem auf einen Bereich zu, der auf der Insel eine zentrale – und in Europa einmalige – Rolle spielte: das Jury-System, das Prozessrecht mit Geschworenen. Sir John Fortescue, Lordkanzler Heinrichs VI., ist dafür eine erstklassige Quelle, mit seinem Traktat von 1461 «Learned Commendation of the Politique Laws of England», zum Nutzen und Frommen seines Herrschers geschrieben. Sir John erinnert daran, dass man Geschworene, also Bürger mit dem nötigen Standing in der Gesellschaft, nicht zu vergessen dem nötigen Grundbesitz, erst einmal finden müsse. Das sei vielleicht in städtischen Gemarkungen nicht so schwer, aber auf dem Lande, wo die Gerichte ebenfalls zu tagen hatten? Eine rhetorische Frage, die der gelehrte Kopf rasch beantwortet, indem er beide Länder vergleicht, auf die sein Herrscher Anspruch erhob. England weist, so argumentiert Sir John, dank seines ausgefächerten Bürgertums auch auf dem Land genügend Reichtum und Status auf, sodass sich Kandidaten für die Jury leicht finden lassen. In Frankreich dagegen würde das nicht gelingen, da außer in Städten und von Stadtmauern umzogenen Orten nur wenige

Menschen jenseits des Adels «irgendeinen Landbesitz aufweisen oder andere unbewegte Habe». Auf dieses Argument kam später auch Alexis de Tocqueville zurück, als er in «L'Ancien Régime» (1856) die «illiterate und ignorante ländliche Bevölkerung im Frankreich des 18. Jahrhunderts» ins Gedächtnis rief.

Dass in England der Adel in Ökonomie und Handel aufsteigen konnte, beeindruckte Voltaire, aber skandalisierte die Franzosen. Handel und Kommerz waren für den französischen Adel kein Aufstieg, sondern ein Abstieg. Erst die Revolution sollte mit den alten feudalen Zöpfen ein Ende machen.

CHARLES DE GAULLE HATTE EIN PROBLEM MIT DEN ENGLÄNDERN – UND SIE MIT IHM

Irritation und Faszination. Von der Ersteren empfand die englische Seite in den 60er-Jahren des vorigen Jahrhunderts eine ganze Menge, als Frankreichs Staatspräsident Charles de Gaulle zweimal die Bewerbung Großbritanniens um eine Mitgliedschaft in der Europäischen Wirtschaftsgemeinschaft (EWG), wie die Europäische Union damals noch hieß, ablehnte. Mit seinem ersten «Non» im Januar 1963 hatte de Gaulle sich lange Zeit gelassen – der Antrag der Tory-Regierung unter Harold Macmillan hatte schließlich schon seit dem August 1961 vorgelegen. In der Zwischenzeit hatte der Franzose sehr genau in die britische Debatte hineingehorcht. Harold Wilson, damals Schattenminister in der Labour-Opposition, machte sich im Unterhaus zum Anwalt des Commonwealth, mit süffisanten Hieben in Richtung EWG: «Wenn wir die Wahl haben, steht es uns jedenfalls nicht zu, unsere Freunde und Familienmitglieder zu verhökern für den problematischen und eher nebensächlichen Vorteil, Waschmaschinen in Düsseldorf verkaufen zu können.» Auf dem Parteitag im Oktober 1962 donnerte der Chef der Labour-Partei, Hugh Gaitskell, unter anhaltendem Beifall, ein Beitritt Großbritanniens zur EWG komme dem «Ende Britanniens als eines europäischen Staates» gleich: «Es bedeutet das Ende von tausend Jahren Geschichte.» Auch wusste de Gaulle natürlich, dass England 1960 die European Free Trade Association (EFTA) mitgegründet hatte, als Gegengewicht zur EWG.

Wie zur Bestätigung von de Gaulles Skepsis gab der frühere US-Außenminister Dean Acheson Anfang Dezember 1962 vor der Graduiertenklasse der amerikanischen Militärakademie West Point auch noch jenes später viel kolportierte Urteil ab: «Großbritannien hat ein Empire verloren und eine neue Rolle noch nicht gefunden.» Als Macmillan dem französischen Präsidenten im November 1962 in Rambouillet auch noch von dem bevorstehenden Treffen mit Präsident Kennedy berichtete, bei dem die Briten sich in das atomare Konzept der Amerikaner einbinden lassen mussten, war das Fass voll: De Gaulle teilte dem Besucher seine beabsichtigte Ablehnung mit. Macmillan muss den Tränen nahe gewesen sein; jedenfalls berichtet de Gaulle anschließend dem Kabinett, er habe dem Briten tröstlich zugesprochen: «Ne pleurez pas, Milord» – «Weinen Sie nicht, Milord.»

Tröstlich oder giftig? Eine Revanche für Jahrhunderte britischer Überlegenheit? Für die kühle Behandlung, die der General während seines Londoner Exils im Zweiten Weltkrieg erlitten zu haben glaubte? Für den Tod der 1297 Seeleute an Bord der französischen Flotte, die Anfang Juli 1940 von den Briten in Mers-el-Kébir an der algerischen Küste versenkt wurde, damit sie nicht in die Hände der Nazis fiel? Auf der Pressekonferenz am Morgen des 14. Januar 1963 blieb de Gaulle höflich, wenn auch mit dem leisen Ton grandseigneuraler Herablassung, die das Nein fast noch bitterer machte: «Großbritannien ist ein insulares, ein maritimes Land. Die Natur, die Struktur und die Konjunktur, die Großbritannien eigen sind, unterscheiden sich zutiefst von denen der Länder auf dem Kontinent.» Das England der *balance of power* und der *splendid isolation* hätte sich durch diese Beschreibung bestätigt und geschmeichelt gefühlt. Das Großbritannien, das – endlich – die Tür nach Europa suchte, nicht mehr.

Im Mai 1967 kam das zweite Nein aus Paris, diesmal nur zwei Wochen nach der neuerlichen, von Premierminister Harold Wilson im Unterhaus angekündigten Neubewerbung. Erneut befleißigte sich de Gaulle in der Begründung eines herablassenden, fast aufreizenden Argwohns: «Bis das große und großartig begabte englische Volk die tiefgreifende wirtschaftliche und politische Umwandlung vollzogen hat, die es ihm gestatten wird, der EWG beizutreten, muss noch gewartet werden.» Die Zeitgenossen, auch die Karikaturisten, kommentierten seine zweimalige Ablehnung des britischen EWG-Beitritts brutaler: «Es kann nicht zwei Hähne auf dem Misthaufen geben.»

Der Franzose lebte aus alten Bildern. Darunter auch aus jenem, das die Welt später in seinen Memoiren nachlesen konnte. De Gaulle erzählt darin von einer Übereinkunft, die er 1940 in seinem Londoner Exil mit Churchill glaubte erzielt zu haben. Der zukünftige Gründer der Fünften Republik schreibt: «Churchill und ich einigten uns bescheiden darauf, dass wir aus den Vorfällen, die das Abendland zum Einsturz gebracht hatten, folgende zwar banale, aber endgültige Schlüsse ziehen wollten: England ist letzten Endes eine Insel, Frankreich das Kap eines Kontinents und Amerika eine andere Welt.»

Irritation oder Faszination. Für Franzosen, die heute ihren Wohnsitz auf die Insel verlegt haben, ist das keine Frage mehr. Und «Le Shuttle» bringt jeden, der bezahlt, in 135 Minuten von St. Pancras in London zur Gare du Nord und umgekehrt. Paris und London sind Nachbarn, heikle Nachbarn zuweilen, die «Frogs» hier, «Les Rosbifs» dort. Wenn der Brite eine versteckte Sottise loswerden will, ist Frankreich noch immer ein lohnendes Ziel. So 2004 bei der Parade am französischen Nationalfeiertag des 14. Juli auf den Champs-Élysées. Der britische Offizier, der die Abteilung der Household Cavalry stolz an Jacques Chirac vorbeidefilierte und dabei salutierte, ritt ein Pferd mit dem Namen – Azincourt.

7
WAS UNS DIE DEUTSCHEN ANGLOMANEN DES 18. JAHRHUNDERTS ÜBER DAS HEUTIGE ENGLAND ERZÄHLEN

VORAB: DER KONTRAST DER VERFASSUNGEN

England bot im Jahrhundert nach der Glorreichen Revolution das Bild eines vorbildlichen Staates, in dem es Rechte und Freiheiten und einen Verfassungskonsens gab wie sonst nirgends in den alten Staaten Europas. Erst recht nicht in den vielen deutschen Kleinstaaten, wo die Obrigkeit unangefochten das Sagen hatte und bestenfalls Toleranz den Platz einnahm, auf dem eigentlich Rechte hätten thronen müssen. Kein Wunder, dass sich europäische Reisende, aus Deutschland zumal, in großer Zahl auf den Weg machten, um das englische Wunder an Ort und Stelle zu bestaunen. «Wer aus dem Wohnzimmer der Tugend kömmt», spöttelte Georg Christoph Lichtenberg, der England nach seinen drei Aufenthalten dort als seine zweite Heimat ansah, «ich meine aus den kleinen Städten Deutschlands nach London», der konnte etwas erleben. Die Berichte darüber hatten immer auch den Zweck, dem heimischen Publikum einen Spiegel vorzuhalten und das Bild von jenseits des Kanals zur Nachahmung zu empfehlen. Dabei trifft vieles von dem, was die deutschen Anglomanen des 18. Jahrhunderts entdeckten, noch immer zu. Ihre Berichte lassen sich daher als vorzügliche Quelle zum Verständnis auch des heutigen England lesen. Das sei hier versucht.

Eine kurze Gegenüberstellung des konstitutionellen Zustands in deutschen Landen und auf der Insel ist freilich nötig, damit man sich besser in die Köpfe dieser England-Reisenden hineindenken kann. Ein gutes Beispiel für die deutsche Seite stellt noch das Preußen 150 Jahre später dar. Das Gefälle zu England in puncto Parlamentarismus und Bürgerrechte war auch damals noch immer ausgeprägt – wie viel stärker muss dieser Unterschied 150 Jahre früher empfunden worden sein. Wir nehmen als Stichtag das Datum der Eröffnung des Vereinigten Preußischen Landtags, den 11. April 1847. Prinz Albert von Sachsen-Coburg-Gotha, der sehr fortschrittlich gesinnte Gemahl von Königin Viktoria, hat große Hoffnungen in den preußischen König Friedrich Wilhelm IV. gesetzt und Andeutungen von ihm so verstanden, als wolle der Monarch Vorreiter eines deutschen liberalen Konstitutionalismus werden. Ausdrücklich gratuliert Albert ihm daher zur Einberufung des Vereinigten Preußischen Landtags. Doch hält König Friedrich Wilhelm IV. zur Eröffnung den Abgeordneten vor, «daß es keiner Macht der Erde jemals gelingen soll, Mich zu bewegen, das natürliche, gerade bei uns durch seine innere Wahrheit so mächtig machende Verhältnis zwischen Fürst und Volk in ein conventionelles, constitutionelles zu wandeln, und daß ich es nun und nimmermehr zugeben werde, daß sich zwischen unseren Herrn Gott im Himmel und dieses Land ein beschriebenes Blatt gleichsam als zweite Vorsehung eindränge, um uns mit seinen Paragraphen zu regieren und durch sie die alte, heilige Treue zu ersetzen».

Wie um den Parlamentariern alle Illusionen zu nehmen, fügt er hinzu: «Das aber ist Ihr Beruf nicht: Meinungen zu repräsentieren, Zeit- und Schulmeinungen zur Geltung bringen zu wollen. Das ist völlig undeutsch und obendrein völlig unpraktisch [...], denn es führt nothwendig zu unlösbaren Konflikten mit der Krone, welche nach dem Gesetze Gottes und des Landes und nach eigener Bestimmung herrschen soll, aber nicht nach dem Willen von Majoritäten regieren kann und darf.»

Albert und seine Königin waren entsetzt. Viktoria schrieb später an ihren Onkel Leopold, den König der Belgier: «Dieses ewige Nachvorn und Zurück meines armen Freundes, des preußischen Königs, ist katastrophal.» 15 Jahre nach dieser Rede des preußischen Monarchen bemerkt Bismarck gegenüber dessen Nachfolger Wilhelm I. in der Unterredung vom 22. September 1862, die zu seiner Ernennung als preußischer Ministerpräsident führen wird: Es gelte zu kämpfen um die Entscheidung «zwischen königlichem Regiment oder Parlamentsherrschaft». Um Letztere abzuwenden, befürworte er auch «eine Periode der Diktatur».

DER RÜDE TON GEGENÜBER DER OBRIGKEIT UND DIE LUST AN DER PROVOKATION

Am besten, wir nähern uns dem englischen 18. Jahrhundert und den Entdeckungen, welche die deutschen Anglomanen dort machten, mit Hilfe einiger Vorkommnisse der jüngsten Zeit. Im Februar 2009 meldete sich wieder einmal einer dieser Provokateure, mit denen die britischen Medien reich gesegnet sind, zu Wort und feuerte eine Breitseite gegen den Regierungschef Gordon Brown wegen der Art, wie dieser die Finanzkrise meistere. Jeremy Clarkson leitete damals «Top Gear», eine populäre TV-Sendung in der BBC, wo er neue Automodelle vorstellte, und schrieb in der «Sunday Times» eine Kolumne, mit hoher Einschaltquote. Seine Verbalinjurien sind noch heute Legende, aber die Narrenfreiheit der Rede kennt in England keine Grenzen. Manche Witze des Mr. Clarkson litten an Ermüdung, so etwa, wenn er ein neues BMW-Modell mit hochgestreckter Heil-Hitler-Hand begrüßte. Nun aber musste der britische Premier dran glauben, mit dessen Politik zur Bekämpfung der Finanzkrise der Vorreiter des losen Mundwerks offenbar nicht übereinstimmte: «Ich halte Gordon Brown für einen einäugigen schottischen Idioten.»

Gegenüber den wütenden Protesten vor allem aus Schottland entschuldigte sich Clarkson am darauffolgenden Tag: «Ich habe nichts gegen die Schotten und entschuldige mich bei allen Menschen mit Behinderungen.» Gordon Brown ist, wie man weiß, seit einer Rugbyverletzung in seiner Jugend auf dem linken Auge blind. Zwei Entschuldigungen? War das nicht ein bisschen zu viel für einen attestierten Rüpel? Clarkson muss um seinen Ruf als Enfant terrible gefürchtet haben, daher setzte er gleich nach: «Es tut mir leid, Brown einen einäugigen schottischen Idioten genannt zu haben – aber das mit dem Idioten: Nein, dafür entschuldige ich mich nicht.»

Der Casus erinnert an einen berühmten Vorfall im Sommer 1999, als die «Sunday Times» einen Starschreiber, A. A. Gill, auch er für seine Ausfälle berüchtigt, ob gegen Waliser, Hundehalter oder wen auch immer, nach Berlin, Weimar und Buchenwald schickte für einen aktuellen Deutschland-Report. Der erschien schließlich als Aufmachertext im Farbmagazin des Blattes. Eine Reportage mit viel Gift: «Wir alle hassen doch die Deutschen», so krönte der Autor sein Urteil. «Den Hunnen zu hassen, ist vielleicht das einzige wirkliche Band, das alle Nichtdeutschen verbindet.»

Es hagelte Zuschriften von Briten, die sich damit nicht identifizieren wollten. Auch die deutsche Botschaft in London wurde mit Bekundungen großer Sympathie für Deutschland geradezu überschwemmt. Der damalige Botschafter Gebhard von Moltke, sonst wohlweislich zurückhaltend mit Kommentaren zu den britischen Medien, hielt die Zeit für gekommen, sich zu rühren. In einem zwei Absätze langen Brief an den Chefredakteur der Zeitung monierte er: «Sie werden keinen ähnlichen Artikel über Großbritannien in irgendeiner deutschen Zeitung finden, nicht nur weil es nicht unser Stil ist, sondern weil man es für vollkommen unverantwortlich hielte.»

Aber «Unverantwortlichkeit» bildet geradezu eine Erkennungsmelodie der britischen intellektuellen Tradition. Das Niveau der Polemik mag gesunken sein, aber die Lust zu provozieren blüht unverwelklich. Sie entspringt dem Reflex, dass Macht, dass eigentlich jeder von seinem Podest heruntergeholt zu werden verdient, um die Relationen wieder zurechtzurücken. Der Widerspruch gegen Karl I. – «Monarch und Untertan sind zwei gänzlich verschiedene Dinge» – hallt durch die Zeiten wie ein ewiger Aufstand. «Ich bleibe bei dem ‹Idiot›.» Vor Jahren stürmte Henry Kissinger aus einer Radiosendung der BBC, weil der Interviewer ihm ohne Betäubung – das heißt ohne Schonung – auf dem Kambodscha-Zahn herumbohrte und mehr wissen wollte über Kissingers Involvierung in die kontroverse Entscheidung 1970, Kambodscha zu bombardieren. Den inquisitorischen Ton wollte sich der frühere Außenminister nicht bieten lassen. Der Interviewstil britischer Medien gegenüber Politikern ist respektlos, oft geradezu rüde. Und nicht nur der Stil der Medien. Max Beloff, einst Doyen der englischen Politikwissenschaft, verglich einmal in der «Times» Tony Blair mit Adolf Hitler, wegen Blairs vermeintlich vergleichbarer Sucht nach politischer Allmacht.

Wie aber stand es mit dieser «Unverantwortlichkeit» im England des 18. Jahrhunderts? Ein guter Zeuge ist der in Kopenhagener Diensten stehende Diplomat Helferich Peter Sturz, der im Herbst 1768 den dänischen König Christian VII. auf einer Reise nach London und Paris begleiten durfte und seine brieflichen Berichte an einen Hannoveraner Hofrat später mit dessen Einwilligung publik machte. In seinem fünften Brief aus London, vom 25. September 1768, schildert Sturz ein, modern gesprochen, «Aha-Erlebnis». Im St. James Park begegnet ihm leibhaftig König Georg III. mit kleinem Hofstaat, der den Monarchen «in schweigender Ehrfurcht umgibt». Alles verbeugt sich tief vor Majestät und dem «glänzenden Haufen» der Großen um ihn herum. «Wer die hiesige Verfassung nicht kennt», folgert Sturz aus dem Gesehenen, «glaubt, nicht im Lande der Freiheit, sondern an dem Hof eines morgenländischen Sultans zu sein.»

Das ist aber nur der Beginn der Geschichte. Sturz fährt fort: «Wenige Schritte von diesem Schauspiel, in dem Café zu St. James, findet man dann ein öffentliches Blatt, das über die Regierung mit aufrührerischem Frevel lästert. Lange kann [der Besucher] sich nicht entscheiden, welche von beiden Erscheinungen ein Traum war: er weiß den Widerspruch nicht zu erklären; endlich glaubt er [...], daß das Hofgepränge nur eine leere Theaterpracht und die Zeitung der Geist und die Stimme eines zügellosen Volkes ist. Welche Bosheit, ruft er aus, bringt die gepriesene Freiheit hervor! Wie eingeschränkt ist die Gewalt des Monarchen, der diesen Trotz nicht bändigen kann! Jeder arme Teufel preist aufrichtig sein Schicksal, daß er nicht König von England ist. Dennoch ist ein englischer König, sobald er nicht eigenwillig, sondern nach den Gesetzen regiert, ein mächtiger und auch ein glücklicher Herr.»

Später, im zehnten Brief, diesmal aus Paris, berichtet Sturz von einer Unterhaltung mit dem Philosophen Claude Adrien Helvétius, der ihm von zwei Besuchen in Berlin und London erzählt: «Ich ging nach Berlin, um einen König, und nach England, um ein Volk zu sehen.»

Eine gute Dosis «zügelloses Volk» bekommt selbst die heutige Queen auf dem Höhepunkt ihrer öffentlichen Verehrung zu spüren, und zwar von den Karikaturisten, die damit bewusst ein Gegengewicht schaffen zum Übermaß der Hochachtung vor der lang dienenden Elisabeth II. Zum Jahr ihres Goldenen Thronjubiläums, 2002, stiftete ihr der anti-royalistische «Guardian» ein bitterböses Cartoon. Da sah man die Monarchin in schwarzer bodenlanger Gewandung auf der Toilette zurückgelehnt, im seitlichen Profil, den starren stirngerunzelten Blick nach vorn gerichtet, auf dem Kopf die etwas schief sitzende Krone, neben ihr die Toilettenrolle aus lauter 5–Pfund-Scheinen, an der Wand das grinsende Porträt eines der jüngeren Royals in ausgeflippter Pose, vor ihr aus dem Boden ragend eine schon rauchende Lunte, und dazu der höhnische Spruch »50 glorreiche Jahre auf dem Thron». Angesichts einer solchen Behandlung der Monarchin ließe sich der oben zitierte Satz des deutschen Botschafters aus seinem Beschwerdebrief an die «Sunday Times» umwandeln, und er träfe genauso zu: «Keine ähnliche Karikatur über das deutsche Staatsoberhaupt würde sich in irgendeiner deutschen Zeitung finden, nicht nur weil es nicht unser Stil ist, sondern weil man es für vollkommen unverantwortlich hielte.»

England lebt nach anderer Tradition. Der *free-born Englishman* hat lange vor anderen Europäern seine Freiheit durchgesetzt; entsprechend länger ist die Dehnbarkeit und Flexibilität des Gemeinwesens auch unter den Angriffen des «zügellosen Volkes» und seiner Rohheit getestet worden. Der verstorbene Ralf Dahrendorf, als Lord Dahrendorf lange Zeit unsere prominenteste Brücke nach England, hat einmal die Vorliebe des Engländers für Provokation so erklärt: «Zunächst einmal lieben die Engländer alles, was Anstoß erregt und verschroben ist, und sie empfinden großes Vergnügen daran, politisch unkorrekt zu sein. Dabei sind sie sich oft nicht darüber im Klaren, dass man sie im Ausland ernster nimmt, als sie die Welt jenseits des Kanals namens ‹Europa› nehmen.»

Das Stilmittel Provokation ist erst recht dem englischen Humor eigen. Eine Satire-Serie wie «Monty Python's Flying Circus» konnte nur in England entstehen, was vor allem für den Filmklassiker des Monty-Python-Teams gilt, «Life of Brian», der ebenso abend- wie kontroversefüllend war. Darin wird ein junger jüdischer Mann irrtümlicherweise für den Messias gehalten und schließlich zusammen mit anderen gekreuzigt. Selbst wer den Film noch nicht gesehen hat, wird gewiss schon einmal dem Schlusschor begegnet sein, den die zum Kreuzestod Verdammten lachend vor sich hin pfeifen, «Always look on the bright side of life» – schau immer auf die heitere Seite des Lebens. Heiter fanden viele Zeitgenossen den Film ganz und gar nicht, weder in England noch in den USA, wo er im August 1979 uraufgeführt wurde, noch andernorts. Es hagelte Proteste wegen angeblicher Blasphemie. Malcolm Muggeridge, ein wortgewaltiger britischer Kritiker, nahm besonderen Anstoß an der Schlussszene, «wo eine Menge Gekreuzigter eine Revuenummer absingen». Die britische Satire kennt keine Grenzen, ebenso wenig wie die Meinungsfreiheit. Erst die Terrorbedrohung der letzten Jahre hat dieser Freiheit neue Leitplanken gesetzt.

Johann Wilhelm von Archenholz aus Danzig-Langfuhr hielt sich zwischen 1769 und 1779 insgesamt sechs Jahre lang in England auf und galt mit seiner Zeitschrift «Literatur und Völkerkunde» und dem 1785 folgenden Buch «England und Italien» als *der* England-

Experte seiner Zeit. Auch er stellt sich hinter das Volk und seine Zügellosigkeit: «Sie nennen mit Recht die Pressefreiheit das große Palladium ihrer Freiheiten. Der Missbrauch derselben wird unendlich von dem großen Nutzen überwogen, den der gute Gebrauch dem Gemeinwesen gewährt.» Ja, Archenholz konstatiert: «Es wäre unmöglich, dass dieses Reich, wo der König die Quelle aller Ehrenstellen, Würden und zum Teil auch aller Reichtümer ist, bis zu unseren Tagen ein freier Staat geblieben wäre, wenn es die wohltätige Pressefreiheit nicht bewirkt hätte.»

Wie das freie Wort die britische Gesellschaft veränderte, begründet der Autor in einer luziden Passage: «Das Bewußtsein der Freiheit und des Schutzes der Gesetze verursacht natürlich, daß der gemeine Mann gegen Vornehme, ja selbst gegen die ersten Männer des Staates nur geringe Achtung zeigt, es sei denn, daß sie sich durch ihr Betragen Popularität erworben haben. Die Schranken, welche Ehrenstellungen und Reichtum veranlassen, sind nicht stark genug, um die Ideen von Gleichheit zu vernichten. Sogar gegen die königliche Würde wird oft wenig Achtung erwiesen. Man sieht den König als die vornehmste Magistratsperson an, die von der Nation bezahlt wird.»

«Die vornehmste Magistratsperson», auch noch ausgehalten von der Nation: Angesichts solcher Dienstbeschreibung verschwindet die Aura der Majestät fast vollständig, und keine Schranke hält mehr davon ab, mit dieser Person auch seinen Spaß zu treiben, wie schon Sturz registrierte, wenn er in den Gazetten «aufrührerischem Frevel» begegnete. Der zeigte sich besonders in der Ära Georgs III. in der Karikatur, die damals ihren ersten Höhepunkt erlebte, vielleicht ihren größten überhaupt. Königliche Würde stand zum allgemeinen Spott frei. Es war nicht von ungefähr, dass mit den Spöttern auch der Dandy seiner großen Zeit entgegenging.

Der Engländer lernte, sich von der Macht nicht ungebührlich beeindrucken zu lassen. Man kann es als eine subtile Variante von Résistance begreifen. Es gibt eine Radioaufnahme der BBC aus dem

Kriegsjahr 1940/41, während des Luftkrieges über England, wo ein Reporter in den Schächten der Londoner U-Bahn die dort untergebrachten Menschen über ihre Reaktionen auf die Vorgänge über Tage befragt. Gerade hat das Mikrofon eine alte Dame erreicht, da hört man das Krachen einer neuen Detonation bis in die U-Bahn-Station hinunter. Die alte Lady reagiert spontan: «Dieser Hitler! Ist das ein Zappelphilipp!» («a fidget!»)

DER ÜBERWACHUNGSSTAAT VON HEUTE: EINE NEUE HERAUSFORDERUNG FÜR DEN *FREE-BORN ENGLISHMAN*

Das aufmüpfige Naturell des Briten wird freilich in der Gegenwart von den neuen Mächten der *political correctness* stark in seine Schranken gewiesen. Gegen die hilft auch kein Spott, weil sie jeden Verstoß in Bereichen, die sie für Tabu oder sakrosankt erklären, durch öffentliche Sanktionen unnachgiebig ahnden. Dabei legt das Zusammenleben in einer multiethnischen Gesellschaft besondere Rücksichten nahe; die Empfindlichkeiten nehmen zu, die Beschwerdenehmer auch. Als vor Jahren der Streit um die Mohammed-Karikaturen in einer dänischen Zeitung die muslimische Welt auf die Barrikaden trieb, reagierten ausgerechnet die britischen Medien besonders zurückhaltend: Keine einzige Zeitung druckte die inkriminierten Cartoons nach. Im Jahr davor, 2005, waren in London die Terror-Bomben hochgegangen, und das Land trug noch an seinen Verwundungen.

Mag solch ein Beispiel aus seiner Situation heraus erklärbar und selbst für Kritiker verständlich sein, so haben die Engländer heute andererseits den Eindruck, sie müssten sich auf Schritt und Tritt in Acht nehmen vor verbalen Unachtsamkeiten im Alltag. Der Überwachungsstaat ist überall. Die CCTV-Kameras an Tausenden von Straßenecken haben in Einzelfällen geholfen, Kapitalverbrechen rascher aufzuklären – aber ihre Präsenz wirft einen unguten Schatten auf das Lebensgefühl, und den Briten wird allmählich unheimlich, wie die Bürokratie sich zunehmend auch in anderen Bereichen einmischt, mit Datensammlungen ungesicherter Verwahrung, mit Direktiven örtlicher Behörden, von der Müllbeseitigung bis zu Parklizenzen, die den Bürger, der sich nicht an die Normen hält, einzuschüchtern versuchen. Vieles davon mag übertrieben sein, geschürt von *civil liberty*-Gruppen, die den *free-born Englishman* und seine Freiheit in Gefahr sehen. Aber die politischen Parteien, darin unterstützt von den Medien, geben ihnen recht. Der bevormundende *nanny state*, der «Kindermädchenstaat», der alles besser weiß, wird zur Signatur der Zeit.

Das wirkt besonders anstößig in einem Land, welches keinem Staatsbegriff huldigt, wie er, mit fast metaphysischen Nebentönen, etwa im deutschen Denken seit Hegel tief verankert ist. Nur einmal, in Thomas Hobbes' «Leviathan» von 1651, hat ein britischer Philosoph unter dem Eindruck des Bürgerkrieges im Staat als der dominierenden Instanz das Heil zu definieren versucht. Mentalitätsbildend in der englischen Geschichte wurde die gegenteilige Attitüde: ein großes Misstrauen gegenüber den staatlichen Institutionen und ihrem Potential zu Übergriffen. Ein Sozialtheoretiker wie Herbert Spencer veröffentlichte 1884 sogar eine Schrift, die schon in ihrem Titel die Gegnerschaft zum Staat intonierte: «Man versus the State». Die leidenschaftliche Diskussion um die Einführung eines Personalausweises in Großbritannien, seit Jahren unentschieden geführt, enthüllt noch in der Gegenwart diese fast feindselige Grundeinstellung des Briten gegenüber den Instanzen staatlich-bürokratischer Macht. Auch das Misstrauen gegenüber «den Politikern», so dramatisch bestätigt durch den Spesenskandal im Unterhaus anno 2009, hat hier seine Wurzel.

DER ENGLÄNDER UND SEIN PATRIOTISMUS ...

Man lässt den englischen Patriotismus allgemein mit Shakespeare anheben, namentlich seinen Königsdramen, die der Nation ein Bild ihrer Gefährdungen, aber auch ihrer Triumphe und Einzigartigkeit vor Augen stellten, an dem der Patriotismus sich erwärmen konnte.

Jedes englische Schulkind kennt den Päan, den John of Gaunt in «Richard II.» vorträgt:

Dies Volk des Segens, diese kleine Welt,
Dies Kleinod, in die Silbersee gefasst,
Die ihr den Dienst von einer Mauer leistet,
Von einem Graben, der das Haus verteidigt
Vor weniger beglückter Länder Neid;
Der segensvolle Fleck, dies Reich, dies England.

Freilich, die Engländer mussten nicht auf das elisabethanische Zeitalter warten, um von ihrer Einzigartigkeit als Volk überzeugt zu sein. Lange vor Shakespeare wussten europäische Reisende von dieser stolzen Gesellschaft zu berichten.

Ein wichtiger Zeitzeuge ist der venezianische Botschafter am Hofe Heinrichs VIII., Andrea Trevisano, dessen Berichte ein schlagendes Licht auf das England des Jahres 1497 werfen. Da liest man etwa über die Bewohner: «Sehr arrogant, selbstsicher und misstrauisch gegenüber Ausländern, denen sie mit großer Antipathie begegnen in der Annahme, dass diese nur auf die Insel kommen, um sie zu beherrschen. Es gibt keine Menschen, die es ihnen gleichtun können, und keine Welt außer England. Wenn sie einen gut aussehenden Ausländer sehen, sagen sie: ‹Er sieht wie ein Engländer aus. Schade, dass er kein Engländer ist.› Wenn sie mit ihm etwas Wohlgeformtes teilen, fragen sie: ‹Wird so etwas auch bei Euch hergestellt?›»

Das erinnert an ein Erlebnis Voltaires während seiner Londoner Jahre. In besten Pariser Seidenkleidern und seiner modischen Perücke wandert der Philosoph – so berichtet er – einmal durch einen Londoner Park und wird dabei von einer grölenden Meute angegangen. Voltaire rettet sich auf ein nahe stehendes Podest, von dem aus er seinen Peinigern, die Situation entschärfend, zuruft: «Tapfere Engländer! Bin ich nicht schon unglücklich genug, nicht unter euch geboren zu sein!?» Woraufhin die *free-born hooligans*, versöhnt, den Gast auf ihren Schultern im Triumph in seine Wohnung tragen.

Wie alt diese Bilder sind. Im vierten Stück des dritten Buches seiner «Oden» verspricht der römische Dichter Horaz den Musen, dass, wenn sie nur bei ihm blieben, er sich dem tobenden Meer, der glühenden Wüste aussetzen werde, ja dass er sogar «die gegenüber Fremden wilden Britannier besuchen» wolle. Eine hübsche Steigerung – vom tosenden Meer über die glühende Wüste zu den wilden Britanniern ... Ein moderner Übersetzer, Will Richter, überträgt diese Stelle idiomatischer: «Will ich die fremdenfeindlichen Briten besuchen». Das lässt den missratenen Bruder des Patriotismus mit anklingen: die Xenophobie.

Auch bei diesem Thema kommt uns ein deutscher Anglomane des 18. Jahrhunderts entgegen. Friedrich August Wendeborn versah mehr als 20 Jahre lang als Pastor an einer deutschen Kirche in London geistlichen Dienst und wurde in dieser Zeit nahezu anglisiert. In vier Bänden (1784–1788) legte er eine der besten Beschreibungen der Insel aus seiner Zeit vor: «Der Zustand des Staats, der Religion, der Gelehrsamkeit und der Kunst in Großbritannien gegen Ende des 18. Jahrhunderts». «Aus der Eigenliebe der Engländer entsteht die Verachtung des Fremden», schreibt Wendeborn, «die heutigen Engländer [sind] auf den Namen *Britons* bis zum Lächerlichen stolz.»

Wendeborn erzählt von einer Begegnung, die den Bericht des venezianischen Botschafters fast wörtlich bestätigt, wie auch Voltaires ironischen Ausruf, mit dem er sich von seinen Drangsalierern freikaufte: «In einer Oxforder Gesellschaft von Gelehrten machte mir ein sehr geschickter und redlicher Mann nach einer langen und vertrauten Unterredung das folgende Kompliment: ‹You look and think like an Englishman. It is a pity you are not born in this country›.» «Sie sehen aus und denken wie ein Engländer – schade, dass Sie nicht in diesem Land geboren sind.» Das ruft nach einem Kommentar, den uns der feinsinnige Pastor Wendeborn denn auch nicht vorenthält. «Ich weiß nicht, ob eine sonst nicht übel gemeinte Unhöflichkeit, die den Nationalstolz zum Grunde hat, weiter gehen kann», merkt er mit englischem Understatement an. Doch hütet er sich, den Beleidigten zu spielen; viel mehr interessiert ihn der Vergleich zwischen Engländern und Deutschen. Dabei trifft er den Nagel auf den Kopf, diesmal auch auf den deutschen: «Ein geschickter Engländer redet von seiner Person, von seiner Würde und seinem Stande mit Bescheidenheit, von seinem Vaterlande mit Lobsprüchen und einer Art von Enthusiasmus. Dahingegen ein deutscher sogenannter feiner Herr in seine Verdienste und Titel verliebt ist und sich nur zu schämen scheint, wenn er sagen soll, daß er ein Deutscher ist.»

... STOSSEN AN EIN IDENTITÄTSPROBLEM

Zum Patriotismus gehört eine klare Vorstellung davon, wer man ist. Was aber ist englische Identität? Die liegt im Argen, seit die Labour-Regierung vor fast 20 Jahren mit der Dezentralisierung ernst machte und die Regionen, Wales und Schottland vor allem, sich mit neuem Stolz auf ihre von England verschiedene Eigenart berufen können. Wenn aber die britische Insel in der Beschreibung ihres Selbst in ihre Teile zerfällt – wohin dann mit dem «Englischen»?

Schon Premierminister Brown hütete sich als Schotte wohlweislich, gerade darauf eine Antwort zu geben. Er versuchte stattdessen, um den Zusammenhalt des Vereinigten Königreichs zu stärken, «Britishness» hervorzuheben, und empfahl das auch den Pädagogen des Landes. Der Union Jack, die Nationalfahne, stehe für die klassischen Tugenden von Toleranz und Offenheit, für Inklusion aller Rassen, Hautfarben und Religionen auf der Insel. Das klang wie ein britisches Pendant zum deutschen «Verfassungspatriotismus»: Die demokratischen Werte sind es, die uns beschreiben. Wie schon David Hume schrieb: Die Freiheit macht den Nationalcharakter der Engländer, sprich: der Briten aus.

Doch winkt die Gesellschaft eher müde ab bei dem Versuch, sie patriotisch festzunageln. Man schwenkt weiterhin enthusiastisch seinen Union Jack, wenn alljährlich am letzten Abend der *Proms*, der Konzertsaison in der Londoner Royal Albert Hall, «Rule, Britannia! Britannia, rule the waves» aufbraust – und kehrt am Tag danach zum Alltag seiner Sorgen zurück. Aber schon davor war kein Korb mehr zu gewinnen mit britischer Identität. Im Jahr 2007 schrieb die «Times» einen Wettbewerb aus für das Motto, das den Begriff «Britishness» am besten wiedergeben könnte. Mit weitem Abstand siegte der Slogan «Kein Motto bitte, wir sind Briten». «No motto please, we are British»: Der Historiker David Starkey argumentiert sogar, es sei unmöglich, «Britishness» zu unterrichten, denn «eine britische Nation gibt es nicht». Eine englische aber auch nicht, dafür jedoch ein umso stärkeres Gefühl für England als den Inbegriff dessen, was die Insel «im Innersten zusammenhält». Nur – was ist das?

Schaut man auf den Büchermarkt und die Titel, die das Rennen machen, so könnte man glauben, das Land steuere von einer Krise zur nächsten. Zerbrechende Familienstrukturen, Gettoisierung in den Städten, die nicht gelingende Integration von zu vielen Einwanderern, die öffentlichen Dienste, die nicht mehr nachkommen angesichts der Überbeanspruchung, das Schwinden der Geschichte aus dem Horizont einer sich verflachenden Kultur: Die Beschwerdeliste ist lang. Früher galt als Faustregel, dass die Briten mit dem Gefühl, sie stünden mit dem Rücken zur Wand, besonders gut fertig werden, da sie neue Kräfte oft dann in sich entdecken, wenn es ihnen besonders schlecht geht. Ob das auch für die Zukunft gilt? Darüber streiten die Geister. Hier nur eine kleine Anthologie der entsprechenden Buchtitel zum Beginn des 21. Jahrhunderts:

Peter Hitchens: «The Abolition of Britain – From Winston Churchill to Princess Diana» (1999, Neuauflage 2008). «The Broken Compass: How British Politics Lost Its Way» (2009). Andrew Marr: «The Day Britain Died» (1999). Roger Scruton: «England – An Elegy» (2000). A. A. Gill: «The Angry Island» (2005). George Walden: «Time to Emigrate?» (2006). Quentin Letts: «50 People Who Buggered up Britain» – «50 Leute, die Britannien versaut haben» (2008). Oder Rod Liddle: «Selfish Whining Monkeys» (2014) – über die Linkslastigkeit des britischen Establishments, in dem der Autor lauter «jammernde Affen» auszumachen glaubt. In diese Liste gehört auch Melanie Phillips mit «Londonistan – Wie Britannien dabei ist, einen Terrorstaat im Staat zu errichten» (deutsch 2006). Darin untersuchte die Autorin das Thema der islamistischen Bedrohung, aber auf eine Weise, die selbst zum Gegenstand der Kontroverse wurde. Doch teilen viele die Beunruhigung der streitbaren Kolumnistin.

Eine Umfrage der «Times» mit der Frage nach dem größten Fehler der englischen Geschichte war enthüllend in dem, was die Antworten alles an Selbstironie zutage beförderten. Darunter diese, die weit oben in der Gewinnerliste landete: Wir haben unsere Sträflinge nach Australien abgeschoben und sind selbst in England geblieben ...

Gegen diese Flut der Selbstzweifel trat 2007 ein Autor an, der mit seinem Buch «This Little Britain – Wie ein kleines Land die moderne Welt bauen half» die Insel auf den Boden positiverer Tatsachen zurückzuholen suchte. Harry Bingham ging die grassierende *self-deprecation,* dieser Habitus, sich selbst herabzusetzen, wenn vielleicht auch nur ironisch, zu weit und auf die Nerven, wie eine nationale Seuche. So machte er seinen Landsleuten, ein wahrer Samariter für ihre geschundene Seele, mit einem faktenreichen Buch das Angebot, die Augen einmal weg von der Krise der Gegenwart zu erheben, hin zu dem «Land of hope and glory, mother of the free». Englands zweite Nationalhymne, als die man A. C. Bensons Verse, von Edward Elgar vertont, gerne bezeichnet, erlebt heute eine ihrer größten Herausforderungen.

WIE SICH DIE BRITEN HERUNTERSPIELEN

Für die Selbstironie der Briten, eine typische Spielart ihres *sense of humour,* gibt es so viele Erklärungen wie Köpfe. Wahrscheinlich spielt auch hier die Glorreiche Revolution mit ihren Folgen hinein: In dem Moment, wo die Herrschaft und der Bürger auf einer Stufe des Rechts ankommen und die *checks and balances* parlamentarischer Kontrolle die Macht übernehmen, nimmt auch der Plebs sich selbst zum Thema vor – spöttisch, wenn es sein muss. Als wolle selbst der gemeine Mann der Verführung zu eigener Wichtigtuerei jede Begründung entziehen. Viel Ernst in England ist versteckter Unernst, was auch für manche der oben zitierten Jeremiaden gilt. *Self-deprecation,* die Herabsetzung des Eigenen, gehört zum Spiel.

Im Jahre 1782 begab sich Karl Philipp Moritz auf eine mehrwöchige Reise zu den Briten, worüber er mit «Reisen eines Deutschen in England» ein anschauungsgesättigtes Büchlein vorlegte, das bis heute verlegt wird und mit seinen Beschreibungen aus dem Unterhaus der damaligen Zeit sogar Eingang gefunden hat in britische Quellensammlungen zur eigenen Parlamentsgeschichte. Moritz ist in Deutschland besser bekannt mit seinem Entwicklungsroman «Anton Reiser», doch während den «Reiser» heute nur die germanistische Fachwelt liest, erfreuen sich Moritz' aus großer Einfühlungsgabe geschöpften England-Aufzeichnungen weiterhin allgemeiner Beliebtheit. Diesem Augen- und Ohrenzeugen kann man sich anvertrauen.

Wie Fontane nach ihm verfolgt auch Moritz einen dieser inzwischen beliebten parlamentarischen Wahlkämpfe, aber anders als sein Landsmann 70 Jahre später kann er dem Schauspiel nur Positives abgewinnen. Denn hier schnappt er Wichtiges über «den englischen Pöbel» auf, wie er ihn fast liebevoll nennt: «Die Verachtung des Volks gegen den König geht erstaunlich weit. Our King is a blockhead! hab ich wer weiß wie oft sagen hören; indem man zur gleichen Zeit den König von Preußen mit Lobsprüchen bis in den Himmel erhob. Dieser habe einen kleinen Kopf, hieß es, aber hundertmal so viel Verstand darin als der König von England in seinem ziemlich dicken Kopfe. Ja, bei einigen ging die Verehrung gegen unseren Monarchen so weit, dass sie sich ihn im Ernst zum Könige wünschen. Nur wunderten sie sich über die große Menge Soldaten, die er hält, und daß allein in Berlin eine so große Anzahl davon einquartiert sind, da sich in London nicht einmal ein Trupp von Soldaten von des Königs Garde darf blicken lassen.»

«Der König ist ein Dummkopf»: Wenn das schon 1782 gesagt werden durfte, wird die Invektive eines Jeremy Clarkson gegen Gordon Brown («ein Idiot») 227 Jahre später vielleicht nicht mehr so anstößig klingen. Uns interessiert hier vor allem, wie die Canaille so freimütig ihren «blockhead» Georg III. gegen Preußens Alten Fritz eingetauscht hätte, der in England noch in Erinnerung war aus der Zeit der Allianz mit ihm 1756. Wollte man aber wirklich «im Ernst» lieber den Preußen zum König haben? Vielleicht doch lieber nicht. Denn was war der intellektuelle Vorsprung, den man Friedrich bereitwillig konzedierte, gegenüber «der großen Menge Soldaten», die dieser sich hielt? Viel zu bedrohlich für eine Gesellschaft, die mit starkem Militär im eigenen Land unter Oliver Cromwell unangenehme Bekanntschaft schließen musste. Das Klagelied über den Herrscher ist also nur eine Tarnung, hinter der die Vorzüge des eigenen Landes schüchtern versteckt werden. Im Zweifelsfalle also doch lieber England.

George Orwell brachte es auf den Punkt: «Der Engländer wird immer bereit sein, Ausländer für cleverer zu halten, als er selbst es ist, es aber als einen Affront gegen Gott und die Natur ansehen, von Ausländern beherrscht zu werden» («The English», 1944).

DIE ÖFFENTLICHE REDE: EINE KUNST, DIE KARRIEREN BEFLÜGELT

Der rüde Ton im öffentlichen Diskurs, wie er schon den deutschen Anglomanen des 18. Jahrhunderts auffiel, findet besonders weiten Auslauf im britischen Parlament. Karl Philipp Moritz zog es daher an diesen Ort immer wieder mit magischer Kraft. «Ich ziehe die Unterhaltung, die ich dort finde, den meisten anderen Vergnügungen vor», schreibt er in seinem England-Buch. In Deutschland konnte er kaum erleben, was er da hörte: «Sehr auffallend waren mir die offenbaren Beleidigungen und Grobheiten, welche die Parlamentsmitglieder einander oft sagten, indem der eine zum Beispiel aufhörte zu reden, und der andere unmittelbar darauf anfing: ‹it is quite absurd›, u.s.w. Es ist höchst ungereimt, was der right honourable gentleman, mit diesem Titel beehren sich die Parlamentsmitglieder vom Unterhause, eben jetzt vorgetragen hat.»

Blick ins voll besetzte britische Unterhaus während der Fragestunde des Premierministers, bei der nicht alle 650 Abgeordneten Platz finden

In diesen «Beleidigungen und Grobheiten» steckte und steckt natürlich auch eine gute Dosis Theatralik, wobei die Höflichkeitsfloskeln das, was der Redner sagen will, in ein bühnenreifes Kostüm kleiden. Dabei trägt das Oberhaus sein eigenes Kleid. Selbst solche im Unterhaus gebräuchlichen Wendungen wie «the honourable gentleman / lady», «my honourable friend» oder «the honourable member» dieses oder jenes Wahlkreises haben im Oberhaus ihr abweichendes Pendant. Dort kann, dort darf es nur heißen «my noble friend» oder wahlweise, wenn man sich an einen Richter oder Rechtsanwalt wendet, «my noble and learned friend» oder, ist es ein Militär, «my noble and gallant friend». Die Form macht die Musik, und die Verwendung des Nachnamens ist in beiden Kammern verpönt. Auch redet man sich immer nur in der dritten Person an.

Moritz hatte das Glück, noch Redner von Format zu erleben, Edmund Burke auf Tory-Seite, Charles James Fox, seinen großen Gegenspieler, auf der Seite der Whigs. Auch waren damals noch lange Reden üblich, wie sie der jüngere Pitt bis zur Vollendung beherrschen sollte. Im späteren 19. Jahrhundert strömte man auf die Besuchergalerie des House of Commons, um zu erleben, wie Benjamin Disraeli und William Gladstone die Klingen kreuzten. Die politische Auseinandersetzung wurde zur Bühne.

Auch Heine, der eigentlich dem perfiden Albion nicht verzeihen konnte, dass es seinen geliebten Napoleon gefangen genommen und in die Verbannung verbracht hatte, fand während seines London-Aufenthalts 1827 das Unterhaus und seine Verhandlungen von unwiderstehlicher Anziehungskraft. Der Witz der Reden, so spürt man an den «Englischen Fragmenten», kam Heines eigenem *sense of humour* sehr entgegen. Enthusiastisch schreibt er: «Je wichtiger ein Gegenstand ist, desto lustiger muss man ihn behandeln. Das wissen die Engländer, und daher bietet ihr Parlament auch ein heiteres Schauspiel des unbefangensten Witzes und der witzigsten Unbefangenheit; bei den ernsthaftesten Debatten, wo das Leben von Tausenden und das Heil ganzer Länder auf dem Spiele steht, kommt doch keiner von ihnen auf den Einfall, ein deutsch-steifes Landständegesicht zu schneiden oder französisch-pathetisch zu deklamieren.

Wie ihr Leib, so gebärdet sich alsdann auch ihr Geist ganz zwanglos. Scherz, Selbstpersiflage, Sarkasmen, Gemüt und Weisheit, Malice und Güte, Logik und Verse sprudeln hervor im blühendsten Farbenspiel, so dass die Annalen des Parlaments uns noch nach Jahren die geistreichste Unterhaltung gewähren. Wie sehr kontrastieren dagegen die öden, ausgestopften, löschpapiernen Reden unserer süddeutschen Kammern, deren Langweiligkeit auch der geduldigste Zeitungsleser nicht zu überwinden vermag.»

Heute zählt im Unterhaus eher der (manchmal gut einstudierte) rhetorische Hieb, wie jeden Mittwoch zur «Prime Minister's Question Time», und erst recht die Begabung (wenn man sie hat), darauf schlagfertig zu antworten. Unübertroffen sind auch die Momente des *comic relief*, der Überwältigung durch Komik und reine Farce, wenn die Abgeordneten in einem ihrer Anfälle von Schulhofmanieren ein Mitglied des Hauses wieder einmal roh verspotten. Ende

2008 traf es den damaligen Anführer der Liberaldemokraten im Unterhaus, Nick Clegg. Der hatte in jugendlicher Unbedachtsamkeit im Herbst dem Magazin «GQ» ein schlagzeilenträchtiges Interview gegeben, denn dem Frager war es gelungen, den 42-Jährigen, der mit einer Spanierin verheiratet ist, in die heikle Frage seiner vorehelichen Beziehungen zu verstricken. «Gab es welche?» «O.K.; aber nie sehr lange». «Wie viele?» «Nicht so viele wie bei dir, da bin ich sicher», antwortete der noch immer arglose Mr. Clegg. «Na, von wie vielen reden wir denn dann – 10, 20, 30?» «Nicht mehr als 30», beichtete der in die Ecke Gedrängte, «eigentlich viel weniger als das.»

Der Strick war geknotet. Während der Fragestunde des Premierministers am 10. Dezember 2008 erhielt eben dieser Nick Clegg das Wort und versuchte, mit einer persönlichen Anekdote zu beginnen, wie man das gerne tut zur Untermalung eines Sachproblems: «In mein Wahlkreisbüro kam neulich eine alleinstehende Mutter…» Schallendes Gelächter unterbrach den Armen spontan: «Nummer 31! Nummer 31!» Sein Reden ging in allgemeinem Gejohle unter. Ähnlich verfuhr man mit dem früheren Tory-Chef Iain Duncan Smith, dessen hervorstechendstes Charaktermerkmal in seinem ruhigen, drucklosen Auftreten lag. Aus dieser Not versuchte er auf einem Parteitag der Konservativen eine Tugend zu machen, indem er drohend-freundlich die Zähne bleckte: «Do not underestimate the determination of a quiet man.» – «Unterschätzen Sie nicht die Entschlossenheit eines stillen Mannes.» Immer wenn «IDS» danach an die *dispatch box* des Unterhauses trat, den Tisch, über den hinweg sich die Parteiführer von der ersten Bankreihe aus beharken, legte die Labour-Fraktion geschlossen den Finger an den Mund und zischte: «Pssst! Pssst», was die Karriere des Tory-Chefs beenden half. Ein Spott, der tötete.

Noch unbeantwortet ist die Frage, wie die Oberhaus-Reform aussehen soll, die Tony Blairs Regierung mit dem «House of Lords Act» von 1999 anstieß. Bis 1958 war die obere Kammer im Besitz des Erbadels gewesen, aus dessen Reihen sich ihre Mitglieder, die *peers*, einzig rekrutierten. Danach setzte sich immer stärker das Recht des jeweiligen Premierministers durch, verdiente Personen ins Oberhaus zu berufen, sodass bis 1998 bereits 500 solcher ernannter *life peers* (sogenannter *lifers*) neben 750 *hereditary peers* (dem alten Erbadel) koexistierten. 1999 kam dann das große Abschmelzen: Das Sitzrecht wurde nur noch 92 Mitgliedern der Aristokratie zugebilligt. Damit war das Oberhaus zum überwiegenden Teil ein Haus der Ernannten geworden. Aber sollte es im nächsten Schritt nun auch eine gewählte Kammer werden, wie es Reformer forderten und fordern? Die Frage spaltet die politische Klasse; mehrere Vorstöße, einen bestimmten Prozentsatz der Lords aus Wahlen zu rekrutieren, verliefen bislang im Sande. Kritiker halten dagegen, ein gewähltes Oberhaus könnte nur eine ungute Konkurrenz zum Unterhaus ergeben und die Trennlinie zwischen einem gesetzgebenden Körper und einem beratenden müsste immer unschärfer werden. Das Prinzip der Ernennung aufgrund von Verdiensten und Erfahrungen, das gerade das Ausland am britischen House of Lords rühmt, ja beneidet, sollte auf jeden Fall bewahrt bleiben und nicht dem plebiszitären Prinzip von Wahlen geopfert werden.

Unabhängig von diesen Fragen ist, wer in Großbritannien rhetorisches Talent besitzt, noch heute auf bestem Wege zum Erfolg. Daran hat sich seit Jahrhunderten nichts geändert. In elisabethanischer Zeit gehörten rhetorische Übungen anhand klassischer Texte, etwa Cicero, zum Schulcurriculum der gehobenen Schichten. Die Dramen Shakespeares verdanken ihre deklamatorische Kraft auch dieser Schulung. Noch heute wäre der Brite, dem römischen Vorbild entsprechend, am liebsten ein «vir bonus dicendi peritus» – ein guter Mann, gewandt in der Rede. Erst recht, wenn er die Jurisprudenz ansteuert. Sie ist in England unterteilt in den *solicitor*, gleichsam den Stubenhocker des Metiers, der den jeweiligen Fall vorbereitet, und den *barrister*, den Mann an der *bar*, der Gerichtsschranke, der den Fall, sei es als Verteidiger oder als Ankläger, vor dem Richter und, bei gravierendem Anlass, auch vor Geschworenen vorzutragen hat.

Barrister wird nur, wer neben der juristischen Materie auch die Kunst der Rede beherrscht, in möglichst hohen Graden.

Der deutsche Staatstheoretiker Adam Müller beschrieb in seinem Vorlesungszyklus der «Zwölf Reden über die Beredsamkeit und deren Verfall in Deutschland» (1812) das britische Unterhaus mit seiner rhetorischen Kultur als das Gravitationszentrum einer politisch selbstbewussten Nation: «England hat durch die Gewalt und den Reiz seiner Rede eine Art von Weltherrschaft vorbereitet – dagegen die Demütigung unsers deutschen Volkes, welches diese Kunst eigentlich nie besessen und welches das Wort nie bei der Hand gehabt, sondern meistens in der Feder [hat] erkalten lassen.»

Etwas im Naturell des Engländers tendiert zur öffentlichen Repräsentation, oder sagen wir besser: zur Selbstdarstellung; sie scheint ihm angeboren zu sein. So ist zum Beispiel das Fernsehen den Briten auf den Leib geschrieben. Der Entertainer, der Rhetoriker, der Händler – sie schöpfen aus der gleichen Quelle: der Kunst, den Kunden, den Konsumenten, den Zuhörer oder Zuschauer zu fangen durch Überzeugung, Verführung oder Überwältigung. Die öffentliche Figur, die einer macht, zählt viel. In allen britischen Schulen gelten Debattierclubs als begehrte Foren, wo man übt, im rhetorischen Zweikampf die Oberhand zu behalten. Die Oxford Union, der Oxforder Studentenverband, inszeniert in ihren Redeveranstaltungen, bei der namhafte Persönlichkeiten die Klingen kreuzen, Debattenkunst vom Feinsten. In London haben zwei pfiffige Medienunternehmer ein Forum namens «Intelligenz hoch zwei» gegründet, dessen Debattierabende über Themen der Gegenwart, mit Duellanten und Sekundanten, lange im Voraus ausverkauft sind.

Die politische Kultur Englands ist agonal, auf Wettkampf abgestellt, wozu ein Wahlrecht passt, in dem es wie beim Pokalfinale nur einen Gewinner geben kann. Es gehört eine sportliche Nation dazu, so viel Ungerechtigkeit, ja geradezu Unfairness zu verkraften, wie sie dem britischen Wahlrecht innewohnt: Nur die Stimmen des Gewinners im jeweiligen Wahlkreis zählen, alle anderen fallen weg.

Auch das gehört zum öffentlichen Format, das der Brite sich gerne zulegt: Haltung bewahren, auch verlieren können, «take it on the chin and move on» – den Kinnhaken einstecken und weitermachen. Der Rhetor und der Stoiker sind Verwandte in Kaltblütigkeit.

Heinrich von Kleist erzählt unter seinen «Anekdoten» von zwei englischen Boxern, aus Portsmouth der eine, der andere aus Plymouth, die es ein für alle Mal und in einem öffentlichen Schaukampf wissen wollten, wer von ihnen der größte im Lande sei. Jedes Mal, wenn einer von ihnen einen schweren Schlag landete, quittierte das Opfer diesen Treffer mit Worten höchster Anerkennung. Sie schlugen sich wund und blutig, nicht ganz nach heutigen Regeln – aber sie unterließen es nie, den Gegner für seine gelungenen Schläge zu loben. Das ging so lange, bis der Mann aus Plymouth, die Augen verdrehend, mit dem letzten empfangenen Stoß in den Tod sank, nicht ohne vorher laut «Das ist auch nicht übel!» gerufen zu haben.

So weit mag es der Sportsgeist der Engländer nicht unbedingt mehr treiben, aber das Bedürfnis, öffentlich Fasson zu zeigen und etwas darzustellen, ist unübersehbar. Das fiel auch Fontane auf, der in «Ein Sommer in London» (1854) einige der besten Beobachtungen darüber angestellt hat, «wie das Repräsentationsgelüst den Engländer mit der Macht einer fixen Idee beherrscht. Dies Gelüst erzeugt natürlich auch eine besondere Begabung, und der allerunbedeutendste Engländer hat mehr Form, Haltung und Rednertalent als ein ganzes Kollegium deutscher Stadträte zusammen genommen.»

Fontane, 32-jährig, teilte damals eine Wohnung mit einem jungen Waliser, «einem Menschen von gewöhnlicher Bildung und mäßigen Naturanlagen»: «Als aber sein Geburtstag heran kam und wir ihn mit einer lustigen Festlichkeit überraschten, verbeugte er sich gegen uns ohne einen Anflug von Verlegenheit und hielt eine Ansprache, die mich durch ihre Feinheit und Abrundung in Erstaunen setzte. In Deutschland hätten wir unter einer gemütlichen Gesichterschneiderei jedem einzelnen die Hand gedrückt und hinterher erklärt, vor Rührung nicht sprechen zu können.»

«Der Deutsche lebt, um zu leben, der Engländer lebt, um zu repräsentieren», ist Fontanes Schlussfolgerung. Und schnippisch hängt er an: «Der Engländer repräsentiert immer, ich glaube, auch wenn er allein ist. Er weiß: Übung macht den Meister.» Das wusste vor allem Churchill, der viele seiner besten Reden und parlamentarischen Auftritte sorgfältig einstudierte, weil er um den Effekt einer gelungenen oratorischen Leistung wusste. Von Churchill sagte man, er habe «die englische Sprache mobilisiert und in die Schlacht geführt», anders als Goebbels und Hitler, die Ähnliches mit der deutschen Sprache versuchten, jedoch als Verführung in den Untergang. Der Unterschied zwischen demokratischem und totalitärem Einsatz von Sprache ist niemals deutlicher und zeitgleicher an den Tag getreten als damals.

Überwältigt vom rhetorischen Feuer eines George Canning, des damaligen Außenministers, zeigte sich Fürst Hermann von Pückler-Muskau in seinen England-Erinnerungen, «Briefe eines Verstorbenen». Er beschreibt einen Unterhaus-Auftritt des Politikers im Jahre 1827 auf eine Weise, die wir, gebrannte Kinder der Geschichte, nur mit gespaltenen Gefühlen lesen können: «Ich fühlte tief, daß die höchste Gewalt, die der Mensch auf seine Mitmenschen ausüben kann, nur in dem göttlichen Geschenk der Rede liegt! Dem großen Meister nur in dieser ist es gegeben, Herz und Gemüt einer ganzen Nation in jene Art von magnetischem Somnambulismus zu versetzen, wo ihr nur blindes Hingeben übrigbleibt und der Zauberstab des Magnetisieurs über Wut und Milde, über Kampf und Ruhe, über Tränen und Lachen mit gleicher Macht gebietet.»

Vielleicht haben wir auf Grund unserer Geschichte ein Misstrauen in uns wachsen lassen gegenüber funkelnder Rhetorik und setzen bei öffentlichen Reden lieber auf Nummer sicher – auf Langeweile. Schon Kant hatte ja in seiner «Kritik der Urteilskraft» (1790) die politische Beredsamkeit «eine hinterlistige Kunst» gescholten, «welche die Menschen als Maschinen in wichtigen Dingen zu einem Urteile zu bewegen versteht, das in ruhigem Nachdenken alles

Gewicht bei ihnen verlieren muss». Diese Sorge teilen die Briten nicht, wohl weil sie lange Erfahrung haben mit der «institutionellen Absicherung der freien Debatte» (Peter Philipp Riedl) und überhaupt gerne verkaufen wie auch sich etwas verkaufen lassen. Zwar nie eine Diktatur, aber eben doch, in den Jahren von 1997 bis 2007, das Goldene Zeitalter der straflosen Verschuldung, das «in ruhigem Nachdenken alles Gewicht bei ihnen» hätte verlieren können, rechtzeitig, vor dem grausamen Zerplatzen der Blase.

Die rhetorische Leidenschaft der Briten erhält freilich in jüngster Zeit einen Dämpfer durch die Unart, die sich einer noch größeren Leidenschaft verdankt: der Neigung von Minderheiten, Anstoß zu nehmen. Vorträge und Podiumsveranstaltungen an Universitäten werden lautstark gestört, unmöglich gemacht oder von vornherein aus dem Programm genommen, weil bestimmte Ansichten und diejenigen, die sie vertreten, einzelnen Gruppen aus welchen Gründen auch immer – meistens ideologischer oder religiöser Natur – nicht genehm sind. Das Für und Wider, das eigentlich zu jeder Debattenkultur gehört, degeneriert da zu einem Ausschluss der jeweils anderen Meinung. Ist es Ängstlichkeit, übertriebene Rücksicht oder *political correctness*, die in solchen Fällen nachgibt und dem aufschäumenden Protest das Feld überlässt? So kann sich auch in der offenen Gesellschaft Feindschaft zu offener Rede einnisten.

8

VOM EMPIRE

WIE GOETHE UND HEGEL SICH ENGLISCHEN STOLZ ERKLÄRTEN

Für Engländer der gehobenen Klasse, für junge Gentlemen, war es zu Beginn des 19. Jahrhunderts ein Muss, auf ihrer Grand Tour durch Europa auch bei dem damals berühmtesten Deutschen vorzusprechen: Goethe. Keine erfreuliche Störung für den Vielbeschäftigten. Aber die Besucher inspirierten ihn dazu, sich Rechenschaft abzulegen, wes Geistes Kind denn diese jungen Engländer seien und was sie so anders mache als die jugendlichen Vertreter anderer Gesellschaften. Die Insel stand damals auf dem Höhepunkt ihres Ruhmes als Welt- und Industriemacht, Nationalstolz beflügelte die Schritte. Was der venezianische Diplomat schon 1497 als Grundgefühl der Insulaner beschrieb – «es gibt keine Menschen, die es ihnen gleichtun können, und keine Welt außer England» –, es bestätigte sich 320 Jahre später vollauf. Goethe erklärte sich dies in einem Gespräch mit Eckermann am 28. März 1828 so:

«Die Engländer scheinen überhaupt vor vielen anderen etwas voraus zu haben. [...] So jung und siebzehnjährig sie hier auch ankommen, so fühlen sie sich doch in dieser deutschen Fremde keineswegs fremd und verlegen; vielmehr ist ihr Auftreten und ihr Benehmen in der Gesellschaft so voller Zuversicht und so bequem, als wären sie überall die Herren und als gehöre die Welt überall ihnen. Das ist es denn auch, was unseren Weibern gefällt und wodurch sie in den Herzen unserer jungen Dämchen so viele Verwüstungen anrichten. Als deutscher Hausvater, dem die Ruhe der Seinigen lieb ist, empfinde ich oft ein kleines Grauen, wenn meine Schwiegertochter mir die erwartete baldige Ankunft irgendeines neuen jungen Insulaners ankündigt. Ich sehe im Geiste immer schon die Tränen, die ihm dereinst bei seinem Abgange fließen werden. – Es sind gefährliche junge Leute; aber freilich, daß sie so gefährlich sind, das ist eben ihre Tugend. [...]

Es liegt nicht in der Geburt und im Reichtum. Sondern es liegt darin, daß sie eben die Courage haben, das zu sein, wozu die Natur sie gemacht hat. [...] Wie sie auch sind, es sind immer durchaus komplette Menschen. Auch komplette Narren mitunter, das gebe ich gerne zu. [...] Das Glück der persönlichen Freiheit, das Bewußtsein des englischen Namens und welche Bedeutung ihm bei anderen Nationen beiwohnt, kommt schon den Kindern zu Gute.»

Mit der Glorreichen Revolution hatte England den entscheidenden Schritt in die Moderne getan, und das Resultat war in Weimar leibhaftig zu besichtigen. Die Insel hatte einen Vorsprung von «mindestens zwei Generationen» (Manfred Schlenke) vor dem übrigen Europa erzielt. Die Stabilität nach innen war durch die Herausbildung der konstitutionellen Monarchie und des Religionsfriedens im Zeichen des Protestantismus gesichert. So konnten große Kräfte zum Vorantreiben der industriellen Revolution freigesetzt werden, die das Land zur ersten Handels- und Wirtschaftsnation der Erde aufsteigen ließ. *Laisser-faire* dominierte das Lebensgefühl, gepaart mit dem Eindruck allgemeiner Unverwundbarkeit, vor dem Hintergrund unangefochtener Weltgeltung – das war der Phänotyp, den Goethe unter den jugendlichen Engländern des gehobenen Bürgertums antraf.

Über das Empire und den Nationalstolz der Engländer machte Hegel zur gleichen Zeit in Vorlesungen zur «Vernunft in der Geschichte» unter anderem diese Bemerkung: «Frägt man einen Engländer, so wird jeder von sich und seinen Mitbürgern sagen, sie seien die, die Ostindien und das Weltmeer beherrschen, den Welthandel besitzen. Diese Taten machen das Selbstgefühl des Volkes aus.»

Ein Auftreten, «als gehöre die ganze Welt ihnen», dazu «das Bewusstsein des englischen Namens» (Goethe), das «Selbstgefühl des Engländers» (Hegel): All dies stützte sich, daran bestand bei beiden offenbar kein Zweifel, wesentlich auf den unter europäischen Mächten singulären Erfolg Englands, seine Beherrschung der Meere und des Welthandels. Nach der Niederwerfung Napoleons bestand an dieser Dominanz kein Zweifel mehr, und man nahm das Faktum, ob in Weimar, Berlin oder sonst wo auf der Welt, tunlichst zur Kenntnis.

EIN WELTREICH, DAS VON EINEM LAND MIT ZWEI PROZENT DER WELTBEVÖLKERUNG GEBAUT WURDE

Wie es dazu kam, wie aus einer Insel am nordwestlichen Rand des Kontinents, die bis zum 16. Jahrhundert nur den Ärmelkanal vor sich sah und jenseits desselben Frankreich als Teil eines dualen Reiches – wie aus diesem Spätling des Zeitalters der Entdeckungen das größte Imperium der modernen Geschichte wurde, das ist und bleibt eine der faszinierendsten Erzählungen der Neuzeit. Die Wirtschaftsdaten allein sind noch in der Nachbelichtung atemberaubend. Zwischen 1760 und 1830 zeichnete das Vereinigte Königreich für zwei Drittel des Wachstums der europäischen Industrieproduktion verantwortlich, sein Anteil an der weltweiten Herstellung von Industriewaren wuchs in dieser Zeit von 1,9 Prozent auf 19,9 Prozent. Um die Mitte des 19. Jahrhunderts produzierte Großbritannien 53 Prozent des Eisens auf der Welt und 50 Prozent der Stein- und Schieferkohle, während man nahezu die Hälfte der weltweiten Baumwollproduktion absorbierte und verarbeitete. Sein Energieverbrauch aus Kohle und Erdöl war 1860 fünfmal so groß wie selbst der der USA und sechsmal so groß wie der Frankreichs. Ein Drittel der Handelsschiffe der Erde segelte unter britischer Flagge, zwei Drittel des Welthandels mit Fertigwaren wurden über England abgewickelt. Und das bei einer Gesellschaft, die zwei Prozent der Bevölkerung auf der Erde und zehn Prozent der in Europa ausmachte. Bis Ende des

19. Jahrhunderts umfasste das Weltreich ein Viertel der Erdbevölkerung und ein Drittel der Weltlandmasse.

War das britische Militär daran beteiligt? Nur in geringem Maße. Schon Adam Smith hatte in «Der Wohlstand der Nationen» (1776) geschrieben, Militärausgaben seien eigentlich per se «unproduktiv», da sie keinen Mehrwert schafften wie eine Fabrik oder ein Bauernhof. Man solle daher die Kosten so gering wie möglich halten, gerade hoch genug, vor allem bei der Navy, um Großbritannien «vor Gewalt und Invasion durch andere Gesellschaften» zu schützen. Der Historiker Paul Kennedy hat in seinem richtungweisenden Buch «Aufstieg und Fall großer Mächte» die Personalstärke des britischen Militärs in der Zeit zwischen 1816 und 1880 mit der von Englands Nachbarn verglichen, mit erstaunlichem Resultat: In England blieb die Zahl fast unverändert gleich, einmal waren es 255 000, dann 248 000 Mann. In Frankreich stieg sie im gleichen Zeitraum von 132 000 auf 544 000, in Preußen von 130 000 auf 430 000 im Deutschen Reich. Die Größe der britischen Wirtschaft der Zeit spiegelte sich also keineswegs in ihrem Militär und dessen Ausstattung. «Ein Imperium, das sich über ein Viertel der Erdoberfläche erstreckte, setzte zur Beherrschung eine Armee ein, die kleiner war als die der Schweiz», schreibt Harry Bingham in «This Little Britain». Und die sich zur Not mit in Europa angeheuerten (oder gepressten) Soldaten aushalf, in Indien dann mit einheimischen *sepoys*. Kolonialoffiziere wussten, dass ihr Weltreich auf der Schiene von Minimalbudgets lief – in der zweiten Hälfte des 19. Jahrhunderts machte sich auf Seiten der liberalen Partei sogar die Ansicht breit, man könne ganz auf die «Organisation Empire» verzichten, da doch der Handel blühe. Was wolle man schließlich mehr? Der erste *global player*, ohne Zweifel. War es Zufall, dass schon Shakespeare für ein Theater schrieb und in diesem spielte, welches «The Globe» hieß?

Die stetige Ausweitung der Handelsvorteile im Kontext der Eroberung neuer Märkte setzte eine weltmachtpolitische Flexibilität voraus, in der Peter Wende, Autor von «Das britische Empire – Geschichte eines Weltreichs», die große Leistung dieses modernen Imperiums und die Grundlage seiner langen Dauer erkennt. In der Tat unterscheidet sich das britische Expansionsmodell von dem aller anderen europäischen Kolonialreiche vor allem darin, dass es keinen einheitlichen Zentralismus praktizierte, kein Gesamtkonzept den jeweiligen Stützpunkten oder Siedlungen überstülpte, sondern sich immer den Verhältnissen vor Ort anpasste, wie sie sich, oft ohne Billigung der Zentrale, entwickelten unter der Leitung der *men on the spot*, der Pioniere an der Front. Sir John Seeley mag übertrieben haben mit seinem berühmten Bonmot, England habe sein überseeisches Reich «in einem Anfall von Geistesabwesenheit» erworben. Wahr daran ist aber, dass sich angesichts fehlender imperialer Vorgaben die Ausdehnung des britischen Einflusses in einer dauernden Dialektik zwischen Zentrale und Peripherie abspielte, ein Tauziehen unter den Bedingungen diverser Gegebenheiten an entlegenen Enden der Welt.

Die Zäsuren der Expansion nachzuzeichnen, ist nicht schwer. Angefangen hatte es mit englischen Freibeutern, *privateers*, die mit königlicher Billigung im 16. Jahrhundert Jagd auf spanische Schiffe machten, die, reich beladen aus Madrids westindischen Besitzungen oder den Silberminen Perus kommend, die Meere durchkreuzten in Richtung Heimat. Unter diesen «sea dogs», wie man sie nannte, waren große Namen wie Francis Drake, Martin Frobisher, Humphrey Gilbert oder John Hawkins, die nach vergeblichen Versuchen, die «Nordwestpassage» zum sagenumwobenen China zu entdecken, sich auf Beutezüge spezialisierten und dabei – wie Francis Drake 1577–1580 – fast zufällig zu ihrer ersten Weltumseglung kamen.

Doch bald drängten Londoner Kaufleute, auch in den holländischen und portugiesischen Handel in Asien vordringen zu dürfen, und so begann im Dezember 1600, noch unter Elisabeth I., mit der Gründung der Ostindien-Kompanie der erste privatwirtschaftliche Ausflug Englands in ferne Zonen künftigen Besitzes. Handel, nicht Eroberung, war die Devise. Peter Wende fasst die Genese des Empire unter dem modernen Begriff der *Public/Private Partnership* zusammen, kam der Besiedlungsanstoß doch in der Regel aus Kaufmannskreisen, die sich mit einer königlichen Charter auszustatten suchten für ihre Vorstöße nach Übersee, zunächst konzentriert auf das transatlantische Neuengland. Dort entstand auch das, was man das «Erste Empire» nennt, das sich freilich anders entwickeln sollte, als die Zentrale gedacht hatte. Dass London diesen Besitz aufs Spiel setzte und verlor, erklärt sich – paradoxerweise – mit dem Fehlen gerade jener Tugend, welche die Briten ansonsten auszeichnete: Flexibilität. Die Selbstverwaltung der Kolonien, schon weitgehend konzediert, ging nicht bis zur vollen Gewährung von Rechten, wie sie im Mutterland seit der Glorreichen Revolution die Norm waren.

Edmund Burke sah die Krise kommen. Es ist falsch, warnte er, «einen ausgewachsenen Mann in einer Babywiege schaukeln zu wollen». Seine Schlussfolgerung, dass nur «die Freiheiten eines britischen Bürgers» die Klammer sichern könnten zwischen der Zentrale und Neuengland, verhallte. In der Amerika-Frage war König Georg III. gegen jeden Rat immun. Dabei wollte Burke keineswegs den englischen Rechtsanspruch auf die Kolonien aufgeben. Sein Glaube ähnelte dem des Michail Gorbatschow 200 Jahre später: Durch Beseitigung der gröbsten Missstände ließe sich die Situation vielleicht doch noch retten. Danach möge, so empfahl Burke, «a policy of wise and salutary neglect» folgen – «eine Politik kluger, heilsamer Vernachlässigung». Zu spät – der Aufruhr war nicht mehr einzufangen. Mit ihrem Schlachtruf «Keine Besteuerung ohne parlamentarische Vertretung» («no taxation without representation») lagen die Rebellen übrigens ganz auf der Linie der Worte Eduards I. aus dessen Einberufungsproklamation zum Musterparlament von 1295: «Was alle berührt, soll von allen gebilligt werden, und klar ist auch, dass gemeinsame Gefahren durch Maßnahmen beantwortet werden sollten, die von allen gemeinsam verabschiedet wurden.» Ergo: Wer kein Mitspracherecht hat, keine Stimme im Londoner Parlament, der wird sich auch keiner Steuerauflage von dort beugen. Die Kolonisten waren, wenn auch exterritorial, legitime Teilhaber der Magna Charta und der Bill of Rights von 1689. Das wurde zu Hause nicht begriffen.

Georg III., der den Verlust Neuenglands zu verantworten hatte, sah dennoch keinen Grund, untröstlich zu werden. Er strafte den Vorgang mit rührender Verachtung, wie der Fuchs, dem die Trauben zu hoch hängen. In einem Brief nach der Unterzeichnung des Pariser Vertrages (1783), der die neue Lage besiegelte, schrieb er über diese welthistorische Zäsur: «Ich kann nicht schließen ohne anzumerken, wie vernünftig ich die Abtrennung Amerikas vom Empire finde, und wie elend mir zumute wäre, wenn ich nicht fühlte, daß kein Vorwurf darüber auf mich zurückfällt, und wenn ich nicht zusätzlich wüßte, wie doch unter den Einwohnern Amerikas Schurkenhaftigkeit ihr hervorstechendstes Merkmal darstellt, ein Übel, das sie am Ende ohnehin zu Fremden in unserem Königreich hätte werden lassen.»

Die Ironie wollte es, dass der Verlust Neuenglands zur eigentlichen Blüte des Empire überleitete. Unbeschadet des Debakels blieben die ehemals französischen Territorien in Kanada und Neufundland sowie die Besitzungen Frankreichs in Indien in englischer Hand, wie bereits nach dem Siebenjährigen Krieg im Frieden von Paris 1763 festgelegt. Und der Handel mit der entstehenden amerikanischen Nation entschädigte reichlich für den Verlust der administrativen Kontrolle über Neuengland. Ganz abgesehen von der langfristig wichtigsten Konsequenz: dass sich in Amerika eine englisch geprägte, mit der *rule of law* imprägnierte Gesellschaft etablierte, die den Werten des Mutterlandes, auch wenn dieses im Ringen um Neuengland versagt hatte, neue Geltung verschaffte. Auf dem Grund der *special relationship* Großbritanniens mit den USA liegt dieses Bewusstsein eines gemeinsamen Familienerbes, das auch den beiden Kriegsverbündeten F. D. Roosevelt und Winston Churchill die Feder führte, als sie am 14. August 1941 auf dem britischen Schlachtschiff «Prince of Wales» in Placentia Bay, Neufundland, die Atlantic Charter formulierten und verkündeten.

Indien wurde das neue Juwel des «Zweiten Empire», und wie um zu unterstreichen, wie nahtlos das Ende in der Neuen Welt zu einem neuen Kapitel in Indien überleitete, wurde der Marquis von Cornwallis, der 1781 in Yorktown hatte kapitulieren müssen, nur fünf Jahre später zum Generalgouverneur auf dem Subkontinent ernannt, mit dem Auftrag, Reformen, vor allem eine effiziente staatliche Verwaltung, durchzusetzen. Gleichzeitig gewährte das Parlament der Ostindien-Kompanie die Erneuerung ihrer Charter, jedoch mit der ausdrücklichen Mahnung, dass nur friedlicher Handel Gewinne garantiere, Kriege hingegen vor allem Kosten verursachten. Die indischen Aufstände in der Mitte des 19. Jahrhunderts überstiegen freilich die militärischen Kräfte des 1600 als Handelsgesellschaft gegründeten Unternehmens bei Weitem, sodass seine Rechte 1858 endgültig an die Krone übergingen. Auch dies ist ein Beispiel dafür, wie aus bestimmten Situationen heraus jeweils neue politische Verantwortungen auf London zukamen, ohne dass irgendein Generalplan diese Entwicklung geleitet hätte.

Der Erwerb des Weltmachtstatus wäre nicht verständlich, würde man dabei nicht ein zentrales Phänomen mit berücksichtigen: die Bereitschaft der Briten seit den Anfängen der Kolonisierung in Virginia und Massachusetts, in die neuen Territorien auszuwandern und dort ihr Glück zu suchen. Darin unterschied sich das englische Kolonialreich fundamental von allen europäischen Konkurrenten, etwa dem spanischen oder französischen. Während bei Letzteren die Personalpräsenz des Mutterlandes in Übersee sich weitgehend mit den Beamten der Kolonialverwaltung erschöpfte, drängte es eine immer weiter wachsende Zahl der britischen Bevölkerung, den sich weitenden Horizonten zu folgen. Unternehmerlust, Abenteuerdrang und die Aussicht auf wirtschaftliche und soziale Verbesserung, wie sie so schnell in England nicht zu haben gewesen wäre, lenkten die Schritte über die eigenen Grenzen hinaus.

Die Zahlen dieser erstaunlichen Migration verblüffen. Bis Ende der 1820er-Jahre haben wir es mit 250 000 Auswanderern zu tun, ein

Jahrzehnt später sind es bereits eine halbe Million, die bis 1883, dem Jahr der Veröffentlichung von John Seeleys «The Expansion of England», auf zehn Millionen angestiegen sind. 1930 leben 15 Millionen Briten in ihrem kolonialen Übersee, weit weg von der Heimat und doch auch wieder nicht, da die starke Besiedlung mit eigener Bevölkerung ein unverwechselbar englisches Ambiente schuf, in dem es einem vorkommen konnte «wie zu Hause». Die Briten haben, so schrieb Seeley, nicht nur «die halbe Welt erobert, sondern sie auch bevölkert». Damit bezog sich der Historiker – und bezogen sich unsere obigen Zahlen – vor allem auf die von Weißen besiedelten Dominien wie Kanada, Australien, Neuseeland und Südafrika.

INDIEN ...

Indien war ein anderer Fall. Der Subkontinent der vielen Rassen und Sprachen musste jede Aussicht auf «ein zweites England» ausschließen. Ohnehin gab es in den Zeiten der Ostindien-Kompanie wenig Versuche, aus Indien mehr zu machen als eine Domäne neuen britischen Reichtums. Gegen diese Politik zog Edmund Burke mächtig zu Felde. Die Kompanie habe in Indien mit tyrannischer Willkür gehandelt und «die Menschenrechte verletzt», wetterte er im Unterhaus: «Kein Austausch mit der heimischen Bevölkerung, kein anderes Interesse an dem Land als das eigene Vermögen zu mehren.» Nachdem es Burke gelungen war, dem ersten Generalgouverneur Indiens, Warren Hastings, in einem Verfahren persönliche Bereicherung anzulasten und ihn damit zu Fall zu bringen, gewann England ein neues Leitmotiv für sein Auftreten in Indien: Es hieß «benevolenter», wohltätiger Imperialismus, auch «Treuhänderschaft», was größere Achtung für Tradition und Zivilisation der Inder mit einschloss.

Doch wie sich der Kooperation der Beherrschten vergewissern? Erst musste London bei sich selbst eine neue Beamtenelite heranziehen, die sich dann mit Kräften vor Ort verschränkte und diese in den nötigen administrativen Aufgaben unterwies. Im Jahr 1835 schrieb der Historiker Thomas Macaulay, der einige Zeit lang im Beraterstab des Generalgouverneurs in Indien die Lage studieren konnte, in seinem Abschlussbericht, worauf es ankomme: «Wir sollten unsere Ressourcen darauf verwenden, das zu unterrichten, was sich am meisten lohnt zu wissen; dass sich Englisch als Sprache mehr lohnt als Sanskrit oder Arabisch und dass die Eingeborenen lieber Englisch als Sanskrit oder Arabisch lernen möchten. [...] Bei unseren beschränkten Mitteln das ganze Volk erziehen zu wollen, ist freilich unmöglich. Wir sollten daher im Augenblick alles daransetzen, eine indische Klasse zu formen, die den Dolmetscher spielen könnte zwischen uns und den Millionen, die unter unserer Verwaltung stehen – eine Klasse von Personen, die indisch ihrem Blut nach sind, aber englisch in Geschmack, Ansichten, Moral und Intellekt.»

Also doch ein England auch in Indien, die Einpflanzung englischer Kultur, des englischen *way of thinking* auch unter Hunderten von Millionen auf dem Subkontinent. Als später die Freihandelsbewegung argumentierte, man solle das Empire in einen Welthandelsverbund überführen, gelang es Disraeli, über Indien und die Parole vom «Erhalt des Kolonialreichs» die Briten neu für dasselbe zu gewinnen und vor allem in der Arbeiterklasse einen Empire-gebundenen Patriotismus zu wecken. Viel trug dazu 1876 die Erhebung Königin Viktorias zur «Kaiserin von Indien» bei: Der britische «Raj» (gesprochen «radsch» – ein Hinduwort für «Herrscher») wurde als Oberbegriff für die britische Hoheit auf dem Subkontinent neu im Bewusstsein der Briten verankert. Ein Parvenü der Macht dagegen wie Wilhelm II. verspottete seine Großmutter gerne als «Kaiserin von Hindustan».

Der indische Besitz litt an krassen Disproportionen, vor allem im Personalbereich. Auf dem Höhepunkt ihres Kaiserreichs verwalteten knapp 300 000 Briten im zivilen und militärischen Bereich eine Bevölkerung von über 400 Millionen Menschen. Das war nur mit dem Rezept, das Macaulay empfohlen hatte, möglich: Heranbildung einer indigenen Beamtenelite sowie eines schlagkräftigen Kontingents

Königin Viktoria (1837–1901), seit 1876 auch Kaiserin von Indien, in einer Aufnahme aus dem Jahr ihres goldenen Thronjubiläums, 1887

von *sepoys*, indischen Soldaten, mit denen die britischen militärischen Kapazitäten wesentlich ergänzt wurden. Die indischen Streitkräfte in englischen Diensten sollten sich bald als Feuerwehr auf vielen kolonialen Schauplätzen in Asien und Afrika einen Namen machen; noch in beiden Weltkriegen zeichneten sie sich durch besonderen Einsatz an der Seite der westlichen Alliierten aus.

Dafür rumorte es in der indischen intellektuellen Elite, die auf englischen Privatschulen und Universitäten ausgebildet war, hörbar. In seinem Essay «The Voyage of English» (2007) erinnert Alan Watson an Mahatma Gandhi, der in London Jura studiert hatte und danach in Indien als Rechtsanwalt tätig war und der 1908 klagte: «Ist es nicht schmerzhaft, dass ich, wenn ich ein Gericht betreten will, meine Muttersprache nicht benutzen darf? Ist das nicht absurd, ein Zeichen von Versklavung?» Seine Bewegung des «passiven Widerstands», der sich auch Jawaharlal Nehru anschloss, später erster Premierminister Indiens, beschleunigte das Ende des britischen «Raj», bis sich 1947 der Subkontinent in ein vornehmlich von Hindus und Sikhs bevölkertes Indien und das muslimische Pakistan teilte.

Die Prägung durch englisches Recht, englische Gewohnheiten, englische Sprache blieb dagegen, bis heute. Und die Prägung im Sport: Kricket ist *der* Nationalsport der Inder, mehr noch als in dem Land, das es erfunden hat. Wie stark bei aller Verbitterung aus den Jahren des Befreiungskampfes die englische Erziehung nachwirkt, bekannte Nehru einmal ungeschminkt und nicht ohne einen gewissen Stolz (er hatte wie Churchill das Eliteinternat Harrow besucht, später in Cambridge Biologie und in London Jura studiert): «In meinen Vorlieben und Abneigungen war ich vielleicht mehr Engländer als Inder. Ich kehrte nach Indien zurück mit einem Vorurteil zugunsten Englands und der Engländer, das größer nicht sein konnte.»

... UND DAS COMMONWEALTH

Heute hat das Imperium von einst sich längst in das «Commonwealth of Nations» verwandelt, das sich 1931 mit dem «Statute of Westminster» offiziell konstituierte. Der Begriff Commonwealth selbst ist viel älter – wir kennen ihn aus der Zeit des Lord Protectors Oliver Cromwell. Man bezeichnet daher Cromwells Herrschaft gelegentlich auch als das «Old Commonwealth». Vier amerikanische Bundesstaaten nennen sich ebenfalls «Commonwealth»: Massachusetts, Virginia, Pennsylvania und Kentucky. In der Gründungsurkunde des «Commonwealth of Massachusetts» (1780) zum Beispiel findet sich bereits jener Satz, der auch die Idee des britischen Commonwealth inspirieren sollte: «Diese politische Assoziation beruht auf dem freiwilligen Zusammenschluss von Individuen; sie wird von bestimmten Gesetzen zum Wohle aller regiert.» Der Satz kehrte 1971 als «freely associated members of the British Commonwealth» wieder, im Kommuniqué der Mitgliedsstaaten, die auf ihrer Konferenz in Singapur als gemeinsame Ziele «Menschenrechte, Demokratie, freien Handel und Weltfrieden» festlegten.

Dieser freiwillige Zusammenschluss ehemaliger britischer Kolonien zum «Commonwealth of Nations» umfasste noch 1955 nur acht Staaten, neun Jahre später bereits 20, heute 53. Es kann seine deklarierten Ziele nicht erzwingen, jedoch durch die Möglichkeit temporären Ausschlusses eines Mitglieds Druck ausüben in Richtung demokratischer Reformen. Pakistan, das nach der Unabhängigkeit seines Ostteils, Bangladesch, zwischen 1972 und 1989 demonstrativ dem Commonwealth fernblieb, verlor seinen Mitgliedsstatus danach zum ersten Mal 1999, als Präsident Pervez Musharraf sich an die Macht putschte. 2004 wurde das Land wieder aufgenommen, dann 2007 erneut herauskomplimentiert, im Mai 2008 wieder als Mitglied zugelassen. Eine Drehtür. Kulturhistorisches Band sind die demokratischen Werte, die englische Sprache und, *last but not least*, die Treue zur Queen, die zwar nur in sechzehn Commonwealth-Staaten auch Staatsoberhaupt ist, aber von allen als symbolisches Oberhaupt der «Commonwealth family of nations» anerkannt wird; 1,9 Milliarden Menschen gehören heute zum Klub. Darunter seit 1995 erstmals ein Land, das nie Teil des Empire war: Mosambik. Alle deutschen Royalisten können also hoffen ...

Über die Geschichte des Empire erfährt heute ein deutscher Oberschüler im Unterricht im Übrigen mehr als sein britisches Pendant. Multikulturalität hat die Briten vorsichtig werden lassen, und so machen sie in der Schule um ihr einstiges Weltreich meist einen großen Bogen. Unsicher, wie das Thema bei den vielen Schülern, deren Herkunft auf ehemalige Kolonien zurückgeht, ankäme, kapitulieren sie in der vorweggenommenen Annahme, die Reaktion würde negativ ausfallen. So bleiben dieses britische Kapitel und seine welthistorische Bedeutung, mit allen Schattenseiten, die es in Indien und Afrika auch gab, unterbelichtet. In Indien: Es grenzte an Ausbeutung, dass Großbritannien zur Förderung der eigenen Textilproduktion die indische darniederhielt und praktisch ausschaltete. In Afrika: Der Großvater väterlicherseits des amerikanischen Präsidenten Barack Obama wurde während des Mau-Mau-Aufstands in Kenia in den 50er-Jahren des 20. Jahrhunderts von den englischen Overlords übel zugerichtet, ja gefoltert. Wie in einem letzten Aufbäumen gegen sein Ende legte das Empire in Afrika rassistische, menschenverachtende Züge an den Tag. Die US-Historikerin Caroline Elkins hat in ihrer mit dem Pulitzer-Preis geehrten Studie «Britain's Gulag. The Brutal End of Empire in Kenia» (2005) dieses Kapitel eingängig beschrieben.

Aber das Ende lässt kein verlässliches Urteil zu über die Gesamtbilanz der Epoche britischer Weltmacht, die schließlich über 250 Jahre lang währte. Ein Kronzeuge wie Nelson Mandela, geboren 1918, der Befreier Südafrikas aus dem Verlies der Apartheid, schilderte einmal vor einem Londoner Publikum seine Jugendjahre in Natal so: «Sie dürfen nicht vergessen, ich wurde in einer britischen Schule erzogen, und zu der Zeit war Großbritannien das Beste, was es überhaupt auf der Welt gab. Ich habe nie den Einfluss abgeschüttelt, den Britannien und die britische Geschichte auf unsere Kultur ausübten. Wir erblickten im Vereinigten Königreich das Zentrum der Welt, und es zu besuchen war ein richtiger Kitzel für mich, denn ich besuchte das Land, auf das ich stolz war. Sie müssen auch daran denken, dass Großbritannien die Heimat der parlamentarischen Demokratie ist, und als Menschen, die wir gegen jede Form der Tyrannei kämpfen, sahen und sehen wir in Ihrem Land auch den größten Unterstützer unseres Kampfes gegen die Apartheid.»

SKLAVENHANDEL: EIN DUNKLER FLECK WIRD BESEITIGT – UND AFRIKA ALS OBJEKT DER KOLONIALPOLITIK ENTDECKT

In einem Punkt müssen wir uns korrigieren. Ein spezifischer Aspekt der Geschichte des Empire ist durchaus populär in der britischen Debatte: der Sklavenhandel und was dieses schmachvolle Geschäft für die Bereicherung des Mutterlandes bedeutet hat. Das gibt vorzüglichen Anlass zur Vergangenheitsbewältigung auf britische Art, und die gleichen Gruppen, die das Empire am liebsten aus der Geschichte verschwinden ließen, holen es beim Thema Sklavenhandel hervor als gute Gelegenheit, Abbitte zu verlangen. In der Tat hat Großbritannien allen Grund, sich in dieser Frage schuldig zu bekennen. Nur darf man nicht vergessen, wie verstrickt alle Kolonialmächte in die Ökonomie des Sklavenhandels waren und welche Hilfe ihnen dabei zuteil wurde aus dem Inneren Afrikas selbst. Doch eine Erklärung ist keine Entlastung. Nie befreit der Vergleich mit anderen von eigener Schuld.

Den Anfang unter den europäischen Mächten machte Portugal, das im 15. Jahrhundert daranging, die Westküste Afrikas zu erschließen, und bis etwa 1600 an der Goldküste nahe dem heutigen Ghana ein Sklavenhandelsmonopol errichtet hatte. Danach übernahm auf rund 50 Jahre Holland die Führung, bis die Briten gegen Mitte des 17. Jahrhunderts nach bescheidenen ersten Erfahrungen groß einstiegen und ihre ökonomische Macht auf den Ergebnissen unentlohnter Sklavenarbeit in den Plantagen der Neuen Welt aufzubauen begannen. Dort fehlte es an Arbeitskräften, da die Eingeborenen nicht nur den Waffen, sondern mehr noch den Krankheiten der europäischen Eroberer massenhaft erlegen waren. Es ging also darum, für Amerika und Westindien Arbeitssklaven zu finden, die auch unter tropischen Bedingungen Schwerstbelastungen ertrugen und gegen die Krankheiten dieser Regionen resistent waren. Das Klima bedingte die Suche nach neuen Quellen der Arbeitskraft: Afrika wurde der ideale Kandidat.

«Triangular trade» lautete der magische Name, Handel im Dreiecksverfahren. Die britischen Schiffe verließen die führenden Häfen Bristol, Liverpool und London in Richtung Westafrika, tauschten Wohlfeiles wie Glas, Wolle, Messing, Tücher, Feuerwaffen, Alkohol gegen eine Ladung Schwarzer, die man für gutes Geld über den Atlantik an ihre Zielorte brachte, von wo die Schiffe, mit Baumwolle, Zucker und Rum beladen, alles nahezu kostenfrei erwirtschaftet, nach England zurückkehrten, mit traumhaften Gewinnspannen für Eigner und Shareholder. Man geht innerhalb der Gesamtzahl von zwölf Millionen Verschleppten von dreieinhalb Millionen aus, die allein auf britischen Schiffen in den Arbeitshöllen des Westens angeliefert wurden – falls sie die *middle passage*, die Fahrt über den Atlantik, in unmenschliche Enge gepfercht, überhaupt überstanden; etwa 15 Prozent der Verladenen schafften es nicht. Es gab Fälle, wo Schiffsführer Dutzende von erkrankten Schwarzen einfach über Bord werfen ließen, um später Schadensersatz für diesen «Verlust von Eigentum» vom Versicherer zu kassieren. Freilich war ein (über)-lebender Sklave immer noch am wertvollsten.

Diesem Handel verdankte England im 18. Jahrhundert seinen Aufstieg zur wirtschaftlichen Großmacht, auch das Erblühen seiner Städte, seiner herrschaftlichen Landhäuser, vieler Banken, auch der Bank von England oder einer Versicherungsagentur wie Lloyds. Besonders das Königshaus mischte als Aktionär bei einschlägigen Unternehmen kräftig mit, und selbst die Church of England war sich nicht zu schade, von Sklaven bewirtschaftete Plantagen auf Jamaika und den nahe gelegenen Inseln zu unterhalten.

1807 verbot London endlich den Handel mit Sklaven, die Abschaffung der Sklaverei in den Kolonien selbst erfolgte 1833, immerhin 30 Jahre vor Abraham Lincolns Emanzipationsproklamation und den über 600 000 Toten, welche der nicht zuletzt um die Sklavenfrage geführte Amerikanische Bürgerkrieg fordern sollte. Brasilien verbot die Sklaverei offiziell erst 1888.

In das schmachvolle Geschäft waren viele Kulturen verstrickt, nicht zuletzt schwarze Königreiche an Afrikas Westküste, die selbst Sklaven, schwächeren Nachbarstämmen abgejagt, hielten oder sie in Zahlung gaben für importierte Waren. Denn bei der eigentlichen Jagd nach Menschenware mussten sich die Europäer nicht die Hände schmutzig machen – sie hätten sie im Klima der Tropen ohnehin kaum überlebt. Sklaven wurden von alters her auch über eine Handelsroute von der südlichen Sahara zum islamischen Nordrand des Kontinents verkauft, wo Sklavenhaltung sich ausdrücklicher Billigung erfreute, solange sie nicht Angehörige des eigenen

Glaubens betraf. Die Verachtung des Arabers für den Schwarzafrikaner hat eine lange Tradition.

Aber es ist die britische Mentalitätsgeschichte, die uns hier am meisten interessiert. Der Freiheitsraub an den Schwarzen, die man ohnehin unterhalb des Homo sapiens ansiedelte, bedauernswerte, aber austauschbare Wesen, machte den meisten Zeitgenossen zunächst nicht sonderlich zu schaffen. Man sah keinen Widerspruch zwischen der Sklavenpraxis und James Thomsons Hit von 1730 «Rule, Britannia! Britannia, rule the waves» mit seinem schmissigen, noch heute beliebten Refrain «Britons never, never, never shall be slaves» – «Briten werden nie und nimmer Sklaven sein». Diese Schizophrenie zu bekämpfen, setzte sich eine Vereinigung im Süden Londons zum Ziel, die «Clapham-Sekte», in der sich den Evangelikalen nahestehende paternalistische Sozialreformer zusammenfanden und den rhetorisch begabten Tory-Abgeordneten William Wilberforce zur Speerspitze ihrer Kampagne erkoren. Die erste *pressure group* der Geschichte trat auf den Plan, man sammelte Sympathisanten, ließ das Parlament mit Hunderten von Petitionen bestürmen, die erste 1787, bis die Lobby der Plantagenbesitzer sich unter der Wucht des aufgewiegelten Zeitgeistes geschlagen geben musste. Die Kampagne um das Ende des Sklavenhandels sollte für die Sozialreformen des 19. Jahrhunderts so musterbildend werden wie 1679 der Streit um den Ausschluss des katholischen Jakob Stuart von der königlichen Erbfolge für die Bildung der britischen Parteien.

Dabei darf man der Sympathieaufwallung für die Schwarzen, wie Wilberforce und seine Mitstreiter sie zu erzeugen verstanden, keine modernen Menschenrechtsideen zugrunde legen. Es ging den Kritikern der Sklaverei weniger um die Achtung von Rechten der Betroffenen als um die christliche Botschaft von der Brüderlichkeit unter den Menschen, die kaum glaubhaft sein konnte, solange ein Teil der Menschheit wie eine Ware behandelt wurde. Erschüttert hatte die Öffentlichkeit 1789 den Lebensbericht des ehemaligen Sklaven Olaudah Equiano zur Kenntnis genommen, einem aus Nigeria stammenden naturalisierten Briten, der die entwürdigenden Umstände von Sklavenhandel und Sklavenhaltung aus eigener Erfahrung schildern konnte.

Gaben Moral und Gewissen also den letzten Ausschlag für das Ende von Sklavenhandel und Sklavenhaltung? Das würde ökonomische und juristische Aspekte außer Acht lassen. Tatsächlich änderte sich zum Ende des 18. Jahrhunderts die globale Wetterlage auf vielfältige Weise. Unvergessen ist die Rebellion der Sklaven im französischen St. Domingue, dem heutigen Haiti, im August 1791, unter Toussaint L'Ouverture – eine erfolgreiche Rebellion, die schon 1804 zur Unabhängigkeit Haitis führte. War das Leben auf den Plantagen, wo auf einen weißen Besitzer zehn Sklaven kamen, auf Dauer also nicht äußerst gefährdet? So viel Risiko für Rum und Zucker? Auch in England lag ein Paradigmenwechsel in der Luft. Das Industriezeitalter klopfte an die Tür, mit den Webereien Lancashires und der Midlands expandierte die heimische Wirtschaft, und der Profit, billige Arbeitskräfte, auch Kinderarbeit, waren im Mutterland zu haben, auch neue Verbraucherschichten wuchsen heran. Das Ende der Abhängigkeit vom *triangular trade* war abzusehen.

Hatte Lord Mansfield im Übrigen nicht schon 1772 in einem aufsehenerregenden Prozess um einen seinem Besitzer in England entflohenen Schwarzen befunden, dass das englische Common Law keine Haltung von Sklaven vorsehe? Allein dieser Rechtsentscheid hatte über Nacht annähernd 15 000 in England lebende Farbige freigesetzt, von denen später viele überredet werden konnten, sich in dem vom Sklavenhandel befreiten Sierra Leone anzusiedeln, das denn auch prompt 1808 die erste britische Kolonie auf dem Schwarzen Kontinent wurde.

Eine neue Perspektive schien auf, die den Sklavenhandel erübrigen würde. Denn auf Afrika als einen neuen Markt konzentrierte sich sehr rasch das in Opportunitäten denkende Empire. Unter allen Rohstoffen war es besonders Palmenöl, das man dringend als neues Schmier- und Gleitmittel für den rapide wachsenden Maschinensektor benötigte. Die Seemacht sah weiter und erkannte früher als andere, dass es bald nicht mehr um Afrikas Sklaven, sondern um Afrikas Rohstoffe gehen würde. Wie aber vom unehrenhaften Menschenhandel zu ehrenhafter Wirtschaft kommen? Großbritannien antwortete machtpolitisch, indem es nach 1807 mit einer ständigen Marine-Präsenz, dem «West Africa Squadron», die Rolle eines selbsternannten Polizisten übernahm, Sklavenschiffe anderer Nationen enterte und leerte und sich so mit den honorigsten Motiven ganz allmählich in eine *pole position* im Wettlauf um Afrika vorschob. Auf dem Wiener Kongress 1814/15 gelang es London, eine Absichtserklärung aller Teilnehmerstaaten zur Ächtung des Sklavenhandels durchzusetzen. Der Weg war gefunden, aus einem noblen Ziel, einmal erreicht, das Instrument zu schmieden für die Expansion des britischen Empire ins Herz von Afrika.

ENGLANDS *BALANCE OF POWER*-POLITIK

Zur Geschichte des Empire gehörte eine Außenpolitik, die bald als Politik des Mächtegleichgewichts, als *balance of power*, von sich reden machte. Die beste Definition dieses Begriffs gibt uns Winston Churchill in einer Rede vor Unterhausabgeordneten seiner Partei, den Tories, im März 1938:

«Über 400 Jahre lang ist es die Außenpolitik Englands gewesen, der stärksten, aggressivsten, der dominierenden Macht auf dem Kontinent entgegenzutreten. Ob Philipp II. von Spanien, Ludwig XIV., Napoleon oder Wilhelm II. von Deutschland – es wäre leicht gewesen, sich dem Stärksten anzuschließen und die Früchte seiner Eroberungen mit ihm zu teilen. Doch sind wir den schwierigeren Weg gegangen, verbanden uns mit den jeweils schwächeren Mächten, führten sie zusammen und besiegten und frustrierten den militärischen Tyrannen auf dem Kontinent, wer immer er war, welche Nation auch immer er anführte.»

Fragt man heute englische Politiker nach der Politik des Mächtegleichgewichts, so antworten sie einhellig, das Kapitel sei abgeschlossen und spiele im Denken der Insel keine Rolle mehr. So Tony Blair 2003 in einer Rede in Warschau: «Souveränität heißt für uns heute nicht mehr, wechselnde Bündnisse einzugehen, sondern eine große Macht darzustellen in einer dauerhaften Europäischen Union.» Das Credo ist ehrlich gemeint. Doch England, das immer aus dem sicheren Abstand seiner Meeresexistenz die Geschicke Europas und der Welt beurteilte, tut sich schwer damit, seine Gewohnheit einer abwartenden Haltung abzulegen und sich rundum überzeugt in den Geschäften des Kontinents zu engagieren. Gute Absicht und der historische Reflex sind zwei verschiedene Dinge. George Orwell argumentierte sogar, die *balance of power*-Politik habe die englische Liebe für den Underdog hervorgebracht: Auf den Schwächeren kommt es an, ihn gilt es zu unterstützen.

Mit dem Konzept einer *balance of power* blieb England nicht allein. Auch die europäische Allianz, die sich im Spanischen Erbfolgekrieg 1701–1714 gegen Ludwig XIV. verbündete, war sich einig, dass unter den großen Reichen Europas Gleichgewicht bestehen müsse, zur Vermeidung der Hegemonie eines Einzelnen. Das Wort von dem «juste équilibre des Puissances» fand denn auch im Frieden von Utrecht 1714 Eingang in die entsprechenden Dokumente. Ein großer Gewinn für die britische Diplomatie. Sie sah mit dieser Übereinkunft ihr stabilitätsorientiertes Prinzip im europäischen Hinterhof installiert, was ihr als der Balanciererin eine Schiedsrichterrolle zuspielte und ihr gleichzeitig erlaubte, sich verstärkt auf die Expansion in Übersee zu konzentrieren.

Ludwig Dehio schreibt in seinem klassischen Buch «Gleichgewicht oder Hegemonie» (1947), England sei «der beredte Beschützer des Gleichgewichts auf dem Festlande gewesen – zugleich aber im Stillen Verfechter des eigenen Übergewichts in der Welt». In der Tat bestand außerhalb Europas kein Gleichgewicht, sondern britische Vormacht auf den Ozeanen. «Im Stillen» war England in den 200 Jahren zwischen 1714 und 1914 über lange Zeiträume hinweg verdeckte Vormacht auch in Europa.

Was aber hatte Großbritannien an militärischen Kräften etwaigen Verbündeten auf dem Kontinent beim Widerstand gegen einen vermeintlichen Hegemon anzubieten? Nicht viel. Die historische Vernachlässigung der eigenen Landstreitkräfte zugunsten der Navy konnte für eine aktive Politik der *balance of power* problematisch werden. Großbritannien löste die Frage, indem es sich bei europäischen Kampagnen, schon im Kampf gegen Ludwig XIV., auf eine Festlandsarmee stützte, die zu großen Teilen aus fremden, namentlich deutschen Kontingenten bestand. Auch mit Geldzuwendungen an die Verbündeten konnte man den mangelnden eigenen Personalbeitrag wettmachen; an Geld fehlte es der immer wohlhabender werdenden Kolonialmacht nicht. Das Modell funktionierte erneut im Bündnis mit Friedrich dem Großen im Siebenjährigen Krieg. Preußen trug die Hauptlast bei der Absicherung des mit England in Personalunion verbundenen Hannover gegen einen möglichen französischen Übergriff. London zahlte. So konnte es sich dem Gegner Frankreich vor allem im Kampf um Kolonialbesitz in Kanada und Indien stellen und ihn dort ausschalten. Damals kam das Wort vom «Festlandsdegen» in Umlauf – der Macht, die auf dem europäischen Kontinent jeweils in britischem Interesse handelte.

Ein Balancierer muss sehr genau den Unterschied zwischen potenziellen und akuten Problemlagen beachten, um sich nicht eher festzulegen, als bis es absolut unausweichlich wird. So bestand Außenminister Castlereagh auf dem Aachener Kongress von 1818 darauf, England aus der Heiligen Allianz zwischen Russland, Österreich und Preußen, der sich später viele Staaten anschlossen, herauszuhalten, trotz Drängens des russischen Zaren Alexander I. Vordringlicher als solch ein Club war es für London nach den Napoleonischen Kriegen, Frankreich wieder in die europäische Pentarchie aufsteigen zu lassen, das Konzert der fünf großen Mächte Russland, Österreich, Preußen, Frankreich und Großbritannien. Stabilitätspolitik. Frankreich trat der Heiligen Allianz 1818 bei. Den Briten aber war der Gründungstext zu vage mit seinem Bekenntnis zu abstrakten Grundsätzen wie «Gerechtigkeit, Liebe und Frieden» sowie den «Wohltaten, welche die göttliche Vorsehung über die Staaten ausgegossen hat». Überhaupt sah die Restauration in Europa zu sehr nach Wiederherstellung des Gottesgnadentums aus, eine Idee, von der sich die Briten 1689 endgültig verabschiedet hatten.

Abstand muss man wahren, nicht gleich beitreten, sondern erst beobachten, was spielt. Darüber verfasste Castlereagh ein vertrauliches Papier: «Wenn die territoriale Balance in Europa in Unordnung gerät, kann sich die britische Regierung wirkungsvoll einmischen. Aber sie ist die letzte in Europa, von der man erwarten könnte oder die es selber unternehmen würde, sich festzulegen auf irgendeine Frage abstrakter Natur. [...] Man wird uns an unserem Platz finden, wenn akute Gefahr das System in Europa bedroht; aber dieses Land kann nicht und wird nicht handeln auf der Grundlage von abstrakten und spekulativen Prinzipien von Vorsichtsmaßnahmen.» Ein Echo dieser Einstellung findet sich in George Orwells Schrift von 1941 «England Your England». Orwell schreibt: «Die Engländer sind nicht intellektuell, sie haben einen Horror vor abstrakten Gedanken, sie empfinden keine Notwendigkeit für irgendeine philosophische oder systematische ‹Welt-Sicht›.» Die *balance of power* war kein akademischer Lehrsatz, sondern eine Anleitung zu pragmatischer Opportunität.

Englands Nicht-Intervention war sogar eine wesentliche Voraussetzung für die europäische Mächtekonstellation, in der die deutsche Reichsgründung möglich wurde. Dabei war Londons Zurückhaltung nicht etwa Ausdruck englischer Schwäche, sondern Folge von Englands weltpolitischem Machtanstieg. Im Sommer 1866 stellte Benjamin Disraeli in einer Unterhausrede fest: «England ist nicht länger bloß europäische Macht, es ist vielmehr die Metropole eines großen maritimen Reiches, das sich bis zu den Grenzen der entferntesten Ozeane erstreckt.» Gegenüber Europa konnte sich die Insel mithin leisten, die Haltung einer *splendid isolation* einzunehmen.

Auch das Rumoren im deutschen Vormärz beobachtete London aus der Distanz eingeübter Reserviertheit. Typisch dafür die Reaktion von Außenminister Lord Palmerston auf das liberale Memorandum des Fürsten Carl von Leiningen, das dieser 1847 ihm und dem preußischen Monarchen über Prinz Albert hatte zugehen lassen und in dem die Umrisse einer künftigen deutschen Einigung unter einer Verfassungsordnung nach englischem Vorbild skizziert waren. Palmerston an Albert: «Wir müssen abwarten und dürfen uns nicht festlegen.» Noch im April 1848, die Aufstände in den deutschen Bundesstaaten loderten bereits, urteilte Sir Robert Peel, bis 1846 britischer Premierminister, im Gespräch mit dem preußischen Gesandten in London, Christan Karl von Bunsen: «Ihr Deutschen [...] sprecht auf der Ebene emotionaler Regung über die Zukunft. Wir hören in einer skeptischen Stimmung zu. Beschleunigt die Dinge, etabliert ein gefestigtes, starkes Deutschland, und dann tretet an uns heran; ihr werdet uns auf halbem Wege wartend finden.»

DAS «PERFIDE ALBION» UND DER DEUTSCH-BRITISCHE GEGENSATZ

«Auf halbem Wege wartend»: Kein Wunder, dass Englands Balancepolitik vielfach als kasuistisch, als nur dem Opportunitätsprinzip folgend dargestellt wurde, was ihm bald den pejorativen Namen «perfides Albion» eintrug, das verräterische, doppelzüngige Albion. Der alte, eher poetische Terminus für die Insel, Albion, erlebte so im politischen Kontext, verbunden mit dem passenden Adjektiv, seine negative Umdeutung. Etliche Länder hatten Grund, sich über englische Hinterlist zu beschweren. Österreich zum Beispiel. Am Ende des Spanischen Erbfolgekrieges (1701–1714) ließ London diesen seinen Verbündeten einfach fallen und schlug sich auf die französische Seite, auf die von Philipp von Anjou und dessen Anspruch auf die spanische Krone. Denn Österreichs Erzherzog Karl, den man ursprünglich als Thronerben in Spanien unterstützt hatte, war durch den plötzlichen Tod seines Bruders Joseph I. Kaiser in Wien geworden, und damit eröffnete sich die Möglichkeit einer spanisch-österreichischen Habsburger Großmacht: Dafür hatte England den Krieg nicht geführt. Also wurde jetzt mit Frankreich verhandelt, ohne den Bündnispartner Wien auch nur davon zu unterrichten.

Perfides Albion. Das dachte man auch in Preußen, als London den Vertrag von Westminster (1756) nicht erneuerte, die Allianz mit Preußen im Siebenjährigen Krieg, weil diese ihren Dienst nach der Niederlage Frankreichs erfüllt hatte. Perfides Albion hieß es ebenfalls in Frankreich zur Zeit Napoleons, der in der *nation of shopkeepers* (eine Prägung von ihm) nichts als verschlagene Krämer witterte. Das Schlagwort von den englischen Krämern und dem perfiden Albion sollte schließlich im Ersten Weltkrieg zu den beliebtesten Vokabeln der deutschen England-Hasser werden. Eine frühe Propagandakarte aus dem Krieg zeigt den Grafen Zeppelin in kaiserlicher Phantasieuniform, wie er über den Kanal nach England blickend nachsinnt. Dazu der Vers: «Im Westen weilt Graf Zeppelin. / Dort schaut er ernst zum Meere hin / Und denkt: England – für Falschheit, List / Du sicher bald gerichtet bist.»

Ein Zwillingsbruder des perfiden Albion war für Kritiker der englische Heuchler, der Freiheit, Recht und Moral mühelos mit seinem Drang nach wirtschaftlicher und politischer Macht zu verbinden wusste. Das beschrieb man mit einem englischen Wort, dem «cant» («Heuchelei»). Theodor Fontane, immer mit dem Ohr am Boden der deutsch-englischen Beziehungen, lässt in seinem letzten Roman, «Der Stechlin» (1898), Pastor Lorenzen im Gespräch mit dem alten Stechlin den Grundtenor der gehobenen wilhelminischen Gesellschaft englischem *cant* gegenüber anschlagen. «Es hat für mich eine Zeit gegeben», trägt Lorenzen vor, «wo ich bedingungslos für England schwärmte. Nicht zu verwundern. Hieß es doch damals in dem ganzen Kreise, drin ich lebte: ‹Ja, wenn wir England nicht mehr lieben sollen, was sollen wir dann überhaupt noch lieben?› Diese halbe Vergötterung habe ich noch ehrlich mit durchgemacht. Aber das ist nun eine hübsche Weile her. Sie sind drüben schrecklich runterge-

König Eduard VII. (1901–1910) und sein Neffe Kaiser Wilhelm II. in voller Helmbusch-Montur im Landauer auf dem Pariser Platz in Berlin

kommen, weil der Kult von dem goldenen Kalbe beständig wächst; lauter Jobber und die vornehme Welt obenan. Und dabei so heuchlerisch; sie sagen ‹Christus› und meinen Kattun.»

Dabei war keine Epoche in der jüngeren deutschen Geschichte mehr der Jagd nach Geld und Gold ergeben als die wilhelminische. Doch das kehrte die Gesellschaft, heuchlerisch auch sie, am liebsten unter den Teppich, um desto angenehmer in der vermeintlichen Überlegenheit des deutschen Geistes baden zu können.

Das Deutsche Reich und Wilhelm II. lagen in tiefem Hader mit England über dessen Gleichgewichtspolitik. Die aufstrebende Macht rieb sich an einem Prinzip, das sie als Einengung ihrer eigenen Ambitionen verstand – in Europa Hegemon zu werden. Zunächst hatte der Kaiser in naiven Vorstellungen geschwelgt, wie sie später auch Hitler hegte: England und Deutschland sollten sich gewissermaßen den Kuchen teilen – das Meer den Briten, den Deutschen Europa. Nach der Beerdigung von Queen Viktoria, seiner Großmutter, im

Januar 1901 verriet Wilhelm seinem Onkel, König Eduard VII.: «Wir sollten eine deutsch-englische Allianz bilden, Du, um über die Meere zu wachen, während wir für das Land verantwortlich wären; mit solch einer Allianz würde keine Maus in Europa sich ohne unsere Erlaubnis zu rühren wagen.» Das war ahnungslos gesprochen gegenüber Englands eisernem Grundsatz, keine Hegemonialmacht auf dem Kontinent zu dulden, und ahnungslos auch gegenüber der eingeschränkten Aktionsfreiheit des englischen konstitutionellen Monarchen, des «King in Parliament».

Doch der Kaiser lernte schnell hinzu. In einem Brief an Reichskanzler Bernhard von Bülow aus dem gleichen Jahr klagte er, Lord Salisbury, der britische Premierminister, sei «von der Idee besessen, es gebe ein Gleichgewicht der Kräfte in Europa. Es gibt kein Gleichgewicht der Kräfte in Europa als mich, mich und meine fünfundzwanzig Korps.» Dem britischen Außenminister erklärte er: «Das Gleichgewicht der Kräfte in Europa bin ich.» Während der Juli-Krise 1914 am Vorabend des Weltkrieges nahm der Hass des Kaisers auf England «immer pathologischere Formen» an, wie sein Biograf John C. G. Röhl schreibt. In Randnotizen auf diplomatischen Dokumenten ließ der in die Ecke Gedrängte seinem Wahn freien Lauf. Wiederholt wetterte er gegen «dieses verhasste, verlogene, gewissenlose Krämervolk» mit seiner «pharisäischen Friedensheuchelei» eines Kräftegleichgewichts in Europa, das nichts anderes bedeute als «die Ausspielung aller europäischen Staaten zu Englands Gunsten gegen uns!» Und er bekräftigte: «Wenn wir uns verbluten sollen, dann soll England wenigstens Indien verlieren.» Röhl folgert, «dass die Empörung des Kaisers über Großbritanniens unzweideutiges Festhalten an einem Gleichgewicht der Kräfte in Europa die Welt dem Krieg einen merklichen Schritt näher brachte».

Vielleicht ist dies die Stelle, an der man etwas genauer auf die Geschichte der deutsch-britischen Beziehungen eingehen sollte, deren moderne Entwicklung uns noch im weiteren Verlauf dieses Buches begegnen wird. Deutsche und Briten mögen sich in zwei

Weltkriegen bis zur Erschöpfung bekämpft haben, und diese Erinnerung mag unsere Sicht voneinander gelegentlich trüben, mehr freilich auf britischer als auf deutscher Seite. Aber die deutsch-britische Rivalität ist ein historischer Spätling, ein Nachzügler wie die verspätete Nation der Deutschen selbst. Sie entwickelte sich erst als Folge der Bismarckschen Reichsgründung und wuchs binnen dreißig Jahren zu einem den Frieden bedrohenden Konflikt heran.

Doch einem geopolitisch zwanghaften Dualismus entsprang diese Rivalität nicht. Im Gegenteil. Deutsche und Engländer sprachen oft von sich als den germanischen Vettern und wurden darin namentlich von dem großen französischen Verfassungsphilosophen Montesquieu bestätigt. Der hatte in seinem grundlegenden Werk vom «Geist der Gesetze» (1748), dem ein mehrjähriges Studium der englischen Verhältnisse an Ort und Stelle vorausgegangen war, die These aufgestellt, die Engländer hätten ihre Freiheit von den Germanen geerbt, sie sei eigentlich «in den germanischen Wäldern erfunden» worden. Man könne, so schrieb Montesquieu, in der «Germania» des römischen Historikers Tacitus nachlesen, wie bei den Germanen der Schutz des individuellen Eigentums absoluten Vorrang besessen habe. Und beruhe nicht darauf, auf *property* und *liberty*, auf Landbesitz und Freiheit, das Geheimnis der ungeschriebenen englischen Verfassung?

Zweimal, im Siebenjährigen Krieg (1756–1763) und bei Waterloo, 1815, standen Engländer und Preußen sogar Seite an Seite gegen Frankreich. Auf der britischen Insel griff während der kurzen Allianz mit Preußen im 18. Jahrhundert geradezu Begeisterung für Friedrich den Großen um sich. Großbritannien, in Personalunion mit Hannover verbunden, hatte nach Ausbruch der kriegerischen Auseinandersetzungen mit Frankreich um die Besitzungen auf dem nordamerikanischen Kontinent und in Indien einen Angriff der Franzosen auf Hannover befürchtet. Man suchte Hilfe bei Preußen und verbündete sich mit ihm 1756 in der Konvention von Westminster. Der Jubel über den neu gewonnenen Bundesgenossen, der nun Englands

«Festlandsdegen» gegen den Erbfeind Frankreich spielen durfte, kannte keine Grenzen. Überall huldigte man dem «preußischen Helden» als «Verteidiger der Freiheit» und – aus britischer Sicht besonders wichtig – als «Bollwerk des Protestantismus». Preußens König wurde zum englischen Volkshelden, den man in Hymnen, Liedern und Gedichten von epischer Länge feierte. Keramik- und Porzellanmanufakturen verewigten sein Konterfei, Wirtshäuser waren glücklich, wenn sie sich jetzt «The Old King of Prussia» nennen konnten.

Nach dem Siebenjährigen Krieg war es dann schnell mit Begeisterung und Allianz vorbei: Frankreich war besiegt, in Europa und in Übersee, und England konnte zu seiner alten Rolle als argwöhnischer Hüter der *balance of power* in Europa zurückkehren, vorzugsweise ungebunden. Erst in den Napoleonischen Kriegen erneuerte sich auch die Nähe zu Preußen wieder, konnte die Waffenbrüderschaft zwischen Wellington und Blücher bei Waterloo noch einmal den alten Mythos zurückrufen.

Die germanischen Vettern. Selbst noch nach dem Ersten Weltkrieg meldeten sich britische Stimmen, man habe eigentlich auf der falschen Seite gekämpft, «unsere natürlichen Feinde waren die Franzosen», wie Robert Graves in seinem Erinnerungsbuch «Good-Bye to All That» aus Meinungen von studentischen Kriegsteilnehmern zitiert. Aber auch auf manche Angehörige der *lower classes* in der englischen Truppe traf dies zu. Dazu George Orwell in seinem bereits genannten «England, Your England» von 1941: «Die Arbeiterklasse kam aus dem Krieg heim mit einem Hass auf alle Europäer, ausgenommen die Deutschen, deren Mut man bewunderte.» Den Vogel schoss ausgerechnet der führende englische Militär ab, Feldmarschall Haig, der seinem Tagebuch anvertraute: «Im nächsten Krieg werden wir hoffentlich mit Deutschland marschieren anstatt mit Frankreich.» Einem Erwin Rommel und dem kämpfenden deutschen Heer zollte das britische Militär auch im Zweiten Weltkrieg höchsten Respekt. Als in den 30er-Jahren des vorigen Jahrhunderts Appeasement um sich griff, reiste Lord Londonderry, bis 1935 Luftfahrtminister im Kabinett von Premierminister Stanley Baldwin, nach Berlin, um Möglichkeiten eines deutsch-englischen Ausgleichs zu prüfen. Privat notierte er, gleichsam als Merksatz seiner Mission, «die rassenmäßige Verwandtschaft zwischen beiden Völkern, die ein grundsätzlich freundliches Gefühl füreinander empfinden, von dem man nicht behaupten kann, dass es zwischen uns und den Franzosen besteht».

Wie denn auch, wo eine jahrhundertelange Geschichte der Konflikte Engländer und Franzosen belastete, lange, ehe beide in der Moderne ankamen und einen gemeinsamen Feind fanden. Ein neuer Kontrahent, Deutschland, forderte beide heraus, und die gemeinsame Konfrontation mit ihm führte sie zusammen. Das «cordiale», das Herzliche in der «Entente», die Paris und London im April 1904 schmiedeten, nachdem sie ihre Kolonialdifferenzen in Afrika beigelegt hatten, war ziemlich aufgesetzt, der Not gehorchend, die Deutschland hieß. Drei Jahre nach der Entente cordiale trat sogar Russland dem Bündnis bei, das damit zur Tripelentente wurde. London saß damit ausgerechnet mit jenen beiden Mächten in einem Boot, die es die längste Zeit über bekämpft hatte, Russland im «Großen Spiel» am Khyberpass und im Ringen um die Ausgänge des Schwarzen Meeres, Frankreich im Kampf um Europa und die Vorherrschaft in Übersee.

Die deutsche Politik konnte den russischen Part in der Tripelentente am wenigsten verstehen. Wie – unsere germanischen Vettern verbünden sich mit den verachteten Slawen gegen uns? Ein Verrat am gemeinsamen Erbe. Wozu das «perfide Albion» doch fähig war! «Die germanischen Engländer», rief der Kaiser entrüstet aus, würden also «mit Franzosen und Russen gegen ihre Stammesgenossen kämpfen.» Dieses Nichtverstehen war Teil der Fehlkalkulationen, die auf deutscher Seite den Marsch in den Krieg begleiteten. Der deutsche Hass auf England, der im Ersten Weltkrieg den auf alle anderen Gegner weit überstieg, hatte viel mit diesem Bruderkrieg mit den als verwandt empfundenen Briten zu tun.

9
1848/49: «WIE STOLZ UND UNVERSEHRT ENGLAND DOCH DASTEHT INMITTEN DER REVOLUTIONEN RINGSUM»

WAS MARX UND ENGELS IN ENGLAND NICHT VERSTANDEN

Ein junger Wuppertaler Fabrikantensohn, 22 Jahre alt, wurde 1842 nach Manchester geschickt, zur kaufmännischen Lehre bei Ermen & Engels, einer Textilfirma, die sein Vater zusammen mit seinem britischen Partner betrieb. Drei Jahre später, inzwischen wieder in Deutschland, veröffentlichte Friedrich Engels «Die Lage der arbeitenden Klasse in England». Das Adjektiv «epochal» ist nicht übertrieben: Mit fesselnder Beobachtungsgabe geschrieben, lag hier das erste Buch seiner Art vor, das sich hellsichtig und mit faktenreicher Eindringlichkeit einem damals noch weitgehend übersehenen Aspekt der industriellen Revolution widmete: der horrenden Verelendung – wie die Sozialisten mit Recht sagten – eines Großteils der lohnabhängigen Bevölkerung in den von Slums umringten Industriestädten der führenden Handelsnation ihrer Zeit, England.

Dass die Insel für ihre Vorreiterrolle bei der Industrialisierung prädestiniert war, hatte einen sozialgeschichtlichen Grund. Im 14. Jahrhundert, nach der Großen Pest von 1348/49, in der England nahezu die Hälfte seiner Bevölkerung verlor, ging es mit der Nachfrage nach Agrarprodukten steil nach unten, sodass ehemals ausgedehnte Agrarflächen jetzt in Schafweiden umgewandelt wurden. Damit avancierte die Wolle zum Fundament der englischen Wirtschaft. Wie geschaffen für halbindustrielle Weiterverarbeitung, eignete sie sich vorzüglich zum Handel als Massenware. Nicht das arbeitsintensive Kunsthandwerk wie auf dem Kontinent wurde somit für den englischen Merkantilismus maßgebend, sondern die durch Handel erwirtschaftete Gewinnspanne (Hans-Dieter Gelfert). Man setzte weniger auf Spitzenqualität in kleiner Stückzahl als auf Standardqualität in großen Massen, und in England entwickelte sich eine Gesellschaft des Handels und der Märkte: Das Schaf lenkte, wenn man so will, das Land auf das Grundprinzip der Industrialisierung. Und noch heute thront der Lord Speaker im Oberhaus auf einem rot bespannten Wollsack als dem Symbol dieser Tradition.

In einem hymnischen, englisch geschriebenen Grußwort an «the working class of Great Britain» machte Friedrich Engels in seinem Buch von 1845 den Menschen, unter denen er drei Jahre lang gelebt hatte, Mut: «Ich fand, dass ihr mehr seid als nur Engländer, Angehörige einer einzelnen, isolierten Nation; ich fand, dass ihr Menschen seid, Angehörige der großen und internationalen Familie der Menschheit, die erkannt haben, dass ihr Interesse und das des ganzen Menschengeschlechts die gleichen sind. [...] Seid standhaft, lasst euch nicht entmutigen – euer Erfolg ist gewiss; und jeder einzelne Schritt vorwärts auf dem Wege, den ihr zu gehen habt, wird unserer gemeinsamen Sache dienen, der Sache der Menschheit.»

In dieser Passage verrät sich ein den Ideen der Französischen Revolution entlehntes Denken, das der Internationalität der «Menschheit» Vortritt einräumt gegenüber jedem nur nationalen Horizont. Engels, der mit seinen Beschreibungen so viel dafür tat, England als Problemkind der industriellen Moderne ins Bewusstsein zu heben, verstand nicht die Mentalität der Entrechteten und ihre Anhänglichkeit an ein System, das ihm, dem Beobachter, überreif vorkam, abgeräumt zu werden. Ein Missverständnis. Engels sah scharf und analysierte genau, aber seine Schlussfolgerungen – wie auch später die von Karl Marx, der 1849 als Flüchtling in London ankam – übersahen die eigentliche Veranlagung des Engländers. Thomas Macaulay sollte es in seiner «Geschichte Englands seit der Thronnachfolge Jakobs II.» (1848–1855) bald präzisieren, in Anlehnung an Burke und die Ergebnisse der Glorreichen Revolution: «Weil wir eine konservierende Revolution im 17. Jahrhundert hatten, hatten wir keine zerstörende im 19. Jahrhundert.» Das ließ sich auch mit moderner Agitation nicht umkehren. Evolution, nicht Revolution war die Geschäftsgrundlage der englischen Geschichte.

Die Nähe zum Ort der Anschauung, aus der sie schöpften, verleitete auch Karl Marx in seinem Hauptwerk «Das Kapital» (1867) zu der Überzeugung, hier müsse es passieren, hier werde das Proletariat sich erheben, um das herrschende System vom Thron zu stoßen. «England ist der klassische Boden für diese Umwälzungen» – schon dieser Satz aus dem Vorwort zu Engels' Buch war an der britischen Mentalität vorbei geschrieben. Engels hätte nur seinen ersten Eindrücken von der Insel folgen sollen. Schon bald nach der Ankunft in Manchester 1842 resümierte er in einem seiner Briefe: «Die Engländer werden immer noch von der gewaltsamen Revolution durch ihren Respekt vor dem Gesetz, der ihnen angeboren ist, zurückgehalten.» Auch Fontane nannte später die Erwartung eines gewaltsamen Umsturzes in England «absurd». Doch just auf einen solchen sollten sich Marx und Engels festlegen. Das gemeinsam verfasste «Kommunistische Manifest» brauchte doch seine Probe aufs Exempel! Die Chartisten machten ihnen Mut, eine Bewegung, die mit öffentlichen Massenprotesten auf die Not der Industriearbeiter aufmerksam machte. Nach einer solchen Großdemonstration im Hyde Park am 26. Juni 1855 schrieb ein jubelnder Marx an seinen Freund, der seit 1850 wieder in Manchester bei Ermen & Engels arbeitete: «Die englische Revolution begann gestern im Hyde Park.» Die Enttäuschung danach focht den Philosophen nicht an. Er war der Prototyp eines deutschen Denkers, über den zur Zeit Hegels an der Berliner Universität schon ein geflügelter Witz zirkulierte. Ein Student fragt den berühmten Professor, was denn passiere, wenn die Wirklichkeit sich nicht seinen Ideen entsprechend verhalte – worauf Hegel antwortet: «Umso schlimmer für die Wirklichkeit.»

Im Juli 1866, bei einer neuerlichen Arbeiterdemonstration, schlägt Marx' Herz wieder einmal höher. Wird es zur Kollision kommen? Wird der revolutionäre Funke überspringen? Nein, wieder nichts. Kein Blut ist geflossen, bedauert er in einem Brief an Engels. «Diese dickköpfigen John Bulls, deren Schädel gerade für die Knüppel der Konstabeln erschaffen zu sein scheinen, werden nichts ohne einen wirklich blutigen Zusammenstoß mit den herrschenden Mächten erreichen», schreibt er missgelaunt. Aber er macht sich Hoffnung: «Zuerst braucht der Engländer eine revolutionäre Erziehung – und zwei Wochen würden dazu genügen.» Zwei Wochen? Vielleicht zwei Jahrtausende.

Die schönste Erklärung, warum Marx und Engels mit ihrer Erwartung der proletarischen Revolution in England in die Irre liefen, findet sich in Winston Churchills Buch über seinen Vater, den Tory-Politiker Randolph Churchill, von 1906: «Für ihn bestand kein Grund», schreibt der Sohn, «warum die arbeitenden Massen des Volkes nicht zu den Hauptverteidigern jener althergebrachten Einrichtungen werden sollten, mit deren Hilfe ihre Freiheit und ihr Fortschritt erkämpft worden waren.»

KARL MARX IM LESESAAL DES BRITISH MUSEUM

Eine unverzichtbare Rolle für Marx und sein entstehendes Œuvre spielte die British Library, damals noch dem British Museum angegliedert. Ohne das Museum hätte es kein «Das Kapital», keine «Kritik der politischen Ökonomie», keinen «historischen Materialismus» gegeben. Im Lesesaal des British Museum stürzte sich der Philosoph in das von ihm selbst so genannte «verdammt involvierte Material» der Wirtschaftsgeschichte und -theorien, machte sich Berge von Exzerpten aus Adam Smith, David Ricardo, John Stuart Mill und anderen, und zwar «von 9 am Morgen bis 7 am Abend», wie er einem Freund mit einem Schuss Selbstmitleid schrieb, ein besessen Studierender, anders als jene von ihm verspotteten deutschen Emigranten, diese «demokratischen Einfaltspinsel», die ihre Inspiration «von oben» bezögen und sich dabei «völlig unnötig anstrengten».

Besonders wertvoll, neben den Buchbeständen, sollten sich für Marx die offiziellen «Empiricist Reports» der Regierungen des viktorianischen England erweisen, seit den 30er-Jahren des Jahrhunderts angelegte amtliche Analysen und Auswertungen der gesellschaftlichen Zustände des Landes im jeweiligen Stadium seiner Industrialisierung. Diese Kommissionsberichte, Reports aus Schulen, Fabriken und *workhouses* waren keine frühen soziologischen Mußeübungen gelangweilter Beamter, sondern gezielte Versuche, dem Keim revolutionärer Bewegungen auf die Spur zu kommen, über die sich die Politik seit dem Anwachsen der Chartisten große Sorgen machte. Das empirische Material aus Marx' Hauptwerk, seine Vertrautheit mit englischen juristischen, ökonomischen und sozialen Hintergründen erklärt sich aus der Kenntnis dieser amtlichen Befunde. Marx war der erste Wissenschaftler, der sie einsah, sie auswertete und für seine ökonomische Theorie nutzbar machen konnte. Nirgendwo sonst hätte er ein ebenso ergiebiges Material einsehen können, wie die Buchbestände der Library und die regierungsamtlichen Untersuchungen es zur Verfügung stellten.

Und nirgendwo sonst als in England hätten er und Tausende von Flüchtlingen in der nach 1848 auf dem Kontinent erneuerten Restauration die Freiheit der Niederlassung erhalten. Großbritannien war das einzige europäische Land, das keine Ausländer auswies oder sie an ausländische Mächte auf deren Wunsch hin auslieferte. Mehrere Bitten der preußischen Regierung in dieser Richtung, Marx, Engels und andere Gesuchte betreffend, wurden von London abgelehnt. «Unsere heilige Pflicht der Gastfreundschaft steht Personen aller Meinungen offen», hielt Premierminister Lord Russell fest. Die Aliens Bill von 1793, ein Gesetz, das nach der Französischen Revolution Asylanten wegen hoher revolutionärer Ansteckungsgefahr fernhielt, sollte zwar nach 1848 neu eingebracht werden; aber Parlament und Öffentlichkeit waren dagegen. Allerdings wurde Marx durch die Beamten von Scotland Yard beschattet, die ihn als «den notorischen deutschen Agitator» beschrieben, «den Kopf der ‹International Society›, einen Anwalt kommunistischer Prinzipien». Das reichte, um seine Bewerbung um einen britischen Pass – er wollte die deutschen Bäder aufsuchen können ohne Angst vor Festnahme – abzulehnen. Aber er war frei, zu veröffentlichen und zu agitieren: Das hätte damals kein anderer Staat geduldet.

EUROPA VEREINIGT SICH AUF DER BRITISCHEN INSEL ...

Der Engländer genoss Freiräume schon zu einer Zeit, als unter den autoritären Regimen Europas die Menschen an so etwas wie Rede- oder Pressefreiheit nicht einmal zu denken wagten. 1844 hielt es zum Beispiel Ferdinand Freiligrath für ratsam, Deutschland den Rücken zu kehren, weil die bevorstehende Veröffentlichung seiner Sammlung politischer Gedichte «Ein Glaubensbekenntnis» ihm sicheren Arrest eingetragen hätte. Mary Howitt, eine vielgelesene Autorin ihrer Zeit, war erstaunt. Einer Bekannten schrieb sie: «Unser lieber Freund Freiligrath ist seit einiger Zeit bei uns im Exil, und das wegen Geschriebenem, welches wir Engländer nur sehr harmlos nennen können, das aber in Deutschland als aufwieglerisch gilt.» Über das Leben der deutschen Emigranten im viktorianischen England hat Rosemary Ashton 1986 eine faszinierende Studie vorgelegt, «Little Germany».

Ein breiter Strom von Flüchtlingen aus den 48er-Revolutionen Kontinentaleuropas hatte sich auf die Insel ergossen, «Seevögel, die gen Land fliegen vor dem Sturm», wie Hector Berlioz, der damals als Dirigent in London weilte, es nannte. Politiker, Schriftsteller, Aufständische, die von den Staatsapparaten ihrer Länder unterdrückt und verfolgt wurden – die britische Hauptstadt wurde so etwas wie das Zentrum eines vereinten Europas der Verfolgten. Hier begegneten Deutsche wie Carl Schurz (der später in die USA emigrierte und dort Karriere machte), Arnold Ruge, Gottfried Kinkel oder Malwida von Meysenbug dem Italiener Giuseppe Mazzini, Lajos Kossuth aus Ungarn oder Alexander Herzen, dem Russen. Auch gestürzte Häupter waren darunter, so der nach der Februar-Revolution 1848 aus Paris geflohene Bürger-König Louis Philippe, den der englische Konsul in Le Havre auf eine Fähre nach Newhaven zu schmuggeln wusste, in grotesker Verkleidung. «Wie stolz und unversehrt England doch dasteht inmitten der Revolutionen ringsum», notierte sich der große Diarist seiner Zeit, Charles Greville.

Unter den Flüchtlingen befanden sich für kurze Zeit auch zwei, welche die Reaktion, der man nach London entkommen war, geradezu verkörperten: Kronprinz Wilhelm von Preußen, der spätere Kaiser Wilhelm I. (in London von März bis Juni 1848) und Fürst Metternich (in London von März 1848 bis November 1849), Kanzler Österreichs und Namensgeber jenes Systems, gegen das der Liberalismus so lange vergeblich gekämpft hatte. Der Hohenzollernprinz und der Fürst im Dienst der Habsburger waren auf Anraten ihrer Stäbe nach London ausgewichen, um sich vor den Unruhen in ihren eigenen Hauptstädten eine Zeit lang in Sicherheit zu bringen. Derweil saß im Lesesaal des British Museum der ebenfalls geflüchtete Marx und versenkte sich in seine Studien zur Revolution des Proletariats. Der Gedanke allein ist faszinierend: Die leibhaftige Repression der Heiligen Allianz, Metternich, neben dem Vater eines Systems, das in der Zukunft zu noch größerer Repression führen sollte, Karl Marx, beide kurzfristig zur gleichen Zeit in London, unerkannt voneinander irgendwo in der Weltstadt ihre Schritte kreuzend.

... ABER VERSTEHT DIE ENGLISCHE KLASSENGESELLSCHAFT NICHT

Was von dem England, das die Flüchtlinge vorfanden, ist noch heute lebendig? Bei aller Bewunderung für den englischen Konstitutionalismus und die Rechte des *free-born Englishman:* So richtig verstehen konnte man dieses Volk dennoch nicht; Marx war nicht der einzige Begriffsstutzige. Diese fügsamen Menschen, gesetzestreu, ohne Wahlrecht und Stimme (bis zur zweiten Wahlrechtsreform von 1867 gab es überhaupt nur eine Million wahlberechtigter Männer im ganzen Land) – Ausländer schüttelten den Kopf darüber, wie Engländer zum Beispiel das Recht auf Eigentum verteidigen konnten, auch wenn sie selbst keines besaßen. Am meisten befremdete, wie hörig diese Menschen ihrem Klassendenken waren. Auch Fontane zog am Ende seines England-Buches von 1854 kritisch Bilanz: «Es gibt kein Land, das – seiner bürgerlichen Freiheiten ungeachtet – der Demokratie so fern stünde wie England und begieriger wäre, teils um die Gunst des Adels zu buhlen, teils den Glanz und Schimmer desselben zu kopieren. Daher die stereotypen Formen des englischen Lebens: Der Kleine wetteifert mit dem Großen, der Arme mit dem Reichen, und innerhalb dieses Wettkampfes zieht der Niedrigstehende doch wieder den Hut vor dem Lord.»

Den Hut zieht heute niemand mehr vor einem Lord, doch die Klassengesellschaft und das Denken in ihren Kategorien, das den Kritikern um 1850 so sehr aufstieß, ist lebendig wie eh und je. Fontane beschreibt nichts anderes als eine *upwardly mobile society*, getrieben von dem Streben nach der jeweils nächsthöheren Stufe der klassenmäßigen Erfolgsleiter. Von den Menschen der *working class* über die *lower middle class* zur *middle class*, dann zur *upper middle class*, schließlich zur *upper class*. Es kommt nicht unbedingt darauf an, dass man an diesem Wettbewerb teilnimmt (viele können oder schaffen es nicht), solange man nur die Usancen seiner Klasse befolgt und Demarkationslinien nach oben und unten beachtet.

Ganz London ist in seinen Postleitzahlen nach Klassen eingeteilt, auf freiwilliger Basis, natürlich. In W3 zum Beispiel, mit seiner immer bunter werdenden Mischung aus neu Zugezogenen und Asylanten aus aller Herren Länder, würde sich kaum jemand niederlassen, der sich zur *upper middle class* rechnet, eine erstklassige Erziehung hinter sich und eine glänzende Berufsaussicht vor sich hat. Da muss am besten eine Adresse mit einem N dahinter gefunden werden, von Notting Hill zu Highgate, Hampstead oder Regent's Park, auch wenn man dort für sein Geld vielleicht nur einen Winzling von einer Adresse bekäme. Hauptsache, die Visitenkarte stimmt. Giuseppe Mazzini bat einmal den ersten Mann der englischen Sozialwissenschaft seiner Zeit, John Stuart Mill, ihm dieses merkwürdige Phänomen zu erklären. Mill antwortete ihm brieflich: «Die Engländer, durch alle Ränge und Klassen, sind im Grunde, ihrem ganzen Gefühl nach, Aristokraten. Sie haben zwar gewisse Vorstellungen von Freiheit und legen einigen Wert auf sie; aber die Idee der Gleichheit ist ihnen geradezu fremdartig, ja anstößig. Sie haben nichts dagegen, wenn viele Menschen über ihnen stehen, solange nur einige da sind, die unter ihnen rangieren.»

Kate Fox, die Autorin von «Watching the English – The Hidden Rules of English Behaviour» (2004), ist unverblümt in ihrer Analyse: «Jede Klasse in England verachtet besonders die unter ihr stehende, und die Vorstellung, man könnte für ein Mitglied dieser angrenzenden Klasse gehalten werden, ist einem daher besonders zuwider.» Der verächtliche Blick nach unten wird ergänzt durch den verklärten nach oben: Nachahmung ist die Devise, nicht Neid. Woher stammt das Liebesverhältnis des Engländers zur *front door*, dem Eingang auf ebener Erde zur eigenen Behausung, einem Eingang, den man mit niemandem teilt? Es ist Aristokratie *en miniature*, Kopie des großen Herrn und seiner Manor draußen auf dem Lande, ein Stück Snobismus auch. Nur ein Volk, das auf *property* und seine «front door» als das nationale Credo schwört, wird sich derart für Hausbesitz verschulden, wie es die Briten besonders in den letzten Jahrzehnten getan haben. Wer in diesem Land zur Miete wohnt, darf sich kaum der Nationalkultur zurechnen. Treppenhaus? Hausordnung? Nein, «my home is my castle». Abstand war nicht nur ein Grundprinzip der Politik, Abstand hält auch der Engländer gerne zum Nächsten. Es ist Teil seiner Souveränität. Schon Fontane sprach in seinen Londoner Notizen von der «anererbten Abgeschlossenheit» des englischen Charakters.

Selbst die Sozialwohnungen, die in den 30er-Jahren des 20. Jahrhunderts vermehrt gebaut wurden, ahmten in kleinen Details herrschaftliche Architektur nach: Reihenhäuser zwar, hatten sie doch ihr *bay window*, ihren Erker, und natürlich ihre eigene Eingangstür. Der große Durchbruch bei der arbeitenden Bevölkerung Englands gelang

Margaret Thatcher, als sie diese von städtischen Kommunen verwalteten Sozialwohnungen den Mietern zum Kauf anbieten ließ: Zugreifen war die Antwort, sein eigener Herr werden, adliger Erbe. Über Nacht wurden aus *social housing*-Bewohnern Mitglieder der *property-owning classes*, der hausbesitzenden Klasse. «Das Proletariat von Hammersmith», hatte Orwell geschrieben, «wird sich nicht erheben und die Bourgeoisie von Kensington massakrieren: Dafür ist es nicht verschieden genug.»

Auch Heinrich Heine war in seinen «Englischen Fragmenten» zu einem ähnlichen Schluss gekommen, auf seine unnachahmlich ironische Weise: Der Engländer sei durchaus «mit jener Freiheit zufrieden, die seine persönlichen Rechte verbürgt und seinen Leib, sein Eigentum, seine Ehe, seinen Glauben und sogar seine Grillen unbedingt schützt.» Weit geduldiger als ein Franzose ertrage daher der Engländer «den Anblick einer bevorrechteten Aristokratie». Das eigene Haus ist der Schlüssel: «Was kümmert einen freien Engländer die Hofkomödie zu St. James! Wird er doch nie davon belästigt, und verwehrt es ihm ja niemand, wenn er in seinem Hause ebenfalls Komödie spielt.» Und seinen eigenen Garten pflegt, wie wir hinzufügen müssen. Denn auch der Garten ist Bestandteil des großen britischen Nachahmungsrituals – des Hangs, herrschaftlichen Stil zu kopieren. Zur «amphibischen Kultur» gehört eben auch die *countryside*, wie sie der eigene Garten als Ahnung heranweht. Leider hat die Gegenwart der Erwartung des Engländers auf eigenen Wohnbesitz, diese wie selbstverständliche Maxime des *free-born Englishman*, fast den Garaus gemacht. Die ins Unerreichbare gestiegenen Immobilienpreise, vor allem in und um London, lassen für eine Mehrzahl den Traum vom eigenen Heim eben nur noch als Traum übrig. Damit fühlt sich die nachwachsende Generation von einem Kernelement britischer Identität wie abgekoppelt, was als kulturelle Entfremdung mehr und mehr in den Vordergrund des nationalen Bewusstseins rückt, ohne dass deutlich wird, wie die Politik mit dieser schleichenden Erosion des Vertrauens in die Zukunft fertig werden will.

10

DER KATASTROPHE ENTGEGEN

DIE ENGLÄNDER UND IHRE FRIEDLICHEN GERMANISCHEN VERWANDTEN

Am 12. Mai 1901 stellt der 26-jährige Abgeordnete Winston Churchill anlässlich der Heeresreformdebatte im Unterhaus die Frage, ob man sich wohl darüber im Klaren sei, was ein moderner europäischer Krieg bedeute. Ein großer Historiker in nuce meldete sich prophetisch zu Wort:

«Wir dürfen einen solchen Krieg nicht als ein Gesellschaftsspiel betrachten, an dem man mit Glück und Geschick einen Abend lang teilnimmt, um sich dann mit dem Gewinn in der Tasche nach Hause zu begeben. So ist das nicht. Ein europäischer Krieg kann nur ein grausamer, herzzerbrechender Kampf sein, der auf Jahre hinaus die jungen Männer der Nation in Anspruch nehmen, unsere gesamte Friedensindustrie stilllegen und sämtliche Lebensenergien der Gemeinschaft auf ein einziges Ziel konzentrieren wird. Es erstaunt mich immer wieder, mit welcher Seelenruhe und Leichtfertigkeit nicht nur Abgeordnete, sondern sogar Minister von einem europäischen Krieg sprechen. Es hat sich nämlich eine große Veränderung vollzogen, die das Haus zur Kenntnis nehmen sollte. Heutzutage, da riesige Völker in äußerster Erbitterung gegeneinander geworfen werden, da die Hilfsmittel der Wissenschaft und Zivilisation alles beiseitefegen werden, was die entfesselte Wut mildern könnte, kann ein europäischer Krieg nur mit dem Ruin der Besiegten und der kaum weniger verhängnisvollen Erschöpfung des Siegers enden. Die

Demokratie ist rachsüchtiger als die Kabinette! Die Kriege der Völker werden schrecklicher sein als die Kriege der Könige.»

Im Rückblick sind wir alle klüger, aber dass Deutsche und Briten sich einmal in den Fängen jener «entfesselten Wut» wiederfinden würden, wäre zur Mitte des 19. Jahrhunderts niemandem eingefallen ihnen zu weissagen, ihnen selbst am allerwenigsten. Die Mehrzahl der Briten trug das Bild eines biedermeierlich-freundlichen Gegenübers bei sich, der Deutsche mochte philosophisch vielleicht ein bisschen rigoros sein, aber schien sich ansonsten friedlich auszuruhen auf der Stufe seiner politischen Rückständigkeit und einer damit einhergehenden Verträumtheit. «Die Gedanken sind frei», lautete ein oft inbrünstig geschmetterter deutscher «Popsong» der Zeit, «aber an die Politik wagen sie nicht zu rühren, wegen der vielen Verbote», schrieb William Howitt in «The Rural and Domestic Life of Germany» (1842). Schon viel früher hatten Schiller und Goethe in ihren «Xenien» ähnlich gedichtet: «Deutschland? Aber wo liegt es? Ich weiß das Land nicht zu finden, / Wo das gelehrte beginnt, hört das politische auf.»

Deutschland-Reisen waren unter Engländern sehr beliebt, seit Thomas Cook, der erste europäische Tourismus-Veranstalter, die von ihm erfundenen Gruppenreisen mit Vorliebe ins Land der Germanen lenkte. Die erste Tour dieser Art führte nach Köln, Mainz, Mannheim und Heidelberg. Es war das romantische Rheinland, das die Briten am meisten anzog; von ihm hatte schon Lord Byron in seinem Versepos «Childe Harold» (1812–1818) geschwärmt, und just aus dieser Dichtung las ein gewisser Mr. Green seinen Mitreisenden laut vor, als sie gerade den Drachenfels bei Bonn passierten. Sieben Mal hatte auch William Turner, der Maler, zwischen 1817 und 1844 Deutschland und Österreich bereist und wie die meisten seiner reiselustigen Landsleute nichts als gastfreundliche Behäbigkeit im bunten Panorama der deutschen Kleinstaaten vorgefunden. Die prächtige Landschaft zog ihn magisch an, keine politischen Spannungen lenkten ihn ab; 1848 lag noch fern.

Vor allem deutsche Musik stand auf der Insel in hohem Ansehen, seitdem Händel die Tradition des Oratoriums mit entsprechend großen Chören neu begründet hatte. Felix Mendelssohn erzielte mit der englischen Erstaufführung seines «Paulus» in Liverpool wahre Begeisterungsstürme, was das Birmingham Music Festival dazu bewog, bei dem Komponisten ein neues Oratorium in Auftrag zu geben, «Elias». Die Uraufführung am 26. August 1846 in der Town Hall von Birmingham übertrumpfte als Chor-Ereignis alles bisher in England Gehörte: 396 Sänger wirkten mit, wovon 300 eigens in einem Sonderzug aus London herbeigeholt werden mussten. Der Enthusiasmus des Publikums übertraf selbst alles, was man in London hundert und mehr Jahre zuvor unter Händels Taktstock erlebt hatte. Noch in Birmingham erreichte den Komponisten ein offizielles Dankesschreiben aus dem Buckingham Palace, worin er als der «Elias der neuen Kunst» gefeiert wurde.

Wie mit der Musik, so mit der deutschen Bildung: Ihre Fama reichte in England weit. Charles Dickens, unermüdlicher Kritiker des sozialen Elends in seinem Land, stellte in seiner Zeitschrift «Household Words» einmal einen beißend ironischen Vergleich zwischen deutscher und englischer Erziehung an, zum Hohn der Letzteren. Ein fiktiver Charakter namens Bendigo Buster lästert über die Deutschen: «Nette, unenglische Menschen! Dabei könnte es einem geradezu wehtun, nein, es ist richtig gemein, wie sie ihre Kinder mit Kenntnissen anfüllen. Sie haben da dieses Wort, wie eine Paranuss, ‹Schulpflichtigkeit›, was bedeutet, dass die Pflicht zum Unterrichten der Kinder eine Art moralisches Gesetz ist für einen Staat und seine Bürger.»

Reinste Torheit!, regt sich Mr. Buster auf: «Was Schulen angeht, so handelt England ganz nach seinem praktischen guten Verstand. [...] Als Nation bemüht sich England nicht viel um die Erziehung der Massen; etwa 45 Prozent von ihnen können nicht lesen: Das ist es, was ich Praktischsein nenne.»

Nicht alle englischen Deutschland-Reisenden sahen nur Positives. Etwa ein gewisser Edmund Spencer, der zwischen 1834 und 1836 das Land durchstreifte und darüber später seine «Sketches of Germany and the Germans» veröffentlichte; der Cambridger Germanist James Bowman hat ihn als Quelle wiederentdeckt. «Geld wird einen Deutschen nicht bewegen, seine gewohnten Bahnen zu verlassen», liest man da, das Land sei «schwerfällig, ernsthaft und dem Denken hingegeben, nicht schnell in der Auffassungsgabe oder dem Handeln, ja kaum schnell in irgendetwas. Der Deutsche mag es überhaupt nicht, gedrängt zu werden.» Mr. Spencer, Angehöriger einer risikofreudigen Gesellschaft, wird vielleicht dem Witz begegnet sein, den man sich schon damals über «die Deutschen» erzählte. Der Deutsche, so geht dieser Versuch einer nationalen Typisierung, kommt nach seinem Tode auf dem Weg in die Ewigkeit an eine Weggabelung, die in zwei Richtungen weist. Auf dem einen Schild steht: «Zum Himmel». Auf dem anderen «Zu Vorträgen über den Himmel». Es war ausgemachte Sache, welche Richtung der Deutsche als Erste nehmen würde. Die Vorträge waren doch allemal vorzuziehen, wo das Schild «Zum Himmel» doch möglicherweise nur ein übertünchtes «Zur Hölle» darstellte.

Spöttisch manchmal, aber grundsätzlich wohlwollend blickten englische Literaten auf ihre germanischen Verwandten. In seinem Bestseller-Roman «Vanity Fair» (1847/48) karikiert William Thackeray die deutsche Kleinstaaterei anhand eines exemplarischen Fürstentums, das er «Pumpernickel» nennt; Thackeray hatte sich über deutsche Zustände bei einem früheren Besuch in Weimar ein eigenes Bild verschaffen können. In seinem Roman begegnet man Figuren wie «Graf und Gräfin Schlusselback», einem «Prinzen von Potzenthal» oder einer «Madame de Schnurrbart». Auch «Gräfin Fanny de Butterbrod» gehört zum Ensemble, nicht weniger als «the lovely Princess of Humbourg-Schlippenschloppen». Solch absurde Behandlung lässt Thackeray auch den französischen und britischen Akteuren angedeihen, der britische Botschafter in Pumpernickel heißt bei ihm gar «Lord Bandwurm». Namenskalauer gehörten seit Langem zur satirischen Praxis. Dickens persifliert in seinem ersten Roman

«The Pickwick Papers» (1836/37) den Fürsten von Pückler-Muskau, der als ausländischer Dandy im London der Regency-Zeit, der frühen Jahrzehnte des 19. Jahrhunderts, Furore machte, als «Lord Smorltork». Thackerays Roman amüsierte auch die deutschen Leser ungemein, schon 1849 lag die Übersetzung vor («Jahrmarkt der Eitelkeiten»), ein Beispiel, dass dem Land die Fähigkeit, über sich selbst lachen zu können, Vorurteilen zum Trotz durchaus nicht abging.

Geradezu ehrfurchtsvoll behandelten Autoren wie Samuel Taylor Coleridge, Thomas Carlyle, Matthew Arnold oder George Henry Lewes das Land Goethes, Beethovens und Friedrichs des Großen. Carlyle, eine der bedeutendsten Federn des viktorianischen Zeitalters, setzte sich intensiv mit den deutschen Dichtern auseinander und lieferte mit seiner Biografie Friedrichs II. ein Beispiel seiner Verehrung für charismatisches Heldentum – es war das Buch, das Hitler noch in seinen letzten Tagen im Bunker der Reichskanzlei las. Matthew Arnold, berühmter Kulturkritiker, wies in «Culture and Anarchy» auf die Vorzüge der deutschen Bildung hin, während der Literaturkritiker G. H. Lewes die erste umfassende Goethe-Biografie überhaupt vorlegte, «Life of Goethe» (1855). Sie erschien schon zwei Jahre später zweibändig auch auf Deutsch und wurde ein durchschlagender Erfolg; über Jahrzehnte gehörte sie in jede gutbürgerliche deutsche Bildungsbibliothek.

Die Hochachtung erstreckte sich auch auf Institutionen der deutschen Bildung, namentlich die Universitäten. Zwei Schotten, der Journalist Henry Crabb Robinson und der Essayist und Lyriker Thomas Campbell, schrieben begeistert über das von Wilhelm von Humboldt formulierte Ideal der «akademischen Freiheit» und empfahlen es dringend ihren Landsleuten zur Nachahmung. Robinson hatte um 1800 Deutschland bereist, Goethe und Schiller getroffen und sich an der Universität Jena eingeschrieben. Er saß somit gleichsam im Fadenkreuz der deutschen Klassik, erlebte die Anfänge der Romantik und konnte den «Bildungsschub», der das deutsche

Geistesleben damals erfasste, aus erster Hand studieren. Nach einem Besuch der Universität Göttingen 1801 schrieb er an seinen Bruder daheim:

«Die deutschen Universitäten sind nicht, wie die englischen, Orte der Disziplin, eine Art Schule für erwachsene Gentlemen. Sondern sie sind Orte der Zusammenkunft, wo Professoren ernannt werden, um Vorlesungen über alle Wissenschaften und Wissenschaftszweige zu halten. Es gibt da keine Gebete, keine Kostüme, keine Anwesenheitspflicht, keine Tests, wenig Prüfungen, und die nur zum Erreichen eines akademischen Grades. Sie verdienen den Namen Universität viel mehr als die englischen Colleges [...], und sie sind billig, deshalb gibt es an ihnen auch sehr viele arme Studenten.»

Einige Jahre später kam Robinsons Freund Thomas Campbell nach einem Besuch in Bonn, dessen Universität 1811 gegründet worden war, zu ähnlichen Rückschlüssen. In Bonn wurde später auch Prinz Albert immatrikuliert, von dort schrieb er seiner Cousine Viktoria 1837 einen artigen Glückwunsch zur Besteigung des britischen Throns – wo er bald selber als Gemahl der großen Königin Gelegenheit fand, seinen Einfluss zu entfalten.

Wie sah es damals an den britischen Colleges und Universitäten aus? Einzig klassische Sprachen, Theologie und Jurisprudenz – in Oxford und Cambridge auch Mathematik – waren zugelassen. Die Welt der Naturwissenschaften blieb ausgeschlossen. Zudem mussten die Studenten vor ihrer Aufnahme erst die traditionellen Prüfungsfragen der anglikanischen Kirche bestehen – H. A. L. Fisher spricht in seiner «History of Europe» von der «Versklavung durch Religionstests» (die in Oxford und Cambridge erst 1871 abgeschafft wurden).

Mit all dem räumte auf, was durch die Tatkraft eines weiteren Schotten, William Broughams, möglich wurde: die «London University». 1826 gegründet und 1836 in «University College London» (UCL) umgetauft, wurde sie die Vorläuferin aller später etablierten *red brick universities* mit ihrer in rotem Backstein erbauten Architektur. Als erste britische Universität bekam London eine naturwissenschaftliche Fakultät und einen Lehrstuhl für englische Literatur. Ein intensiver Austausch mit deutschen Universitäten wie Berlin oder Göttingen folgte. In einem Punkt freilich korrigierte man in London den Enthusiasmus fürs Deutsche sehr bald: Die Abschaffung des Testsystems, eine Neuerung beim Start der Londoner Universität, hatte nicht lange Bestand und wurde bald kassiert. Da setzte sich die heimische Berufsorientierung, setzte sich die Lehre gegenüber der Forschung rasch wieder durch. Das Recht, seine Jahre an der Universität ohne festgelegte Begrenzung zubringen zu dürfen – so viel akademische Freiheit war dem britischen Denken dann doch fremd.

PRINZ ALBERT

Prinz Albert von Sachsen-Coburg-Gotha markierte den Höhepunkt der britisch-deutschen Symbiose im 19. Jahrhundert. Forschungsgeist und kulturelle Zielstrebigkeit gingen in ihm eine unverwechselbare Liaison ein. Dabei beäugten die Briten ihn zunächst mit Misstrauen, die heimische Aristokratie hielt ihn wegen seiner «preußischen Tugenden» eher für einen unkorrigierbaren Fall von fremdländischer Kultur. *Dieser* Deutsche war nicht exzentrisch wie die Hannoveraner Könige, Viktorias Onkel, die in London konstitutionelle Monarchen gespielt und in Hannover weiterhin als absolutistische Herrscher gewaltet hatten. Albert war «didaktisch, selbstgerecht, ein Fortschrittseiferer und Verbesserungskrämer», wie John Mander in «Our German Cousin» geschrieben hat, «ein reiner Pädagoge, der auch noch durchblicken ließ, dass Deutschland von all den guten Dingen mehr besaß als Großbritannien».

Der Prinz war am glücklichsten, wenn er einen Plan machen konnte. Das Sammeln, Bauen und die Pflege der Künste hatten bei den sächsischen Fürsten eine lange Tradition – die Coburger Herzöge, eine sächsische Linie auch sie, machten da keine Ausnahme. Mäzenatentum war in Alberts Haus groß geschrieben. Philanthropie kam hinzu, die viel von jenem sozialen Gewissen verriet, das sich allgemein erst viel später im Industriezeitalter zu Wort melden sollte.

Schon 1841, ein Jahr nach seiner Heirat mit Viktoria, wurde Albert Vorsitzender der «Kommission zur Förderung der bildenden Künste». Es war eines von vielen Ehrenämtern, in die er in der Folgezeit seinen Tatendrang einbringen konnte. Jung an Jahren – 1819 geboren –, war er überzeugt, dass der Staat das Patronat der Künste übernehmen müsse. Von seinem Unternehmergeist sollte vor allem die Universität Cambridge profitieren, deren Kanzler er 1848 wurde. Was die drei Schotten Robinson, Campbell und Brougham für die Gründung des University College London bedeutet hatten, das brachte Albert gewissermaßen höchstpersönlich in die Cambridger Colleges: frischen Wind. Das hieß vor allem eine Reform der Curricula. Unter Albert öffnete sich das Angebot wie in einem riesigen Modernisierungsschub, es kamen jetzt unter anderem Fächer wie Erdkunde, moderne Fremdsprachen, Kunstgeschichte und Ästhetik hinzu.

Die stärkste Erinnerung an Prinz Albert, in seinem Gastland wie in der Welt überhaupt, knüpft sich aber wohl an die «Great Exhibition», die Londoner Weltausstellung von 1851 – ein Ereignis, das den Vorrang Großbritanniens als Industrie- und Kolonialmacht zur Schau stellen sollte. Albert war selber Vorsitzender des Komitees, das die Idee der «Großen Ausstellung» gegen den anfänglichen Widerstand im Parlament und gegen den Hohn der Presse durchzusetzen wusste. Freilich verband er mit dem Projekt weit mehr als nur eine nationale Apotheose. Hier flossen für den Prinzgemahl viele der Ideen zusammen, mit denen er auf seine Zeit einwirken wollte: friedliche internationale Zusammenarbeit, der aufklärerische Glaube an die Macht von Kunst und Wissenschaft, schließlich die Versinnlichung dieser Ideen im architektonischen Konzept – im Ausstellungspavillon, dem «Kristallpalast», entworfen von dem berühmten Landschaftsgärtner und Gewächshaus-Ingenieur Joseph Paxton.

Dieses kühne Konstrukt aus Glas und ornamentalen Eisenträgern, durchflutet von natürlichem Licht, war gleichsam die Demonstration von Alberts Denken in «Synergien», wie man es modern ausdrücken könnte.

Die Weltausstellung wurde ein Riesenerfolg, den saftigen Überschuss an Einnahmen investierte der Prinz sofort in ein neues kühnes Projekt: Er ließ die besten Exponate aufkaufen, als Grundstock eines Komplexes weiträumiger Museen in Londons Stadtteil Kensington, der noch heute liebevoll «Albertville» oder «Albertropolis» genannt wird. Dazu gehören das Victoria & Albert Museum, eines der weltbesten Museen für die angewandten Künste, das Naturkundemuseum wie auch das zeitgleich gegründete Imperial College für die Naturwissenschaften, in dem der von Albert aus Deutschland berufene August Wilhelm von Hofmann die Chemie-Abteilung aufbaute. Grundeigentümerin all dieser Anlagen ist noch immer – heute als Stiftung – die Kommission der Weltausstellung von 1851. 1867 legte Königin Viktoria den Grundstein zur Royal Albert Hall of Arts and Sciences, in Erinnerung an ihren Gatten, der sechs Jahre zuvor, im jugendlichen Alter von 42 Jahren, an Typhus gestorben war.

DER TON ÄNDERT SICH

Königin Viktorias älteste Tochter, ebenfalls eine Viktoria, kurz Vicky genannt, heiratete am 25. Januar 1858 den preußischen Kronprinzen Friedrich, und neue Hoffnungen keimten in England auf ein liberales Preußen der Zukunft. Friedrich, darin eng seinem Schwiegervater Albert folgend, war ein überzeugter Anhänger der konstitutionellen Monarchie. Der Weg in eine solche schien mit ihm als Thronerben auch in Preußen vorgezeichnet, und England würde sein engster Verbündeter. Mit Vicky in Berlin war ein wichtiger Pfeiler dieser Konstruktion an seinem richtigen Platz.

Aber die Geschichte sollte anders laufen. Das Konstrukt zerbrach, der Segen blieb aus, und das lange vor dem unglücklichen Tod von Vickys Ehemann, dem «99-Tage-Kaiser» Friedrich III., im

Jahr 1888. «Die Engländerin», wie man die Prinzessin am preußischen Hof verächtlich nannte, machte so ungefähr alle Fehler, die man nach dem Schulbuch der internationalen Verständigung tunlichst vermeiden sollte. Sie strich, wo sie nur konnte, die Überlegenheit Englands in allen Bereichen der politischen Verfassung und des gesellschaftlichen Fortschritts heraus und suchte ihren Erstgeborenen, Wilhelm, im Tauziehen zwischen seinen beiden Erbteilen energisch auf das englische einzuschwören. Das misslang spektakulär, mit der Folge, dass Wilhelm sein Leben lang von Hassliebe zum Land seiner Mutter gepeinigt wurde.

«Britanniam esse delendam», pflegte er schon als Jugendlicher zu tönen, ein spielerischer Cato der letzten Tage. (Im Übrigen bin ich der Meinung, Großbritannien müsse zerstört werden.) «Ich will bis zum letzten Tropfen alles englische Blut aus meinen Adern verlieren!», hörte man das Kind aufstampfen; aber in einer Unterredung mit US-Präsident Theodore Roosevelt bekräftigte Wilhelm später: «Ich liebe England einfach!» Das wollte er auch die Engländer glauben machen, unter anderem mit dem berüchtigten «Daily Telegraph»-Interview vom 28. Oktober 1908 («Ich bin ein Freund Englands, stehe aber mit dieser Meinung in Deutschland allein!»), in dem er wie ein ungebetener Freier um Britannia auftrat. Keine Chance.

Mit der Reichsgründung 1871 änderte sich die englische Perzeption von Deutschland schlagartig. Vorbei die verträumten Germanen im Flickenteppich ihrer diversen «Pumpernickels». Traf man zu Anfang des Deutsch-Französischen Krieges noch auf eine latent prodeutsche Stimmung, so schlug diese um, als sich im Dezember 1870 deutsche Kanonen auf Paris richteten. «Ich höre, man bombardiert Paris!», schreibt Königin Viktoria am 28. des Monats gramvoll an ihre Tochter in Berlin. «Zu meiner Verzweiflung schlagen die Gefühle den Preußen gegenüber hier in mehr und mehr Bitterkeit um.» Die Tochter teilt die Besorgnisse ihrer Mutter, so im Frühjahr 1871: «Was mich sehr quält: Die Animosität zwischen unseren beiden Ländern. Sie ist so gefährlich und kann leicht großes Leid bringen. Ich lebe in beständiger Angst, dass die Bande, die einmal unsere beiden Länder zu ihrem gegenseitigen Vorteil vereinten, bald zerschnitten sein könnten.» Die Antwort aus London lässt nicht lange auf sich warten: «Wie schwer mein Weg ist, wo mir Misstrauen und Verdächtigungen entgegenschlagen wegen meiner Verwandtschaften und Gefühle. Die wachsende Feindschaft zwischen den beiden Ländern – die, das muss ich sagen, in Preußen anfing und von Bismarck geschürt und ermutigt wurde – erlebe ich als große Trauer und Sorge. Aber ich kann es mir nicht erlauben, eine Kluft zwischen mir und meinem Volk entstehen zu lassen.»

Schon am 9. Februar 1871, nach der Ausrufung des Deutschen Reiches, hatte Disraeli, damals Anführer der Tory-Opposition, im Unterhaus seine berühmte Prophezeiung abgegeben: «Die Balance der Macht ist vollkommen zerstört worden, und das Land, das davon am meisten in Mitleidenschaft gezogen ist und die Folge dieser großen Veränderung am meisten spürt, ist England.» Die «Times», wie immer Wortführer des Establishments, schrieb 1876: «Wir sind nicht eifersüchtig auf das neue Reich. Eine enorme Macht ist da plötzlich in unserer Mitte entstanden, und wir werden interessiert beobachten, welche Zeichen ihres Charakters und ihrer Absichten sie an den Tag legt.»

KONKURRENZ, KONKURRENZ. UND DANN AUCH NOCH EINE FLOTTE!

Nicht eifersüchtig? Das Deutsche Reich ging jedenfalls mit Riesenschritten daran, den wirtschaftlichen Rückstand zur führenden Industrienation, Großbritannien, aufzuholen. Chemie, Stahl, Elektrowaren, Eisenbahnbau: In allen diesen Kategorien hatte Deutschland die britische Insel bis 1910 eingeholt, wenn nicht überholt. Selbst die Bevölkerung wuchs auf deutscher Seite schneller als auf der Insel. Bei der Reichsgründung 1871 standen 41 Millionen Deutsche 32 Millionen Briten gegenüber. Bis 1913 waren es 67 Millionen auf deutscher, aber nur 46 Millionen auf britischer Seite.

Einen solchen Konkurrenten konnte man aus London nicht einfach nur «interessiert beobachten», wie die «Times» geschrieben hatte. Denn auch im außereuropäischen Raum war Deutschland angetreten mitzuspielen, vor allem beim Wettlauf um Afrika. Der Schritt von Bismarcks Interessenpolitik zur Wilhelminischen Weltpolitik zwang Großbritannien, mehr und mehr aus seiner *splendid isolation* herauszutreten. Was war aus Preußen geworden, das noch Außenminister Castlereagh 1814/15 bis an den Rhein sich hatte ausdehnen lassen, als Bollwerk und Festlanddegen gegenüber Frankreich! Als Konrad Adenauer im Dezember 1945 in seinem Rhöndorfer Haus Besuch von Noel Annan erhielt, einem Stabsoffizier unter den englischen Besatzern, fragte er diesen verschmitzt, ob er ihm, Adenauer, wohl den größten Fehler nennen könne, den die Briten in ihrer Deutschlandpolitik je gemacht hätten. Annan, von Haus aus Historiker, gab die Frage an Adenauer zurück, wie uns Hans-Peter Schwarz in seiner Biografie des ersten Bundeskanzlers mitteilt, und Adenauer antwortete: «Es war beim Wiener Kongress, als Sie törichterweise Preußen als Wacht gegen Frankreich und gegen einen zweiten Napoleon an den Rhein gestellt hatten.» Das Problem mit einer Politik, die auf dem Erhalt des Gleichgewichts beruht, besteht eben auch darin, dass nicht immer ganz klar ist, wo die Bedrohung für dieses Gleichgewicht gerade liegt oder woher sie kommen mag.

Am Ende des 19. Jahrhunderts wussten es die Briten allzu gut, nur war die Gefahr mit neuen Bündnissen allein nicht zu bannen. Denn der Kaiser und seine Regierung hatten sich zum Ziel gesetzt, England auf dem traditionellen Gebiet seiner Stärke herauszufordern – beim Flottenbau. Die Marinedoktrin der Briten sah einen *two-power*-Standard vor: Die Royal Navy müsse mindestens so stark sein wie die Flotten der beiden nachfolgenden Mächte zusammen. Das aber würde sich angesichts der deutschen Aufrüstung nicht lange halten lassen. Zwei Flottengesetze, 1898 und 1900, passierten den Reichstag, drei Novellierungen folgten, der Chef des Reichsmarineamts, Admiral Alfred von Tirpitz, hatte sich durchgesetzt, die Stahl-Barone an der Ruhr und die norddeutschen Werften auch, und der Kaiser bekam seinen Willen. Robert K. Massie kommentiert in seinem Buch «Die Schalen des Zorns. Großbritannien, Deutschland und das Heraufziehen des Ersten Weltkrieges» (1993) ironisch: «Eigentlich trieb den Kaiser nur der Wunsch, auch solche Schiffe zu bauen, und der Plan, auch einmal eine so schöne Flotte wie die englische zu besitzen.»

Der Plan fand freilich in der Bevölkerung großen Anklang. Das Aufholbedürfnis und der Wunsch, von John Bull als gleichberechtigt anerkannt zu werden, waren weit verbreitet und gaben dem deutschen Imperialismus wichtige Impulse. Außenminister Bernhard von Bülow brachte es in der Reichstagsdebatte vom 6. Dezember 1897 auf den Punkt: «Im neuen Jahrhundert muß Deutschland entweder der Hammer oder der Amboß sein. Mit einem Wort, wir wollen niemanden in den Schatten stellen, aber wir verlangen auch unseren Platz an der Sonne.» Man hatte es satt, englische Überlegenheit aufgetischt zu bekommen, und erst recht hatte es Wilhelm satt, permanent von seiner Mutter belehrt zu werden, wie England doch das größte Reich unter der Sonne sei, dazu berufen, die übrige Welt zu zivilisieren.

Übrigens hatte schon das Frankfurter Paulskirchen-Parlament von 1848/49 den Anspruch eines künftig vereinten Deutschland auf eine starke Flotte bekräftigt. In Heinrich Heines nachgelassenen Gedichten findet sich eine glänzende Satire auf diesen deutschen Drang zum Meer, von national gesinnten Autoren untermalt, 50 Jahre vor Ausbruch der deutsch-britischen Rivalität zur See. Heine nennt sie ein «nautisches Gedicht». Es ist einem breiteren Publikum so gut wie unbekannt und darf daher an dieser Stelle unsere Erzählung in vollem Wortlaut schmücken. Man ist hingerissen von diesen Zeilen:

Unsere Marine

Wir träumten von einer Flotte jüngst,
Und segelten schon vergnüglich
Hinaus aufs balkenlose Meer,
Der Wind war ganz vorzüglich.

Wir hatten unsern Fregatten schon
Die stolzesten Namen gegeben,
Prutz hieß die eine, die andre hieß
Hoffmann von Fallersleben.

Da schwamm der Kutter Freiligrath,
Darauf als Puppe die Büste
Des Mohrenkönigs, die wie ein Mond
(Versteht sich ein schwarzer) grüßte.

Da kamen geschwommen ein Gustav Schwab,
Ein Pfizer, ein Kölle, ein Mayer;
Auf jedem stand ein Schwabengesicht
Mit einer hölzernen Leier.

Da schwamm die Birch-Pfeiffer, eine Brigg,
Sie trug am Fockmast das Wappen
Der deutschen Admiralität
Auf schwarz-rot-goldnem Lappen.

Wir kletterten keck an Bugspriet und Rahn
Und trugen uns wie Matrosen,
Die Jacke kurz, der Hut beteert,
Und weite Schifferhosen.

Gar mancher, der früher nur Tee genoß
Als wohlerzogener Eh'mann,
Der soff jetzt Rum und kaute Tabak,
Und fluchte wie ein Seemann.

Seekrank ist mancher geworden sogar,
Und auf dem Fallersleben,
Dem alten Brander, hat mancher sich
Gemütlich übergeben.

Wir träumten so schön, wir hatten fast
Schon eine Seeschlacht gewonnen –
Doch als die Morgensonne kam,
Ist Traum und Flotte zerronnen.

Wir lagen noch immer im heimischen Bett
Mit ausgestreckten Knochen.
Wir rieben uns aus den Augen den Schlaf,
Und haben gähnend gesprochen:

«Die Welt ist rund. Was nützt es am End',
Zu schaukeln auf müßiger Welle!
Der Weltumsegler kommt zuletzt
Zurück auf dieselbe Stelle.»

Ein prophetischer Schluss, der die historische Vergeblichkeit, die nach 1900 wie eine Nemesis über die deutsche Politik hereinbrechen sollte, ironisch vorwegnimmt.

DIE DIPLOMATEN AUF DER SUCHE NACH EINER ANTWORT – DOCH 1914 GEHEN IN EUROPA DIE LICHTER AUS

Wie die Gefahr eindämmen, die aus Londoner Sicht mit Deutschland heranwuchs? Eyre Crowe, Abteilungsleiter im Außenministerium mit Hauptgebiet Westeuropa, fasste das Problem in einer berühmt gewordenen Denkschrift vom 1. Januar 1907 zusammen. Zunächst wiederholt er Bedrohliches, vorsichtig verpackt. Man «könnte folgern», dass Deutschlands «im Ganzen unruhige, explosive und verwirrende Tätigkeit» bewusst den vitalen Interessen Englands entgegenlaufe, dass es Hegemonie anstrebe, «zuerst in Europa und schließlich in der Welt.» Ein «kluger deutscher Staatsmann würde die Grenzen erkennen, auf die sich jede Weltpolitik beschränken muss.» Aber dann ändert sich der Ton: «Solange England dem allgemeinen Grundsatz der Aufrechterhaltung des Gleichgewichts der Macht treu bleibt, wäre seinen Interessen nicht damit gedient, wenn Deutschland auf den Rang einer schwachen Macht herabgedrückt würde, da dies leicht zu einem französisch-russischen Übergewicht führen könnte, was für das britische Reich ebenso furchtbar, wenn nicht sogar noch furchtbarer wäre.»

Einen Monat später sekundiert der gerade ausgeschiedene Staatssekretär des Außenministeriums Lord Sanderson seinem Kollegen: «Es wäre ein Unglück, wenn man Deutschland glauben ließe, dass, in welche Richtung es sich auch bewegen mag, ihm der britische Löwe im Wege stehen wird. Es muss Bereiche geben, in welchen deutsche Unternehmungen sich entfalten können, ohne dass dabei wichtige britische Interessen verletzt werden. Und es wäre klug, wenn Deutschland in solchen Fällen unseren guten Willen erwarten dürfte.»

Zu den Bereichen, «in welchen deutsche Unternehmungen sich entfalten können», zählte die britische Politik vor allem die Frage der Kolonien. Da hatte Deutschland großes Interesse entwickelt, und es müsste doch möglich sein, so räsonierte man in London, über den Umweg dieser «Peripherie» den Zentralkonflikt in Europa zu entschärfen. Schon zweimal waren sich Briten und Deutsche in Kolonialfragen einig geworden: 1890 beim Helgoland-Sansibar-Vertrag und 1898 in einem Vertrag über die afrikanischen Kolonien Portugals, der besagte, dass nach einem möglichen wirtschaftlichen Zusammenbruch Portugals und der Verpfändung seiner Kolonien dieser Besitz zwischen London und Berlin aufgeteilt werden sollte. Nach langwierigen Verhandlungen war es sogar gelungen, im Oktober 1913 den Vertrag zu erneuern und seine territorialen Bestimmungen zu verfeinern. Auch das lange von England angefeindete deutsche Prestige-Objekt einer Bagdad-Bahn wurde noch im Juni 1914 einvernehmlich geregelt und paraphiert, eine britische finanzielle Beteiligung an dem Projekt inbegriffen.

Aber an der Flottenfrage scheiterten alle Versuche zu einem deutsch-britischen Ausgleich. Große Hoffnungen ruhten noch auf der «Haldane Mission» im Februar 1912. Der Kriegsminister Viscount Haldane unterbreitete Tirpitz und dem Kaiser ein Verhandlungspapier mit drei Punkten: Englands Marineüberlegenheit müsse anerkannt werden; das deutsche Flottenprogramm sei anzuhalten oder, wenn möglich, zurückzufahren; im Gegenzug wolle man dem deutschen Wunsch nach kolonialer Expansion nicht im Wege stehen, sei sogar begierig zu hören, wie man dabei helfen könne. Schließlich bittet London um Vorschläge, wie man sich beiderseitig versichern könne, sich keiner Aggression von dritter Seite gegen einen der beiden Vertragspartner anzuschließen.

Der Kaiser und sein Admiral zogen andere Karten, forderten eine Neutralitätsgarantie des Vereinigten Königreichs, was für England den Bruch der Entente mit Frankreich und Russland bedeutet hätte. Das Flottensupremat der Briten konnte die deutsche Seite nicht akzeptieren. Junior-Partner Englands zu werden bei einer national so aufgeputschten Frage, wäre auch von der eigenen Öffentlichkeit nicht mehr hingenommen worden. Freie Hand bei kolonialer Expansion war zwar verlockend, aber in Europa duldete das deutsche Ansehen keine Schmälerung. Dabei war ein Teil des deutschen Flottenbauprogramms durch die seit 1908 in Dienst gestellte neue Generation britischer Schlachtschiffe, die gefürchteten «Dreadnoughts», schon fast marginalisiert. Ganz abgesehen davon, dass die mit Kohle befeuerten deutschen Schiffe in ihrer Reichweite den englischen mit Öl betriebenen ohnehin unterlegen waren; die deutsche Hoffnung stützte sich daher mehr und mehr auf die U-Boot-Waffe. Aber verhandelt wurde mit Haldane, als stünde man kurz vor Erfüllung seiner maritimen Träume. Dabei hatte Lloyd George, damals Finanzminister, in einer historischen Rede in Londons Mansion House schon im Juli 1911 einen Frieden um jeden Preis abgelehnt: Das wäre «eine Erniedrigung für ein großes Land wie das unsere».

Inzwischen schraubte sich in beiden Ländern die feindselige Hysterie immer höher. In England hatten Bücher über imaginierte deutsche Invasionspläne Hochsaison. «Als Wilhelm kam», lautete einer dieser Bestseller, mit dem Untertitel «Eine Geschichte über London unter den Hohenzollern». Nach dem normannischen Eroberer William nun der preußische Wilhelm und «Germania rules the waves». Die deutsche Seite ihrerseits stürzte sich in einen Kulturkampf gegen die englische «schmutzige Flut des Kommerzialismus», wie es Werner Sombart in seinem Kriegsbuch «Händler und Helden» (1916) formulierte. Der Philosoph Max Scheler setzte «deutschen Heroismus» gegen «englischen Krämergeist», und Thomas Mann glaubte in seinen späten «Betrachtungen eines Unpolitischen» (1918) mit dem Schnittmuster «deutsche Kultur» gegen «westliche Zivilisation» fast so etwas wie eine kulturelle Erbfeindschaft zwischen «Deutschtum» und den demokratischen Grundsätzen Frankreichs, Englands und der USA zu erkennen.

Selbst Shakespeare entkam diesen Exzessen nicht. In dem Maße, in dem deutscher Tiefsinn, deutsches Wesen sich etwa von 1860 an stärker gegenüber den britischen Krämern in Szene zu setzen wusste, wurde auch er in den Kampf um kulturelle Überlegenheit hineingezogen. Dieser Autor passte einfach nicht zur britischen «Zivilisation», zur Nation der *shopkeepers* – er musste deutscher Kultur entstammen! «Nostrifizierungskampagne» hieß das Ganze, ein Fall von kultureller Einvernahme durch Einbildung. Hermann Ulrici, der erste Präsident der Deutschen Shakespeare-Gesellschaft, wollte schon 1867 Shakespeare «verdeutschen», ihn «ent-englisieren». So sah es endlich auch Gerhart Hauptmann 1915: «Es gibt kein Volk, auch das englische nicht, das sich ein Anrecht wie das deutsche auf Shakespeare erworben hätte. Shakespeares Gestalten sind ein Teil unserer Welt, seine Seele ist eins mit unserer geworden; und wenn er in England geboren und begraben ist, so ist Deutschland das Land, wo er wahrhaftig lebt.»

Aber die Krone setzte Ernst Lissauer der Rivalität zwischen den germanischen Vettern auf, mit seinem 51 Zeilen langen Poem «Hassgesang auf England» von 1914:

Nimm du die Völker der Erde in Sold,
baue Wälle aus Barren von Gold,
bedecke die Meerflut mit Bug um Bug,
du rechnest klug, doch nicht klug genug.
Was schert uns Russe und Franzos'!
Schuß wider Schuß und Stoß um Stoß.
Wir kämpfen den Kampf mit Bronze und Stahl
und schließen Frieden irgend einmal.
Doch werden wir hassen mit langem Haß,
Haß zu Wasser und Haß zu Land,
Haß des Hauptes und Haß der Hand,
Haß der Hämmer und Haß der Kronen,
drosselnder Haß von siebzig Millionen,
sie lieben vereint, sie hassen vereint,
sie haben alle nur einen Feind:
England!

Sir Edward Grey, Englands Außenminister, prägte 1914, als der Krieg bevorstand, einen Satz, der bald berühmt werden sollte: «The lamps are going out all over Europe; we shall not see them lit again in our lifetime.» – «Die Lampen gehen in ganz Europa aus; wir werden sie zu unseren Lebzeiten nicht mehr eingeschaltet sehen.»

II

VON NACHKRIEG ZU VORKRIEG ZU …

ENGLAND KOMMT DEM BESIEGTEN DEUTSCHLAND ENTGEGEN

«Mit dem Ruin der Besiegten und der kaum weniger verhängnisvollen Erschöpfung des Siegers»: Genau so, wie der junge englische Abgeordnete für den Wahlkreis Oldham, Winston Churchill, es 1901 mehr geahnt als vorausgesehen hatte, endete der Große Krieg, wie der Erste Weltkrieg in der angelsächsischen Literatur bis heute oft genannt wird. Groß waren die Opfer (fast neun Millionen Soldaten auf allen Seiten), groß die wirtschaftliche Not und groß die Vergeltungssucht, am meisten auf französischer Seite. Schließlich hatte Frankreich auf eigenem Territorium große Kriegsverwüstungen hinnehmen müssen, der historische Hass auf den Erzfeind Deutschland hatte neue Nahrung erhalten.

England sah es, wieder einmal, anders. Alte Reflexe und Sorgen um das europäische Gleichgewicht traten sofort wieder zutage, im Osten stand mit dem bolschewistischen Russland ein neuer Machtfaktor vor der Tür: Konnte es da im britischen Interesse liegen, Frankreich die Deutschen demütigen zu lassen und das europäische Kernland einem Status dauernder Zweitrangigkeit auszusetzen? Großbritannien hatte viel an dem Versailler Friedensvertrag zu bemängeln. Die Briten vermissten unter anderem jeden Versuch einer Regelung zum wirtschaftlichen Wiederaufbau Europas. Deutschland sollte zahlen, zahlen, zahlen. War das alles? Gewiss, auch Lloyd George, inzwischen Premierminister, brauchte deutsche Reparationen, um die Kredite an die USA zurückzahlen zu können. Aber damit konnte sich die Frage der europäischen Zukunft nicht erschöpfen.

Zu einem der schärfsten Versailles-Kritiker wurde der Ökonom John Maynard Keynes, der Leiter der Delegation des britischen Finanzministeriums bei der Friedenskonferenz. Schon 1919 veröffentlichte er seine Brandschrift «Die ökonomischen Folgen des Friedens», in der er die Rachementalität der Alliierten gegenüber Deutschland frontal anging, mit prophetischen Vorgriffen auf die Zukunft: «Wenn der europäische Bürgerkrieg damit enden sollte, dass Italien und Frankreich jetzt ihren momentanen Sieg ausnutzen, um das darniederliegende Deutschland zu zerstören, dann laden sie sich ihre eigene Zerstörung auf.» Lloyd George stimmte zu. Schon in einer Denkschrift an seinen französischen Gegenüber Georges Clemenceau und den amerikanischen Präsidenten Woodrow Wilson vom 25. März 1919, dem sogenannten Fontainebleau-Memorandum, hielt er fest: «Die größte Gefahr, die ich in der gegenwärtigen Lage sehe, ist die, dass Deutschland sich mit dem Bolschewismus zusammentun und seine Hilfsmittel, seinen Verstand, seine breite Organisationskraft den revolutionären Fanatikern zur Verfügung stellen könnte, deren Traum es ist, die Welt mit Waffengewalt für den Bolschewismus zu erobern. […] Ich würde deshalb beim Frieden die Versicherung in den Vordergrund stellen, dass wir Deutschland […] die Rohstoffe und die Märkte der Welt zu den gleichen Bedingungen, wie sie für uns selbst gelten, öffnen und alles Mögliche tun wollen, um dem deutschen Volk zu helfen, dass es wieder auf seine Füße kommt. Wir können nicht zugleich Deutschland verkrüppeln und erwarten, dass es uns bezahlt.» Ähnlich hatte London auch nach der Niederwerfung Napoleons dafür plädiert, das geschlagene Frankreich wieder in den Kreis der Großmächte aufzunehmen.

Die Bedeutung dieser britischen Stimmen für die Einstellung der Insel gegenüber Deutschland nach 1918 ist kaum zu überschätzen, sie geben den Tenor ab für die folgende Entwicklung. Die Hysterie der Vorkriegs- und Kriegszeit verschwand wie ein Spuk, übrigens auch in Deutschland; stattdessen griff in England rasch eine pazifistische Stimmung um sich. In welchem anderen europäischen Land hätte ein Kriegsdienstverweigerer Premierminister werden können, wie Ramsay MacDonald 1924 in Großbritannien? «Nur» 740 000 Kriegstote hatte England zu beklagen, die Hälfte der französischen Zahl und weit weniger als die 1,8 Millionen deutschen Gefallenen. Aber der Blutzoll hinterließ bleibende Wunden in einem Land, das von der Realität moderner Landkriege vor 1914 keinen Begriff hatte. «Nie wieder Krieg», war das dominante Gefühl; um jeden Militäretat musste im Unterhaus gefeilscht werden, die Tendenz wies zur Abrüstung.

Und zu einem neuen Einvernehmen mit Deutschland, dem nach allgemeiner Auffassung in Versailles großes Unrecht zugefügt worden war. Die britische Politik verhielt sich entsprechend und durchkreuzte die Linie Frankreichs, wo sie nur konnte. Heftig fiel die Kritik an der französischen Besetzung des Ruhrgebiets 1923–1925 aus, und mit mäßigender Zurückhaltung trat man in der Frage der deutschen Reparationen auf. 1935 waren es die Briten, die eine ordnungsgemäße Völkerbundabstimmung im Saarland befürworteten über die künftige Zugehörigkeit dieses Gebietes.

Erneut kollidierten London und Paris, als am 7. März 1936 Hitler im Rheinland einmarschieren ließ und damit die Entmilitarisierungsbestimmung des Versailler Vertrages wie auch eine entsprechende Verfügung aus dem Locarno-Vertrag von 1925 brach. Frankreich forderte Sanktionen, wenn nicht mehr. England lehnte ab. Auf der Sitzung des Völkerbundrates trug Londons Vertreter eine Begründung vor, die in Paris das perfide Albion wach werden lassen musste: «Es ist offensichtlich, dass der Einmarsch der deutschen Truppen in das Rheinland eine Verletzung des Versailler Friedensvertrages darstellt. Dennoch liegt in dieser Aktion keine Bedrohung des Friedens vor, und sie erfordert keinen unmittelbaren Gegenschlag. Zweifellos schwächt die Neubesetzung des Rheinlandes die Macht Frankreichs, aber sie schwächt in keiner Weise seine Sicherheit.»

Schon am Tage nach dem Einmarsch hatte Außenminister Anthony Eden in einem Memorandum abwiegelnd erklärt, dass es nicht so sehr um die Tatsachen gehe, die Hitler geschaffen habe, als um «die Art und Weise des deutschen Vorgehens, die wir bedauern». Dann fiel ein folgenschwerer Satz: «It is the appeasement of Europe as a whole that we have constantly before us.» – «Es ist die Befriedung/Beschwichtigung Europas als Ganzes, die uns beständig vor Augen steht.»

«APPEASEMENT» – GUT GEMEINT UND AHNUNGSLOS

Es war wohl das letzte Mal, dass in einem offiziellen britischen Dokument der damaligen Jahre das Wort «appeasement» in so unschuldiger Weise verwendet wurde. Aber Eden reflektierte nur eine allgemeine Stimmung: Die Friedenssehnsucht und die Entschlossenheit, nicht in einen neuen Krieg hineingezogen zu werden, waren im Lande überwältigend. Ein Mahner wie Churchill galt als überspannte Kassandra. Kein Politiker mit Regierungsverantwortung hätte es wagen können, wegen des Rheinlandes, das die öffentliche Meinung den Deutschen zusprach, einen Konflikt vom Zaun zu brechen. Das dachte Neville Chamberlain sogar noch zweieinhalb Jahre später bei der Sudetenkrise: Ging es da nicht um deutsches Territorium, um das man tunlichst keinen Krieg führen sollte, noch dazu, wo man militärisch im September 1938 gar nicht ausreichend gerüstet war?

Viel Verständnis zeigte Winston Churchill in seinem Nachruf auf Chamberlain, im Unterhaus im November 1940, für das Umfeld, in dem sein Vorgänger operierte. Seinen Zuhörern und sich stellte der Kriegspremier die rhetorische Frage, was denn die Hoffnungen damals waren, denen man gerade auf der Insel so inständig anhing, ehe Hitler sie zerstörte. Es waren, so sagte Churchill, einige der «nobelsten und wohltätigsten Instinkte des menschlichen Herzens – die Liebe zum Frieden, das Bemühen um Frieden, das Ringen um Frieden, das Streben nach Frieden, auch unter großer Gefahr». Klingt das nicht nach einer nachträglichen Apologie der Beschwichtigungspolitik, und das ausgerechnet von ihrem größten Gegner?

Nein, antwortete Ian Kershaw, der führende Hitler-Forscher, auf eine entsprechende Frage 2008 in einem Interview mit der «Welt». «Der Versuch einer friedlichen Lösung auch des 1938er Konflikts, einschließlich des Konzepts der Beschwichtigung, war vom Standpunkt der Zeitgenossen nur zu verständlich. Zu einem ‹dirty word› wird Appeasement erst dann, wenn man den Drangsalierer, den Tyrannen, einzufangen versucht auf Kosten eines Schwachen, wie es damals mit der Tschechoslowakei geschah. Dann hat Appeasement nichts mehr mit der Suche nach Frieden zu tun, die ehrenhaft ist, sondern mit politischer Gewichtung, mit einem Preis des Friedens, und der ist unehrenhaft.»

Hitler hatte es mit den Briten der Zwischenkriegszeit leicht – die Sympathie für die in Versailles unfair behandelten Deutschen konnte er voll für seine Zwecke nutzen. Die pazifistische Grundströmung ohnehin. Der Widerwille gegen Krieg brachte es mit sich, dass man Hitlers Intentionen nicht sah, nicht sehen wollte oder sie einfach nicht einzuschätzen wusste. Im Übrigen galt über lange Zeit hinweg der Bolschewismus als die weitaus größere Bedrohung. «Hitler und Mussolini sind doch gegen den Kommunismus, also müssen sie unsere Freunde sein», beschrieb George Orwell später die Tendenz in der öffentlichen Meinung jener Jahre. Im Umgang mit modernen Diktaturen besaß die britische Diplomatie keine Erfahrung. Sie hatte sich zu lange in Gegenden bewegt, wo die Feinde Englands versöhnt oder austariert werden konnten und die maritime Weltmacht am Ende die Oberhand behielt. «Aber die Welt Europas war nicht so gestrickt», schreibt John Mander in «Our German Cousins»: «1938 war England verwundbarer als jemals seit Trafalgar.»

Was wusste man überhaupt von Europa? Der Weit- und Weltblick des Empire konnte auch ein Handicap sein, wie schon Bismarck bei seinem ersten Besuch in London, 1862, entdecken musste, als er mit führenden Köpfen wie Lord Russell, Palmerston und Disraeli zusammentraf. Lothar Gall berichtet von zwei Briefen Bismarcks nach diesen Begegnungen. Der eine an Kriegsminister Albrecht von Roon:

«Die Leute sind dort über China und die Türkei sehr viel besser unterrichtet wie über Preußen», schreibt er, und an seine Frau: «Es war recht schön da, aber über Preußen wissen die englischen Minister weniger wie über Japan und die Mongolei, und klüger wie unsere sind sie auch nicht.»

Wie desensibilisiert gegenüber der heraufziehenden Gefahr der englische Geist der Zeit war, enthüllte schlagend die berühmt-berüchtigte Debatte der Oxford Union vom 9. Februar 1933 über das Thema: «Dass dieses Haus unter keinen Umständen für seinen König und sein Land kämpfen wird». Die These wurde nach stürmischer Aussprache mit 275:153 Stimmen angenommen. Die Presse reagierte gespalten: Der «Daily Express» sprach von «leicht benommenen jungen Kommunisten, die möglicherweise auf Unreife plädieren werden angesichts ihrer unanständigen Tat». Der liberale «Guardian» äußerte sich milder: Muss man den Widerwillen der Jugend nicht verstehen, angesichts der Art, wie Kriege früher «for King and Country» eingefädelt wurden? Churchill äußerte sich im Unterhaus empört: Man könne förmlich sehen, «wie verächtlich sich die Lippen junger Männer in Deutschland, Italien oder Frankreich kräuseln, wenn sie die Botschaft lesen, welche die Universität Oxford im Namen der Jugend Englands aussendet».

Ein Strom prominenter Briten machte sich nach Berlin auf, um Hitler und dem neuen Deutschland seine Reverenz zu erweisen oder einfach nur zu sehen, was sich da tat in dem neuen Wunderreich. Adlige, Politiker, auch der alte Lloyd George, königliche Hoheiten wie der Herzog von Windsor, Pressezaren – alle Schichten der Gesellschaft waren vertreten. Nach seinem ersten Treffen mit Adolf Hitler, im Januar 1936, beschreibt Lord Londonderry den Diktator als «gütigen Mann mit fliehendem Kinn und einem beeindruckenden Gesicht». Hitler wolle gar nicht kämpfen, behauptet er zu wissen, «tatsächlich schaudert ihm vor einem Krieg». Edith, Lady Londonderry, große Society-Dame im Familienpalast an Londons Park Lane, geht noch einen Schritt weiter und schwärmt von Hitler als einem «Mann mit wunderbaren, weit sehenden Augen, schlicht, würdevoll, bescheiden». Später wird sie an ihn schreiben: «Sie und Deutschland erinnern mich an das Buch Genesis des Alten Testaments.»

Lord Rothermere, einflussreicher Inhaber der Associated Newspapers-Gruppe, mahnt im Juli 1933 in seiner hauseigenen «Daily Mail»: «Ich rate allen jungen Engländern und Engländerinnen dringend, sich die Fortschritte genau anzuschauen, die das Nazi-Regime in Deutschland macht. Sie sollen sich dabei nicht verleiten lassen von den Falschdarstellungen seiner Gegner. Die geringfügigen Missetaten einzelner Nazis werden versinken vor dem immensen Gewinn, den das neue Regime schon jetzt für Deutschland gebracht hat.» Selbst Anthony Eden, damals Staatsminister für Völkerbundangelegenheiten im Außenministerium, schreibt nach einer Begegnung mit Hitler im Februar 1934: «Bei einer Sache bin ich mir sicher – das neue Deutschland von Hitler und Goebbels ist dem alten eines von Bülow vorzuziehen.»

Am meisten war die politische Klasse davon beeindruckt, wie der Diktator mit dem Kommunismus umgegangen war. Halifax weilte als Lord President of the Council – ein Amt mit Kabinettsrang – im November 1937 auf Sondierungsbesuch bei Hitler und notierte sich danach in seinem Tagebuch: «Obwohl es viel am Nazi-System gab, das die britische Meinung tief verletzte, war ich nicht blind, was Hitler für Deutschland getan und was er [...] mit der Vertreibung des Kommunismus aus seinem Land erreicht hatte.»

Der Doyen der britischen Militärhistoriker, Michael Howard, fand einmal für die Phase der deutsch-britischen Beziehungen zwischen 1900 und 1940 eine originelle Deutung, der man schlecht widersprechen kann: «Die Briten entwickelten bald mehr Schuldgefühle wegen Versailles als die Deutschen wegen des [Großen] Krieges selbst. Dieses Gefühl der ‹Friedensschuld› brachte die Appeasement-Politik hervor, die von einer späteren Generation dann als neue ‹Kriegsschuld› der Verantwortlichen dargestellt wurde. [...] Daher meine These: Während die keimende Feindschaft zwischen Großbritannien und Deutschland eine der Hauptursachen des Ersten Weltkrieges war, war der Versuch der Briten, mit Deutschland wieder freundschaftlich umzugehen, ironischerweise eine ebenso wichtige Ursache für den Zweiten Weltkrieg.»

MISSVERSTANDENE KONZILIANZ

Es ist englische Art, sich indirekt zu äußern, mit Understatement und den Anzeichen großer Bereitschaft, dem Gegenüber eine faire Chance zu geben. Was aber ist, wenn die Raubeine dieser Welt für die Zwischentöne des englischen Stils keinen Sinn haben und hinter Höflichkeit und Konzilianz die Entschlossenheit überhören oder übersehen, die sich am Ende doch herausschält? Die Frage berührt die Psychologie der Haltung, mit der die britische Politik in beiden Weltkrisen des 20. Jahrhunderts den Deutschen gegenübertrat. Die Generationen eines Sir Edward Grey, eines Eden, Halifax oder Chamberlain hatten die Gentleman-Schule der britischen Diplomatie durchlaufen, waren zwar durch und durch imprägniert mit dem nationalen Interesse, aber eben auch mit der Usance, dasselbe mit Anstand, Umgänglichkeit und dem Willen zum friedlichem Ausgleich zu vertreten, und zwar so weit wie möglich. Wurde diese Tradition falsch verstanden, war sie hinderlich, wo eine unenglische, direkte Art dem deutschen Gegenüber früher und entschiedener reinen Wein eingeschenkt hätte?

Die Französin Odette Keun veröffentlichte 1937 ein Buch unter dem Titel «I Discover the English». Darin geißelte sie «englisches Kompromisslertum» als unentschieden und halbherzig – mithin als wenig hilfreich in den Krisen der Zeit. Zwei Jahre später, im Juni 1939, begegnet Arnold Toynbee, der große Kulturhistoriker, in Bonn zum letzten Mal einem alten Bekannten, Richard Kuenzer, der Kontakte zum Widerstand hatte (und dafür noch Ende April 1945 hingerichtet wurde). Kuenzer bestürmt den Wissenschaftler, Chamberlain und Halifax zu bewegen, «mit Hitler grob umzugehen», wie Toynbee in seiner Sammlung von Erinnerungen, «Acquaintances» (1967), notiert. «Ich kenne die Engländer», sagt Kuenzer, «ich weiß, dass, wenn sie wenig sagen, sie viel meinen. Aber die Nazis kennen die Engländer nicht. Wenn eure Staatsmänner daher die gedämpfte Sprache englischer Gentlemen führen, schließen die Nazis daraus, dass diese sanften Typen es eigentlich nicht so ernst meinen. Wenn eure führenden Figuren weiter so wie Gentlemen reden, geht die letzte Chance dahin, Hitler von einem Krieg abzuhalten. Bitte bringen Sie diesen Punkt unbedingt dem Premier und dem Außenminister nahe.»

Toynbee bemerkt, dass sein deutscher Gesprächspartner einen wichtigen Punkt angeschnitten habe, aber die genannten Herren hält er gleichzeitig «für unfähig, im Sinne der Empfehlung von Kuenzer zu handeln. Sobald sie ihren Mund aufmachen mit der Absicht, Billingsgate zu sprechen», also die grob-direkte Sprache der Händler auf Londons Fischmarkt Billingsgate, «würde nichts anderes als dasselbe alte gentlemanartige Understatement über ihre Lippen kommen, es könnte auch gar nicht anders sein. Dies ist die einzige Sprache, die sie beherrschen.»

John C. G. Röhl glaubt, das hier angesprochene Phänomen könnte auch vor dem Ersten Weltkrieg eine Rolle gespielt haben. In einem Interview mit dem «Spiegel» 2004 merkte er an, London habe sich noch im Sommer 1914 in Berlin um einen Ausgleich bemüht, was die andere Seite womöglich falsch verstand, als Signal, dass England im Kriegsfall letztlich doch neutral bleiben wolle: «Insofern kann man sagen, dass die Briten den Fehler gemacht haben, zu freundlich gewesen zu sein.» So verkündete auch Chamberlain noch im März 1939, die britische Politik sei immer noch die gleiche, nämlich «den Frieden zu sichern durch Beseitigung berechtigter Anlässe für einen Krieg, bei Fortsetzung eines Programms der Aufrüstung». Aber von Aufrüstung wollte Oppositionsführer Clement Attlee auch 1939 noch immer nichts hören: Die Hitler-Diktatur, so meinte er zu wissen, falle doch «allmählich in sich zusammen».

CHURCHILL, HITLER UND DER KRIEG

Winston Churchill schrieb Anfang der 30er-Jahre an der bereits erwähnten umfangreichen Biografie seines Vorfahren John Churchill, Herzog von Marlborough, des großen Feldherrn des Spanischen Erbfolgekrieges. Der erste Band von «Marlborough. His Life and Times» erschien 1933, der vierte und letzte 1938, zur Zeit des Münchner Abkommens zur Beilegung der Sudetenkrise. An der Entwicklung in Deutschland nahm der 1874 Geborene gleichwohl großen Anteil, sah aber anfänglich in Hitler durchaus nicht jenes Menetekel, vor dem er später nicht müde wurde zu warnen.

Ja, wir wissen sogar von einem Versuch Churchills, mit Hitler schon vor 1933 zusammenzutreffen: Er wollte ihm die Idee eines Bündnisses zwischen Großbritannien, Deutschland und Frankreich vortragen. Putzi Hanfstaengl, Hitlers Presseberater für Auslandsfragen, sollte die Begegnung in einem Münchner Restaurant inszenieren. Dort ließen sich Churchill, seine Frau und Hanfstaengl denn auch nieder und begannen mit dem Essen, dem sich Hitler zugesellen würde. Der trat auch ein – doch zehn Meter vor dem Tisch, wo die drei dinierten, drehte er plötzlich ab und verschwand. Man kann unendlich spekulieren, was der Zeitgeschichte mit diesem nicht zustande gekommenen Treffen zwischen Hitler und Churchill entging. Die Stunde ihres Duells war noch nicht gekommen.

Wie viele Beobachter der deutschen Dinge war auch Churchill anfänglich bereit, dem Führer «the benefit of the doubt» zu geben, Punkte zu konzedieren, die für ihn sprachen. Noch im November 1935 beschrieb er in einem Beitrag für das «Strand Magazine» unter der Überschrift «The Truth about Hitler» den Führer als eine «mystery», aber doch auch als den Mann, «welcher der großen germanischen Nation ihre Ehre und ihren Seelenfrieden zurückgeschenkt und sie sicher, hilfsbereit und stark in den Kreis der europäischen Familie zurückgeführt hat». Dann aber stellt der Autor wieder einmal eine seiner historischen Prognosen, mit der ihm eigenen Sprachgewalt: «Die Zukunft wird entscheiden, ob Hitler seinen Platz einnehmen kann in der Walhalla, neben Perikles, Augustus, Washington, oder im Inferno der Verachtenswürdigkeit, neben Attila und Tamerlan. Es mag genügen festzustellen, dass im Augenblick beide Möglichkeiten offenstehen.»

Ähnlich hatte sich auch de Gaulle in den 30er-Jahren einmal geäußert, als er Deutschland beschrieb als «eine Tiefsee, aus der die Netze der Fischer Monster und Schätze heraufziehen», woran nur Giles Radice in «The New Germans» (1995) erinnert. Nach der Sudetenkrise vom Herbst 1938 begegnen wir in Churchill nur noch dem Mahner vor dem kommenden Unheil. Das ging gegen den Strich der öffentlichen Meinung und vertiefte Churchills politische Isolation. Doch der politische Horizont verdunkelte sich weiter, aus Churchills Warnungen wurde Realität. Nach dem Einmarsch Hitlers in der Tschechoslowakei im März 1939 notierte sich Chamberlain in seinem Tagebuch: «Winstons Chancen verbessern sich in dem Maße, wie Krieg zu einer Möglichkeit wird.» Zu einer Wirklichkeit wurde er mit dem Überfall Hitlers auf Polen und nach der Kriegserklärung Großbritanniens an Deutschland am 3. September 1939, und am 10. Mai 1940, dem Tag, an dem die deutsche Wehrmacht in Holland und Belgien einmarschierte, wählte das Unterhaus Churchill als Nachfolger Chamberlains zum Premierminister. «Ich fühlte eine tiefe Erleichterung», schreibt Churchill in seinen Kriegsmemoiren über diesen Augenblick. «Endlich hatte ich die Macht über das Ganze und konnte Befehle geben. Ich hatte das Gefühl, mit dem Schicksal zu wandeln. Mein ganzes vergangenes Leben schien mir jetzt nichts als eine Vorbereitung gewesen zu sein – eine Vorbereitung auf diese Stunde und diesen Test.»

Am 13. Mai bat der neue Premier das Unterhaus um eine Vertrauensabstimmung für seine Allparteien-Regierung, wobei er jenes Wort prägte, das wie viele Wendungen aus seinen Kriegsreden in den Sprachschatz Englands und der Welt eingehen sollte: «Ich habe nichts anzubieten als Blut, Mühsal, Tränen und Schweiß» – «I have nothing to offer but blood, toil, tears and sweat.» Den Satz wiederholte Churchill später in einer Radioansprache, damit niemand im Zweifel darüber sein konnte, wie realistisch er, bei aller Entschlossenheit, die Lage einschätzte. Im Gespräch mit General Ismay, seinem Militärberater, ging er weiter: «Armes Volk. Sie vertrauen mir, aber ich kann ihnen für ziemlich lange Zeit nichts als Desaster anbieten.»

DREI TAGE IM MAI 1940, DIE DEN KRIEG ENTSCHEIDEN

Das erste wartete schon – Dünkirchen. Das englische Expeditionsheer und die mit ihm verbündeten französischen Soldaten waren hoffnungslos eingeschnürt an der französischen Kanalküste und mussten ihrer Vernichtung entgegensehen. Doch dann kam die wundersame Wende: Ein Befehl auf deutscher Seite, den Vormarsch der eigenen Truppen zwischen dem 24. und dem 26. Mai 1940 zum Halten zu bringen, gab den Alliierten willkommene Gelegenheit, mit der Evakuierung ihrer Soldaten nach England zu beginnen. Sie wurde zur größten Rettungsaktion der Kriegsgeschichte.

Doch nicht dies führte zur Wende, die den Krieg entscheiden würde. Die Weiche, auf die es ankam, stellte Churchill in London zur selben Zeit, als er einzelnen Mitgliedern seines Kabinetts und dem Drängen vor allem von französischer Seite widerstand, über Mussolini als Zwischenträger in Friedensverhandlungen mit Hitler einzutreten. Das Drama jener Tage ist mehrfach beschrieben worden, so in John Lukacs' «Five Days in London, May 1940» (1999) oder zuletzt im ersten Kapitel von Ian Kershaws «Wendepunkte. Schlüsselentscheidungen im Zweiten Weltkrieg» (2008).

Wie sah das Denken aus, von dem Churchill sich leiten ließ? Den französischen Bitten damals zu widerstehen, war nicht leicht. Mit Berlin in Verhandlungen zu treten, sah man in Paris als letzte Rettung aus einer militärisch ausweglosen Lage. Nichts schien logischer als der Gedanke, eine Lösung zu suchen, wo auf dem Schlachtfeld Kapitulation drohte. Im britischen Kriegskabinett vertrat vor allem Halifax die Position, Verhandlungsmöglichkeiten auszuloten. Er galt aus der Vorkriegszeit als verkappter (oder nicht so verkappter) Appeaser und stützte sich jetzt mit der Emphase des Diplomaten auf das Wort «reasonable» – vernünftig. Was vernünftig ist, soll man nicht ausschlagen. Gehört das nicht zur besten britischen Tradition von Common sense und Pragmatismus?

Churchill sah die Falle sofort: Frieden könne man haben – unter deutscher Dominanz. Eine Verhandlungsstrategie via Mussolini sei nicht nur vergeblich, «sondern bringt uns in tödliche Gefahr». Warum vergeblich?, konterte Halifax. Wie könne man das wissen, ehe es nicht probiert worden sei? In der Tat sagt ein berühmtes englisches Sprichwort: «The proof of the pudding lies in the eating» – erst muss man den Nachtisch essen, ehe man weiß, wie er schmeckt.

Winston Churchill (1874–1965):
«Ich habe nichts anzubieten als Blut, Mühsal, Tränen und Schweiß.»

Alles sehr vernünftig. Und Monsieur Reynaud, der französische Premierminister, wartete dringend auf die englische Beschlussfassung.

Am 28. Mai erreicht das Drama den Höhepunkt. Churchill hat seine Gedanken auf den entscheidenden Punkt hin zugeschliffen. Jetzt, so sagt er, leben wir noch aus freier Entschlossenheit des Handelns, erhobenen Hauptes und ungebeugt. Aber wer sich in diesem Stadium der deutschen Stärke einmal vom Verhandlungstisch erheben müsse, weil seine Forderungen nach Freiheit, nationaler Unabhängigkeit und Sicherung des Empire nicht erfüllbar sind, der würde feststellen, dass seine Willenskraft, die ihm jetzt noch zur Verfügung steht, gebrochen ist. Die Öffentlichkeit würde in bitterste Gefühle gestürzt, würde Verhandlungen um der Verhandlungen willen verlangen. Churchill hält dagegen: «Nationen, die kämpfend in die Knie gehen, werden auch wieder aufstehen, aber solche, die aufgeben, sind erledigt.»

Das Hin und Her im Kreis der fünf entscheidenden Männer wird gegen Abend unterbrochen, und Churchill stellt sich einer erweiterten Gruppe von 25 Ministern und Staatssekretären zur Aussprache. Sein wichtigster Punkt: Es sind zum jetzigen Zeitpunkt keine besseren Verhandlungsergebnisse mit Hitler zu erzielen, als wenn wir weitermachen und den Krieg durchstehen. Verhandeln? Die Deutschen werden unsere Flotte verlangen, unter dem Namen Abrüstung, unsere Stützpunkte, wir wären ein Sklavenstaat mit einer britischen Marionetten-Regierung, vielleicht unter Oswald Mosley, dem Anführer der faschistischen «Schwarzhemden». Sein Resümee: «Natürlich werden wir weiterkämpfen, was immer in Dünkirchen passiert.» Während er redet, sind aber erst 17000 Soldaten evakuiert worden. Churchill wäre, wie er durchblicken lässt, mit 50000 schon überglücklich. Bis zum 4. Juni werden es dann 224 301 britische und 111 172 französische sein.

Die Zustimmung zu Churchills Vorschlag, weiterzukämpfen und einem Verhandlungsfrieden auch nicht gedanklich nahezutreten, fiel überwältigend aus. Man trat an ihn heran, klopfte ihm auf die

Schulter, jubelte. «Ich war sicher», schreibt er in seinen Kriegsmemoiren, «dass jeder meiner Zuhörer bereit wäre, lieber sein Leben, seine Familie und seinen Besitz zerstören zu lassen als nachzugeben. In dieser Haltung repräsentierten sie das House of Commons und fast unser ganzes Volk.» Das Telegramm an Reynaud vom Abend des 28. Mai war entsprechend eindeutig in seiner Ablehnung.

Die Rettung der Truppen von den Kanalstränden einen Sieg zu nennen, hütete sich Churchill ausdrücklich. «Ein Rückzug ist kein Sieg», war seine Formel. Der Sieg, den er feiern konnte, war ein anderer: die Nation unter seiner Führung zum Weiterkämpfen motiviert zu haben, und das in der Stunde, da England als einziges noch unerobertes Land dem Beherrscher des Kontinents gegenüberstand. Dieses Gefühl, ein vereintes Volk hinter sich zu wissen, inspirierte Churchill zu seiner berühmten Unterhaus-Rede vom 4. Juni 1940: «We shall fight on the beaches, we shall fight on the landing grounds, we shall fight in the fields and in the streets, we shall fight in the hills; we shall never surrender» – «wir werden uns niemals ergeben.» Vor dem Hintergrund des gefährlich gewachsenen Defätismus – die Mehrheit der Briten sah sich gegenüber Deutschland auf verlorenem Posten – kann man Churchills Leistung, die Nation aufgerichtet zu haben, nicht hoch genug ansetzen.

Am 20. Juni verfasste der Premier eine äußerst knappe Geheimnotiz: «Wenn es Hitler nicht gelingt, Großbritannien zu besetzen oder zu zerstören, hat er den Krieg verloren.» Die Weiche, die Churchill Ende Mai 1940 stellte, war mithin kriegsentscheidend. Aber zu welchem Preis für die Insel! Sebastian Haffner formuliert es in seiner Churchill-Monografie unverblümt: «Mit seinem Widerstand hat Churchill die physische, wirtschaftliche und imperiale Existenzgrundlage Englands aufs Spiel gesetzt – die physische hat er bewahrt, die Wirtschaft ruiniert, das Empire verloren.» Aber bewahrt wurde mehr als die physische Existenz der Briten – bewahrt wurde die Freiheit des *free-born Englishman* und zurückgewonnen die Freiheit vieler unterdrückter Völker.

«OPERATION SEELÖWE»: DIE PLÄNE DER SS

Hitlers Antwort auf Churchills Weigerung, in Verhandlungen einzutreten, ließ nicht lange auf sich warten. Am 16. Juli 1940 erteilte er seine «Direktive Nr. 16»: «Da England, trotz seiner militärisch aussichtslosen Lage, noch keine Anzeichen einer Verständigungsbereitschaft zu erkennen gibt, habe ich mich entschlossen, eine Landungsoperation vorzubereiten. Zweck dieser Operation ist es, das englische Mutterland als Basis für die Fortführung des Krieges gegen Deutschland auszuschalten und, wenn es erforderlich sein sollte, in vollem Umfang zu besetzen. [...] Das Unternehmen führt den Decknamen ‹Seelöwe›.» Es war nach Napoleon zum ersten Mal, dass eine Kontinentalmacht die seit Wilhelm dem Eroberer von fremden Truppen unbesetzte Insel in ihre Gewalt zu bringen hoffte.

Eine seegestützte Invasion konnte aber nur gelingen, wenn zuvor die Royal Air Force ausgeschaltet war. Also folgte «Direktive Nr. 17» vom 1. August: «Um die Voraussetzungen für die endgültige Niederringung Englands zu schaffen, [...] befehle ich Folgendes: Die deutsche Fliegertruppe hat mit allen zur Verfügung stehenden Kräften die englische Luftwaffe möglichst bald niederzukämpfen.» Diese Hoffnung aber schwand während der folgenden Battle of Britain mehr und mehr, sodass der Zeitpunkt der Landung, ursprünglich für den 15. September vorgesehen, immer weiter verschoben werden musste, bis die Invasion nach dem Einfall Hitlers in der Sowjetunion im Juni 1941 ganz aufgegeben wurde.

Parallel zu Heer und Marine plante auch die SS für die «Operation Seelöwe». Sechs Einsatztruppen des SS-Sicherheitsdienstes (SD) waren vorgesehen – für London, Bristol, Birmingham, Liverpool, Manchester und Edinburgh –, um hinter den Kulissen aufzuräumen, sollte die Invasion gelingen. Passend dazu hatte man eine Broschüre vorbereitet, unauffällig-harmlos «Informationsheft Großbritannien» genannt, das Manual des Herrenmenschen für seine Zeit in England. Es ist eines der faszinierendsten Dokumente aus der deutsch-britischen Beziehungsgeschichte. Das Büchlein bot zweierlei: Beschreibung von Land, Leuten und Organisationen sowie eine detaillierte Liste von Personen, die man nach der Landung in Schutzhaft nehmen wollte.

Von englischer Art spricht der Text mit kaum verhohlenem Respekt. Immer wieder meldet sich die traditionelle deutsche Bewunderung für die Vettern auf der anderen Seite des Kanals zu Wort, oft auf peinliche Weise. «Das Widersprüchliche und Willkürliche an den Briten» glaubt die Schrift entdeckt zu haben, «was man auch an der Struktur ihrer Sprache ablesen kann». Attribute des englischen Nationalcharakters seien «Skrupellosigkeit, Disziplin, kühles Kalkulieren und ruchloses Handeln». Bei der Beurteilung der Eliteerziehung an den englischen Privatschulen bricht es aus dem Verfasser geradezu hervor: «Das ist der Ort, an dem der zukünftige Gentleman erzogen wird, der Gentleman, der kaum eine Vorstellung von ausländischer Kultur besitzt und in Deutschland die Verkörperung des Bösen sieht, doch der zugleich britische Macht für unantastbar hält. Alleiniger Zweck dieses Erziehungssystems ist es, Menschen von starkem Willen und grenzenloser Energie heranzubilden, welche geistige Themen für Zeitverschwendung halten, aber die menschliche Natur kennen und wissen, wie man herrscht. Dies sind wohlerzogene Leute, die in ihrer gewissenlosen Art englische Idealvorstellungen repräsentieren und den Sinn ihres Lebens einzig in der Beförderung der Interessen der herrschenden Klasse erblicken.»

Im Grunde war diese Passage, wie viele andere, nichts als eine verkappte Beschreibung eigener Art, projiziert auf einen Gegenüber, in dem man sich selbst unausgesprochen spiegelte, an dem man sich hochstilisierte. Das entsprach ganz Hitlers eigenem Denken. Noch am 19. Juli 1940 hatte er vor dem Reichstag uneingeschränkten Respekt für England und das Britische Empire durchblicken lassen, in vielem sein – wenn auch missverstandenes – Vorbild. Zum außenpolitischen Programm seiner Regierung, so ließ er die Abgeordneten in der Berliner Kroll-Oper wissen, habe immer «die Herbeiführung des gleichen Verhältnisses zu England» gehört – verräterisches Bekenntnis eines Diktators, der zur Großmacht seiner Zeit aufzuschließen hoffte, Echo der Sehnsucht, die schon den letzten Kaiser umtrieb.

Die englische Veröffentlichung des Informationshefts, unter dem Titel «The Nazi Invasion Plan für Britain», kam 2000 einer Sensation gleich, wusste man doch bis dato selbst in Deutschland von nur drei Exemplaren der Schrift, die nach Kriegsende den Alliierten in die Hände gefallen waren; die Hauptbestände, 20 000 Stück, hatte ein Luftangriff in Berlin vernichtet. Einem größeren Kreis bekannt wurde nach dem Kriege lediglich die auch der englischen Version angehängte sogenannte schwarze Liste – das Verzeichnis von 2820 besonders gesuchten Personen, die sofort nach erfolgter Invasion verhaftet werden sollten.

Ein Who's Who der besonderen Art, gründlich auch darin, dass hinter jedem Namen vermerkt war, welcher Abteilung im Reichssicherheitshauptamt (RSHA) die/der Genannte nach der Festnahme zuzuteilen sei. Also: «Astor, Lady, London, deutschfeindlich, RSHA IV E 4.»; «Churchill, Winston Spencer, Ministerpräsident [sic], Westerham/Kent, Chartwell Manor, RSHA, VI A 1.»; «Attlee, Clemens [sic], Führer d. Labour-Partei, RSHA II B 4.» Politiker, Künstler, Verleger, Emigranten, Presseleute, Wissenschaftler und Gewerkschafter – wer aufgeführt war, durfte sich nach 1945 besonders prominent fühlen. Wer nicht, erblasste bei der Vorstellung, von den Nazis für harmlos oder – schlimmer – für deutschfreundlich gehalten worden zu sein.

Nach allem, was die Briten über die Despotie der Nazis in besetzten Ländern erfuhren, konnten sie nicht im Zweifel darüber sein, was auch ihnen blühte, sollten die Deutschen bei ihnen landen und sich ausbreiten dürfen. Einzelnen, die als Anti-Nazis bestens bekannt waren, schwante mehr. Harold Nicolson, Parlamentarischer Staatssekretär im Informationsministerium und anerkannter Mann der Feder (das «Informationsheft» teilt ihn RSHA VI G 1 zu), schrieb am 26. Mai 1940 besorgt an seine Frau, die Schriftstellerin Vita Sackville-West: «Um Dir jede Demütigung zu ersparen, solltest Du eigentlich eine Giftkapsel bereithalten und damit, wenn nötig, abtreten. Ich werde mir ebenfalls eine besorgen. Ich fürchte mich überhaupt nicht vor einem so schrecklichen und plötzlichen Tod. Was ich wirklich fürchte, ist gefoltert und erniedrigt zu werden. Nur – wie an solche Kapseln herankommen? Ich werde meine Arztfreunde fragen.» Am 19. Juni dann seine «beruhigende» Mitteilung: «Ich habe jetzt das Gewünschte und werde Dir Deine Hälfte am Sonntag mitbringen. Es sieht alles ganz einfach aus.»

Einen eigenen Teil, 22 Seiten lang, widmet die Schrift dem britischen Geheimdienst und seinen Gliederungen, wobei der Autor den Leser kennerisch warnt: «Wir müssen uns von konventionellen Vorstellungen einer straffen Organisation befreien, besonders von diesem deutschen Bedürfnis nach präzisem Detail, nach Trennschärfe und Definition.» Während er «Konfusion» geradezu als organisatorisches Prinzip der britischen Dienste ausmacht («Engländer sind nicht konsequent»), glänzt der Verfasser gleichzeitig mit einer für spätere britische Augen horrenden Fülle an Kenntnissen und Einblicken, wie sie auf der Insel selbst bis weit in die 60er-Jahre unter Verschluss gehalten blieben. Kein Wunder, dass Whitehall den Inhalt dieses «Gestapo Handbook» nicht früher als 2000 hat herauslassen wollen.

Für die SD-Broschüre verantwortlich zeichnete der Leiter der Gruppe IV E im Reichssicherheitshauptamt, der für die polizeiliche Spionageabwehr zuständige SS-Standartenführer Walter Schellenberg. Schellenberg besaß Informationen aus erster Hand. Zwei Agenten, Captain Sigismund Payne Best und Major Richard Stevens, waren ihm im November 1939 bei Venlo, im holländischen Grenzgebiet, in eine sorgfältig gelegte Falle gegangen und nach Berlin verschleppt worden. Die Broschüre teilt stolz Einzelheiten aus den Verhören dieser beiden mit. An einer Stelle habe Captain Best geäußert, «dass die Briten in der Lage seien, ihr bürokratisches Durcheinander vollkommen zu transformieren, und zwar dann, wenn ihr Land in unmittelbarer Gefahr stecke. Sie wüchsen in solcher Situation zu ihrem formidablen Selbst heran.» Das wird wie arglos wiedergegeben und nahm doch hellsichtig – ohne ihn zu nennen – Winston Churchill vorweg, der England für den Widerstand gegen Hitler-Deutschland «transformieren» sollte.

1964 wurden die Briten nachträglich geschockt durch einen in ihrem eigenen Land produzierten Invasionsfilm, «It Happend Here». Aber der Schock lag nicht etwa darin, dass dieser Film, wie man hätte erwarten können, den deutschen Besatzer, der zu allem fähig ist, kolportierte. Nein, die eigentlichen Schurken waren die Kollaborateure, nach der Devise: Der Faschismus kann unter den richtigen Bedingungen überall entstehen, und überall können Menschen ihm verfallen.

BOMBEN ÜBER DEUTSCHLAND – AUCH IN ENGLAND NOCH IMMER EINE WUNDE

Mit dem Untergang Dresdens sind nachdenkliche Briten bis heute nicht versöhnt. Die Zweifel, ob die Vernichtung der Stadt so kurz vor dem nahen Kriegsende zu rechtfertigen war, haben sich längst zum Urteil verdichtet: Sie war es nicht. Die tragische Konsequenz eines zur gegenseitigen Vernichtung geführten Krieges fand im Flächenbombardement deutscher Städte ihre höchste Aufgipfelung. Hilft es zur Erklärung, darauf hinzuweisen, dass in der Schlussphase des Krieges deutsche V-1- und V-2-Waffen weiterhin Zerstörung auf Antwerpen, Paris und London regnen ließen? Eine V-2 schlug noch am 27. März 1945 im Osten Londons ein und tötete 134 Menschen. Die öffentliche Meinung in Großbritannien hätte es nicht verstanden, wenn die militärische Führung auf Schonung des Gegners geschaltet hätte, wo dieser bis zum Ende Vernichtung betrieb.

Unwohlsein äußerte Churchill selbst schon 1943, als man ihm Bilder der Verwüstungen in Deutschland vorlegte. «Gehen wir nicht zu weit?», fragte er mehr rhetorisch als entschlossen, Einhalt zu gebieten. Sein Memorandum vom 28. März 1945 an General Ismay, den Vorsitzenden des britischen Generalstabs, fiel, wenn auch spät, eindeutiger aus: «Der Moment scheint mir gekommen, wo die Frage der Bombardierung deutscher Städte allein zum Zwecke der Erhöhung des Terrors, auch wenn wir andere Vorwände nennen, überprüft werden sollte. Die Zerstörung Dresdens bleibt eine ernste Frage an die alliierte Bombardierungspolitik.»

Die «ernste Frage» beantwortete Max Hastings in seinem Klassiker von 1979, «Bomber Command», eindeutig: «Die Auslöschung deutscher Städte im Frühjahr 1945 ist ein bleibender Schandfleck.» Wenige Jahre später pflichtete ihm John Grigg in seinem Buch «The Victory that Never Was» bei: Die Ausradierung deutscher Städte qua Flächenbombardement «war ebenso nutzlos wie bestialisch». Auch George Kennan, der amerikanische Diplomat, kam bei einem Besuch Hamburgs kurz nach Kriegsende zu einem klaren Urteil: «Ich fühlte die unerschütterliche Überzeugung in mir», schrieb er, «dass ein kurzfristiger militärischer Vorteil niemals solch riesige, gedankenlose Vernichtung von Zivilisten und materiellen Werten rechtfertigen konnte.» Noch vor wenigen Jahren schrieb nach einem Besuch Dresdens der Architektur-Kritiker des Londoner «Evening Standard», Rowan Moore: «Ob die Einäscherung der Stadt vergeben werden kann oder nicht – als tragischer Fehler im Krieg gegen die Barbarei erinnert sie uns noch heute auf schockierende Weise daran, wie viel grausame Rohheit die Nation des warmen Biers und des Kricket ihrerseits entfesseln konnte.»

Arthur («Bomber») Harris war im Februar 1942 Leiter des Bomber Command geworden und schickte Welle auf Welle von Luftflotten über den Kanal, mit immer tödlicherer Fracht, in der Annahme, die Vernichtung aus der Luft würde die deutsche Kriegsmoral zusammenbrechen lassen. Ein fataler Irrtum, wie die englische Politik an der Haltung der eigenen Bevölkerung während des «Blitz», der Luftschlacht über England, hätte feststellen können: Die Menschen schlossen sich noch enger zusammen, je schlimmer die Zerstörung unter ihnen wütete. Nun, so reagieren Demokratien, dachte man an höherer Stelle. Aber in einer Diktatur? Dort müssten die Menschen doch froh sein, endlich ihr Joch abschütteln zu können angesichts der herannahenden Katastrophe. Niemand verstand, wie effizient der Nazi-Terror nach innen wirkte und die Gesellschaft an jeder unabhängigen Regung hinderte. Niemand bedachte, dass eine schutzlos dem «Bombenterror» (so das gängige Wort) ausgelieferte und obendrein total gegängelte Bevölkerung sich im Zweifelsfalle eher enger um das Regime scharen würde.

Selbst Harris sah schließlich ein, dass seine Rechnung nicht aufging. Ihm blieben nur der Automatismus der Zerstörung sowie die Hoffnung, dass bei noch größerem Schaden die einmarschierenden Truppen wenigstens weniger Mühe haben würden. Siehe seine Notiz vom Februar 1945: «Persönlich halte ich die noch verbleibenden deutschen Städte für nicht den Knochen eines einzigen britischen Grenadiers wert.» Er hatte das berühmte Wort Bismarcks offenbar gut memoriert, dass «der ganze Balkan nicht die gesunden Knochen eines einzigen pommerschen Grenadiers wert» sei.

Doch es gab einen Kritiker der Luftstrategie auf englischer Seite, der sich nicht ruhigstellen ließ: der anglikanische Bischof von Chichester, George Bell. Unablässig griff Bell die Politik des Flächenbombardements an, so am 17. April 1941 in einem Leserbrief an die «Times»: «Es ist barbarisch, unbewaffnete Frauen und Kinder bewusst zum Angriffsziel zu machen.» Ganze Städte auszulöschen, nur weil sich in einigen ihrer Bereiche militärische oder industrielle Einrichtungen befanden, hielt er für eine krasse Verletzung des Gebots der Verhältnismäßigkeit. Auch den Erzbischof von Canterbury, William Temple, versuchte er als Mitstreiter zu gewinnen, hatte dieser doch bei Kriegsbeginn genau vor diesem Punkt, dem Angriff auf Innenstädte des Feindes, gewarnt. Doch seit der Bombardierung der mittelenglischen Stadt Coventry in der Nacht zum 15. November 1940, bei der 554 Zivilisten starben und die mittelalterliche Kathedrale in Schutt und Asche sank, war Temple anderen Sinnes geworden und verteidigte die britische Luftkriegsführung als «schicksalhafte Notwendigkeit». Das war die herrschende Meinung. Bell blieb isoliert, seine Interventionen galten als Propagandahilfe für die Nazis und lösten jedes Mal heftige Proteste aus. In Churchills Umgebung nannte man ihn «notorisch», und das Foreign Office, das Außenministerium, sprach von ihm nur als «this pestilent priest».

«Wir werden ihre Städte ausradieren!», hatte Hitler am 4. September 1940 gedroht, «und zwar steigend Nacht für Nacht.» Dazu reichten die Kräfte auf deutscher Seite immer weniger. Den letzten großen Angriff während der Schlacht um England, die man auf der Insel nur «The Blitz» nennt, im Gegensatz zu den Luftduellen im Sommer 1940, flog die Luftwaffe am 10. Mai 1941 gegen London. Punktuelle Vergeltung übte man noch im April 1942 auf historische Städte wie Bath, Exeter und Canterbury (sogenannte «Baedeker-Angriffe»), als Antwort auf die Vernichtung Lübecks und Rostocks. Doch der Krieg lenkte die deutsche militärische Anstrengung immer mehr nach Osten, und die eigenen Städte wurden Opfer gnadenloser Vergeltung aus der Luft. Doch auch auf britischer Seite war der Blutzoll hoch: England verlor 55 000 Piloten und Navigateure, und wenn man Harris den «Metzger» (*butcher*) nannte, hatte das auch mit dieser für die Briten fast untragbar hohen Opferzahl zu tun. Sie lag noch über der Zahl der während des Zweiten Weltkriegs durch deutsche Bomben auf britischem Boden umgekommenen Zivilisten, rund 42 000.

Neue Debatten brachen in England in den Jahren 2006 und 2007 aus, als der Moralphilosoph A. C. Grayling in seinem Buch «Among the Dead» die Flächenbombardierung deutscher Städte ein «Kriegsverbrechen» nannte und Jörg Friedrich mit der englischen Übersetzung seines Buches «Der Brand» Furore machte. Davon unterschied sich, weil nicht auf Kontroverse zielend, Keith Lowe mit seiner ebenfalls 2007 erschienenen Dokumentation der «Operation Gomorrha», der Zerstörung Hamburgs Ende Juli 1943: «Inferno – The Destruction of Hamburg 1943». Das entriss ein für die Briten fast unbekanntes Kapitel des Luftkrieges dem Vergessen. In der Tat pflegte die englische Debatte bis dahin fast ausschließlich auf Dresden zu schauen als den Stein des Anstoßes. Dabei war Hamburg der erste Testfall einer Bombardierung, deren Intensität zu jenem Feuersturm führte, dem später auch Dresden zum Opfer fiel. Auch reichte die Zahl der Toten in Hamburg, die man heute auf 35 000 schätzt, an Dresden heran, und Lowe wie Grayling schlagen in diesem Zusammenhang eine Gedankenbrücke zu Hiroshima und Nagaski.

Die Wunde, wie man sieht, ist in England alles andere als verheilt. Adam Tooze, ein Cambridger Historiker, begrüßt die genannten Veröffentlichungen, weil sie «an der unschuldigen Saga unseres Sieges kratzen, die wir gerne in Bezug auf den Krieg konservieren». Er braucht sich nicht zu sorgen. Schon vor längerer Zeit wurde in Großbritannien ein gemeinnütziger Verein gegründet, der Dresden Trust, der mit seinen öffentlichen Sammlungen zur Finanzierung des Wiederaufbaus der Dresdner Frauenkirche beitrug. Versöhnungsbereitschaft ist seine Motivation. Der Trust stiftete das Turmkreuz mit dem Strahlenkranz sowie die goldene Erdkugel, die krönenden Punkte der neu erstandenen Kirche. Gefertigt wurden sie in der Londoner Silberschmiede von Alan Smith, dessen Vater an der Bombardierung Dresdens teilgenommen hatte. Sein Vater, so berichtete Alan Smith, habe danach «post-traumatischen Stress entwickelt, der ihn über Jahre mit Horror erfüllte».

Vom «entsetzlichen Leid des Krieges auf beiden Seiten» sprach Elisabeth II. während ihres Staatsbesuchs in Deutschland im November 2004. «Der Wiederaufbau der Dresdener Frauenkirche ist für uns alle eine Inspiration», fügte die Monarchin hinzu. Das war ein pikanter Kontrapunkt zu ihrer Mutter. Die Queen Mother hatte bei der Einweihung des Arthur-Harris-Denkmals in London im Mai 1992 den Chef des Bomber Command als «inspirierenden Anführer» gepriesen. Der «inspirierende Anführer» der Vernichtung deutscher Städte und die wiedererstandene Frauenkirche als «eine Inspiration für uns alle»: Darin liegt für die Briten die nicht auflösbare Dialektik dieses Kapitels ihrer Geschichte.

12
ZU NEUER PARTNERSCHAFT

UMERZIEHUNG UND *INDIRECT RULE*

Was tun mit den besiegten Deutschen? Die Debatten darüber hatten schon im Krieg hin und her gewogt. Doch zu keinem Zeitpunkt gab es so etwas wie eine gültig von allen Beteiligten abgesegnete Politik für die Zeit der britischen Besatzung oder das besetzte Deutschland insgesamt. Schließlich musste Nazi-Deutschlands erst endgültig niedergeworfen werden, nach der Devise der Alliierten: «Keine Politik diesseits bedingungsloser Kapitulation». Erste Ideen hatten sich immerhin um den Begriff der «Mobilisierung von Schuldbewusstsein» kristallisiert – die deutsche Bevölkerung sollte für die Dimension des Versagens von Demokratie und Humanität sensibilisiert werden. Hinzu kam die Idee, Großbritannien als ein Vorbild freiheitlicher Strukturen zu projizieren.

Schon 1943 hatte Viscount Cecil of Chelwood in einer Oberhaus-Debatte ein Wort verwendet, in dem die Westdeutschen nach dem Krieg die Politik der Besatzer am besten zu erkennen glaubten: *re-education*. Chelwood stellte die rhetorische Frage, was nach der Zerstörung des Nazismus und der Entwaffnung Deutschlands wohl geschehen werde – nur um sich selbst die Antwort zu geben: Dann werde Deutschland die Chance erhalten, «sich neu zu erziehen» («to re-educate herself»). Der Terminus war zu keiner Zeit offizieller Begriff der britischen Politik, aber für die Deutschen erhielt er den Status amtlicher Beschreibung der Demokratisierungskampagne, so geflügelt wie das andere Stichwort für die Entnazifizierung, der «Fragebogen». Und er bürgerte sich salopp bei den Besatzern selbst ein.

Wenn das «Informationsheft Großbritannien» des SD von 1940 kommenden deutschen Besatzern hatte erklären wollen, wer denn England und die Engländer seien, so gingen die Briten jetzt den umgekehrten Weg und erläuterten ihrem Militärpersonal in einer schon 1944 gedruckten kartonierten Broschüre, mit was für Leuten sie bei den Deutschen würden rechnen müssen. «Man mag es seltsam finden, dass die Deutschen, bekannt für ihre Brutalität, gleichzeitig sehr sentimental sind», stand da schwarz auf weiß. «Sie lieben melancholische Lieder; sie bemitleiden sich leicht selber; selbst kinderlose ältere Ehepaare bestehen auf ihrem Weihnachtsbaum. Die Mischung aus Sentimentalität und Herzlosigkeit verrät nicht gerade einen gut ausbalancierten Kopf. Die Deutschen finden es schwer, ihre Gefühle unter Kontrolle zu halten; sie haben eine Spur von Hysterie an sich und können sich oft leidenschaftlich aufregen über irgendeine kleine Sache, die schiefgeht.» Der eigene Soldat wird ermahnt: «Je tiefer du im deutschen Nationalcharakter gräbst, desto mehr wirst du merken, wie verschieden die Deutschen von uns sind. Lass dich also nicht von ersten Eindrücken irreleiten.» Übrigens «wissen die Deutschen nicht, wie man Tee kocht, dafür sind sie Experten mit Kaffee, auch wenn sie im Augenblick nur Kaffee-Ersatz trinken».

Dass die Deutschen mitnichten so verschieden waren von den Engländern, wie das Büchlein es behauptete, entdeckte bald eine große Zahl von Besatzungssoldaten, die nach der Aufhebung des anfänglichen Fraternisierungsverbots ihre «Frauleins» fanden, nicht nur als *girl friends*, sondern als Ehepartner für ein oft glückliches gemeinsames Leben.

In der britischen Besatzungszone – Norddeutschland, Westfalen, dem nördlichen Rheinland – lebten damals 23 Millionen Menschen, etwa die Hälfte der Gesamtbevölkerung Großbritanniens, und 25 000 Angestellte der britischen Kontrollkommission in Deutschland mussten mit dieser Verwaltungsaufgabe fertig werden. Überfordert zu werden drohte das Mutterland, wo Lebensmittel wie in Deutschland rationiert waren, schon von der Ernährungskrise in seiner Zone. Im Winter 1945/46 sah London sich gezwungen, seine strategische Kartoffelreserve anzugreifen, um die hungernden Deutschen am Überleben zu halten. Im Parlament fragte ein Abgeordneter nach dem Sinn solcher Opfer für ein Land, das den Briten noch bis vor Kurzem mit tödlichem Verderben gedroht habe. Aber die Aufgabe musste bewältigt werden. Dafür entwickelte man schon früh die Idee, Deutsche – sofern nicht kompromittiert – in Verwaltungs- und andere Aufbauarbeiten einzubeziehen. *Indirect rule* hieß das Prinzip, nach dem man regieren wollte – eine Maxime, die so politisch vernünftig wie ökonomisch sinnvoll war.

Dabei unterlief den Besatzern im Rahmen der *indirect rule* eine Personalentscheidung, von der die Nachkriegsgeschichte Deutschlands ungemein profitieren sollte: Konrad Adenauer, schon im April 1945 von den vordringenden Amerikanern wieder als Oberbürgermeister in Köln eingesetzt, wurde von dem britischen Gouverneur der Rheinprovinz, Fallschirmbrigadier John Ashworth Barraclough, am 9. Oktober 1945 gefeuert. Grund: Versagen bei der Trümmerbeseitigung, mangelnde Energie und Initiative, insbesondere beim Bau von Unterkünften für den Winter. Michael Thomas, Liaison-Offizier für General Templer, den Oberbefehlshaber in der britischen Besatzungszone, erinnerte sich in seinen Memoiren «Deutschland, England über alles» (1986), wie emphatisch Barraclough in einem Gespräch mit ihm seine Entscheidung begründet hatte: «Der Kerl ist unfähig! Köln ist die am schlechtesten aufgeräumte Stadt der britischen Zone, [...] nur politische Intrigen waren gesponnen. Wir brauchen jetzt keine Politik, wir brauchen aufgekrempelte Ärmel, um das Land wieder in Gang zu kriegen.» Der erste Bundeskanzler hat später schmunzelnd gemeint, er verdanke den Briten seinen Aufstieg in der Nachkriegszeit. Die Demission aus dem Kölner Amt habe ihn frei gemacht für den politischen Weg, an dessen Anfang die Organisation der rheinischen CDU stand, deren Führung er im Februar 1946 übernahm – dem Monat, in dem London die politischen Parteien in seiner Zone neu zuließ.

Wie stand Adenauer später zum englischen Gegenüber? Den besten Rapport hatte er noch mit Winston Churchill; sie waren fast gleichaltrig, Jahrgang 1874 der eine, 1876 der andere. Kühl dagegen waren seine Beziehungen zu Harold Macmillan, Premierminister ab 1957. London fand freilich zu Adenauer auch nicht leicht Zugang – sein Misstrauen gegenüber der britischen Politik, vor allem in Bezug auf Moskau, entnervte oft. Warum Adenauer mit den Briten letztlich nicht recht warm wurde, kommentierte Herwarth von Bittenfeld, der 1955 erster deutscher Botschafter in London nach dem Zweiten Weltkrieg wurde, in seinen Memoiren («Von Adenauer zu Brandt», 1990) so: «Die britische Mentalität stand ihm ferner als die französische. Nach meinem Eindruck irritierte ihn die in sich ruhende Selbstsicherheit der englischen politischen Klasse. Solche Vorlieben und Abneigungen haben durchaus ihre Auswirkungen auf die Politik.»

Doch die Besatzer hatten keine Zeit, ihrer personalpolitischen Entscheidung vom Oktober 1945 lange nachzuhängen. Sie waren voll beschäftigt mit der «Projektion Großbritannien». Die Genesung des deutschen Patienten verlangte nach einem Modell, an dem er sich orientieren konnte. Was bot sich Besseres an als die manifeste Ausstrahlung der britischen demokratischen Institutionen? Seit den Tagen des Empire hatte England nicht mehr so fest an die schicksalhafte Bestimmung seiner Mission geglaubt wie in diesen Jahren, als der Versuch unternommen wurde, «to make Germany safe for democracy». Eine Direktive des Foreign Office vom September 1945 formulierte stolz: «Unsere Demokratie ist die stärkste in der Welt. Exportiert, kommt sie unter sorgfältiger Pflege in den unterschiedlichsten Ländern neu zum Erblühen.» Blühende demokratische Landschaften stiegen vor dem inneren Auge der Briten auf. In Wilton Park (Buckinghamshire) etwa, ursprünglich ein *re-education*-Lager für deutsche Kriegsgefangene, wurden nach 1947 ausgewählte

Deutsche auf den Wiederaufbau der demokratischen Kultur ihres Landes vorbereitet, darunter etwa Rainer Barzel, Ralf Dahrendorf und Hildegard Hamm-Brücher. Hinzu kam seit 1950 die jährliche Königswinter-Konferenz, ein Forum der Aussprache und Wiederannäherung zwischen führenden Politikern, Vertretern der Wirtschaft und der Medien aus beiden Ländern.

Der angelsächsische Idealismus dieser Anfangsjahre des deutschen Wiederaufbaus ist oft belächelt, die zugrunde liegende Prämisse kultureller Überlegenheit ebenso oft gerügt worden, auch von Briten selbst. Noel Annan zum Beispiel, der uns bereits in einem Gespräch mit Konrad Adenauer über die Fehler der britischen Außenpolitik begegnet ist, gab in einem Rückblick auf die Besatzungsjahre diese Einschätzung zum Besten: «Mitglieder der Militärverwaltung kamen sich eher wie unter zukunftsoffenen Beduinen vor; sie neigten anfänglich dazu, die Deutschen wie intelligente Eingeborene zu behandeln.» Andere warnten vor der Versuchung, «den Eroberten die Kultur des Eroberers überzustülpen» – was bei der Projektion Großbritannien kaum zu vermeiden war.

Gleichwohl, die überwiegende Mehrheit der Deutschen erkannte durchaus, dass ihr Selbstwert mit dem Wiederaufbau der demokratischen Kultur aufs Engste zusammenhing. «Demokratie» wurde somit letztlich ein Selbstläufer, so unwiderstehlich wie unter den Kindern die Schulspeisung in der britischen Zone. Hinzu kam der Import von lang entbehrter angelsächsischer Literatur, von westlicher Unterhaltungsmusik, kurz: die allgemeine Attraktivität des entspannteren anglo-amerikanischen *way of life*. Und die deutsche politische Elite konnte an die Idee eines deutschen Liberalismus anknüpfen, der seit hundert Jahren auf seine Erfüllung wartete. Dass große Teile der deutschen Bevölkerung sich bis in die 50er-Jahre hinein als wehrlose Opfer des Nationalismus ansahen, stand auf einem anderen Blatt. Vergangenheitsbewältigung wurde in der Not der Gegenwart erst einmal vertagt.

BINDESTRICH-POLITIK: DIE BRITEN GRÜNDEN NORDRHEIN-WESTFALEN

Entschieden mussten sich die Engländer dem Druck der Franzosen widersetzen, die das wirtschaftliche Herzstück der britischen Zone, die Ruhr-Industrie, gerne internationalisiert gesehen hätten. Noch war der Montangedanke nicht gereift, der genau dies, die Internationalisierung von Kohl und Stahl in Deutschland, aber unter anderen Vorzeichen, zu seinem Kern machen sollte. London trug sich stattdessen mit einer Idee, die auf die Schaffung einer neuen Verwaltungseinheit aus Westfalen und dem industriellen Raum Rhein-Ruhr hinauslief. In einer solchen Einheit ließen sich mit Hilfe der politisch eher konservativen Bevölkerung des ländlichen Westfalens die kommunistischen Tendenzen in den Industriestädten besser austarieren. Das Projekt lief 1946 unter dem Tarnnamen «Operation Ehe» an, und schon im Juli wurde in London das neue Bindestrich-Land «Nordrhein-Westfalen» aus der Taufe gehoben.

Als der frisch gewählte Ministerpräsident Rudolf Amelunxen am 2. Oktober 1946 im halbzerstörten Düsseldorfer Opernhaus den ersten NRW-Landtag eröffnete, griff er in seiner Eingangsrede auf bewährte Prinzipien der britischen Demokratiegeschichte zurück, darunter auch das Recht auf Widerstand. Ein heikler Punkt unter den Deutschen damals, herrschte doch noch immer die Meinung vor, in den Tätern des 20. Juli 1944 eher «Landesverräter und Deserteure» zu sehen. Dem stemmte sich der erste NRW-Chef wie ein John Locke der letzten Tage entgegen, als wollte er dessen «Second Treatise of Civil Government» von 1689 den Deutschen von 1946 als neues Grundbuch ihres Denkens vermachen. Widerstand sei «eine geheiligte Pflicht der Bürger» und müsse es immer sein, rief er aus, «wenn eine Regierung die verfassungsmäßig gewährleisteten Rechte und Freiheiten missachtet». Im Übrigen könne Demokratie nur gelingen, «wenn jeder Droschkenkutscher auf der Straße weiß, daß der Staat nicht Sache der Regierung, sondern seine eigene Sache ist». Noch in den frühen 50er-Jahren verwendete die Deutsche Bundespost einen gereimten Werbestempel, der Amelunxen erfreut haben muss: «Kritik am Staate steht dir zu./Doch denk daran: Der Staat bist du!» Demokratisierungskampagnen.

Weniger zukunftsweisend als die Gründung des neuen Bindestrich-Landes war ein anderer britischer Plan: die Ruhr-Industrie zu verstaatlichen. Der Gedanke spiegelte wider, was in England selbst zu diesem Zeitpunkt auf Hochtouren lief, seit im Juli 1945 die Labour-Partei in einer Erdrutschwahl an die Macht gekommen war, auch mit dem Versprechen der Verstaatlichung der britischen Industrie. Der *free-born Englishman* hatte sich durch die reglementierte Kriegswirtschaft an weitgehende öffentliche Kontrolle gewöhnt und erwartete vom Staat auch für die Friedenszeit allen Segen – im Gegensatz zu der Philosophie, die Margaret Thatcher Großbritannien wieder einpflanzen sollte, der Philosophie des freien Unternehmertums, der Privatisierung, der Selbstständigkeit. Die britischen Pläne fanden auch bei der nordrhein-westfälischen CDU, zum Kummer ihres Fraktionsvorsitzenden im Düsseldorfer Landtag, Konrad Adenauer, viele Anhänger, was sich im «Ahlener Programm» der Partei vom Februar 1947 deutlich zeigte. Ein Gesetz zur Verstaatlichung der Kohle wurde 1948 vom Landtag auch verabschiedet, trat aber nicht mehr in Kraft, weil die Briten es auf Druck der Amerikaner kassieren mussten. Uncle Sam war eingeschritten: Kohlebergwerke waren «nationales Vermögen» und unterlagen damit der Entscheidung der künftigen deutschen Regierung, nicht einer Landesregierung. Es war klar, wer unter den Besatzern in Deutschland letztlich das Sagen hatte. Washington konnte und wollte nicht dulden, dass eine so wichtige Industrieregion wie die Ruhr Spielball britischer Sozialisten wurde.

WIE ADENAUER VERGEBLICH UM ENGLAND RINGT ...

Aber was war mit Frankreich und Deutschland? Man musste ihnen helfen, ihre Erbfeindschaft hinter sich zu lassen. Dazu fühlten sich, gar nicht so überraschend, die Engländer aufgerufen, bei denen der

Gleichgewichtsgedanke nach 1945 in neuer Verkleidung zurückkehrte. Gegenüber der übermächtig gewordenen Sowjetunion bedurfte es eines starken Gegenpols, sollte die Nachkriegsordnung nicht einer gefährlichen Bedrohung ausgesetzt werden. Aus dieser Erkenntnis heraus hatten die USA bereits 1947 den Marshallplan aufgelegt, die Briten nahmen den Ball auf und wurden später mit Anthony Eden als Außenminister auch Vorreiter bei dem Plan, die Bundesrepublik in die Nato zu integrieren. Frankreich wurde ebenfalls versorgt: Auf Londoner Betreiben erhielt das Land den Status einer Siegermacht, damit das Recht auf eine eigene Besatzungszone in Deutschland sowie einen permanenten Sitz im Sicherheitsrat der UNO.

Zur Aussöhnung Frankreichs mit Deutschland machte Winston Churchill in einer berühmten Rede in Zürich am 19. September 1946 den entscheidenden Vorschlag, den er seinen Zuhörern genüsslich unterbreitete: «Ich werde jetzt etwas sagen, was Sie erstaunen wird: Der erste Schritt zur Wiedererschaffung der europäischen Familie muss eine Partnerschaft zwischen Frankreich und Deutschland sein. Es kann keine Wiederbelebung Europas geben ohne ein geistig großes Frankreich und ohne ein geistig großes Deutschland.» Es war die Rede, in der Churchill auch «eine Art Vereinigte Staaten von Europa» an die Zukunftswand warf, wobei er aber England mehr als Sponsor denn als aktiven Teilnehmer sah.

Wie stark der Gedanke der deutsch-französischen Aussöhnung die britische Politik prägte, erwies sich bis in die Anfangsjahre der französischen Fünften Republik. Adenauer verhielt sich gegenüber General de Gaulle, der 1958 Präsident geworden war, anfänglich reserviert. Was konnte man von diesem General für die Zukunft schon erhoffen? Von dieser Skepsis versuchte Harold Macmillan den deutschen Kanzler abzubringen. «Sie müssen ihn aufsuchen!», riet er ihm. «Es ist entscheidend, dass Sie sich mit Frankreich verständigen. Und vergessen Sie auch nicht, dass Deutschland den Krieg verloren hat. Deshalb müssen Sie als Erster auf de Gaulle zugehen.»

Herwarth von Bittenfeld, dem wir diese Notate verdanken, fügt in seinen Memoiren hinzu: «Jahre später, als de Gaulle und Adenauer ihre enge Partnerschaft eingegangen waren, die sich zuungunsten Englands auszuwirken begann, meinte Macmillan zu Adenauer lächelnd: ‹Ich bedauere, Herr Bundeskanzler, dass Sie meinen damaligen Rat etwas zu weitgehend befolgt haben.›»

Dabei hatte sich Adenauer, unbeschadet seiner Kölner Erfahrungen mit den Briten, um diese als unverzichtbare Mitspieler in Europa wie in einem ewigen Ringen bemüht. Die Nachkriegspolitik Londons, noch stark auf ihre weltweite Rolle ausgerichtet, hielt der Deutsche allerdings bei einem so überstrapazierten Land für realitätsfern. In einem Brief vom 5. November 1946 schreibt er: «Die Engländer betreiben eine Politik zuwider ihren eigenen Interessen. Sie können ihre Weltstellung nur erhalten als Führer eines wirtschaftlich geeinten und politisch ausgeglichenen Westeuropa.» Dabei sei die innere Stabilität und liberale Tradition Großbritanniens, «die sich deutlich von Kontinentaleuropa abhebt», sei die Einigung des Kontinents unverzichtbar, schreibt er in einem anderen Brief des gleichen Jahres. Man habe größtes Interesse daran, dass Großbritannien sich als eine europäische Macht fühle.

Aber bei Londons überseeischen Verpflichtungen, von denen ein Teil – so in Indien – bald abgewickelt werden musste, waren die Beziehungen zu Deutschland immer nach-, wenn nicht untergeordnet. Adenauer spürte das. So konnte es nicht ausbleiben, dass seine Hoffnungen oft tiefer Skepsis wichen. Auf einer Sitzung des CDU-Parteivorstandes Anfang 1950 klagte er: «Großbritannien legt sich quer gegenüber allen Bestrebungen zur Integration Europas. England fühlt sich mehr als ein Nachbar Europas denn als europäische Nation». Die Erwartungen bezüglich einer aktiven Rolle Londons in Europa mussten also zurückgeschraubt werden. Auf dem Höhepunkt der Diskussionen um eine Europäische Verteidigungsgemeinschaft (EVG) gab sich der Kanzler im März 1953, wiederum vor dem Bundesvorstand seiner Partei, sehr bescheiden, was London, und sehr offen, was Paris anging: «Es ist mir sehr lieb, wenn Großbritannien in der zukünftigen EVG einen gewissen Einfluss hat, damit wir mit den mehr oder weniger hysterischen Franzosen nicht allein sind.» Aber sein Urteil über England verfestigte sich, bis er auf einem Treffen der Jungen Union in Konstanz 1958 feststellte: «Meine Damen und Herren, ich kann et nur wiederholen, Jrooßbritannien is kein europäisches Land.»

... UND DER DEUTSCHE BUNDESTAG GEGEN FRANKREICH EINE ENGLANDFREUNDLICHE PRÄAMBEL DURCHSETZT

Am Ende war die Freundschaft mit den «mehr oder weniger hysterischen Franzosen» der einzige Weg. Dabei ergab sich eine fatale Terminkoinzidenz: Am 14. Januar 1963 lehnte de Gaulle in Paris die britische Bewerbung um Mitgliedschaft in der EWG ab, aber nur acht Tage später unterschrieben Adenauer und der Präsident in der französischen Hauptstadt den deutsch-französischen Freundschaftsvertrag, «die Krönung meines Lebenswerkes», wie der Bundeskanzler mehrfach hervorhob. Das brachte die deutschen Volksvertreter auf den Plan: Die beiden Daten, unglücklich miteinander verkettet, schienen das falsche Signal auszusenden. Fritz Erler, Fraktionsführer der SPD, fragte am 6. April im Bundestag mokant, ob man für die Freundschaft zwischen Deutschen und Franzosen «mit der Entfremdung Großbritanniens» zahlen müsse?

Rasch bildete sich eine Mehrheit im Parlament, die dem Vertrag mit Frankreich einen entsprechend klärenden Text vorauszustellen wünschte. De Gaulle ärgerte sich, Adenauer war besorgt. Aber die Abgeordneten bestanden auf der Präambel zum deutsch-französischen Freundschaftsvertrag. Der Text vom 16. Mai hob unter anderem hervor, dass die Einigung Europas auf dem begonnenen Wege fortgesetzt werden müsse, und zwar «unter Einbeziehung Großbritanniens und anderer zum Beitritt gewillter Staaten». Die Bonner politische Elite war nicht gewillt, ihre Wertschätzung Englands der noch so begehrten Aussöhnung mit Frankreich zuliebe aufzugeben und die Insel aus den politischen Erwägungen über die europäische Zukunft auszuschließen. Auch waren die Parlamentarier entschieden dagegen, sich von de Gaulle in eine Wahl zwischen «Atlantikern» und «Europäern» drängen zu lassen. Die deutsche Politik wollte beides sein – atlantisch *und* europäisch, und für beides brauchte man Großbritannien.

Charles de Gaulle sah in der Präambel eine Verwässerung des Freundschaftsvertrages mit Deutschland. Seine Enttäuschung fasste er in ein elegisches Bild: Solche Verträge sind wie junge Mädchen, sie haben leider nur eine kurze Blüte ...

Das Bemühen um England auf deutscher Seite ging auch unter Adenauers Nachfolgern weiter. Ludwig Erhard bekräftigte 1966 die deutsche Unterstützung für den britischen EWG-Beitritt, und der auf der Insel hoch angesehene Willy Brandt betonte bereits in seiner ersten Regierungserklärung am 28. September 1969: «Im Zusammenhang der europäischen Stimmen darf die britische Stimme keinesfalls fehlen, wenn Europa sich nicht selbst schaden will.» Im März 1970 fügte er vor dem britischen Unterhaus (es war das erste Mal, dass ein deutscher Bundeskanzler eingeladen wurde, dort zu sprechen) das Bekenntnis eines klassischen deutschen Anglophilen hinzu:

«Die Europäische Gemeinschaft wird unmittelbar durch die Tradition Großbritanniens bereichert werden: durch die geschichtliche Erfahrung des Weltreichs, durch seine weiterhin bestehenden weltweiten Verbindungen, den Sinn für fremde Kulturen, durch die praktische politische Begabung, aber auch durch den Einfallsreichtum, die Tüchtigkeit und die Modernität des britischen Volkes.» Tatsächlich trug die Überzeugung der deutschen Politik von der Unverzichtbarkeit Großbritanniens im Prozess der europäischen Einigung wesentlich dazu bei, der Insel nach der zweimaligen Ablehnung durch Charles de Gaulle den Beitritt zur damals noch so genannten Europäischen Wirtschaftsgemeinschaft (EWG) zu ermöglichen.

13
«EIN FREMDER IN EUROPA»: GROSSBRITANNIEN UND DIE EU

WIE DIE INSEL SICH IM VERHÄLTNIS ZUM KONTINENT SIEHT

So viel hat unsere Erzählung bisher ergeben: Wir haben es bei Großbritannien mit einer europäischen Nation zu tun, die aus der Geschichte des Kontinents nicht wegzudenken ist, auch wenn die Insel oft abgelenkt war durch den Bau ihres außereuropäischen Weltreiches. Zu Anfang kämpfen normannische Barone und deren Abkömmlinge 400 Jahre lang um ihren Anspruch auf ein Doppelreich: Heinrich II., im 12. Jahrhundert, hat mehr Untertanen in Frankreich als in England; noch im 15. Jahrhundert wird Heinrich VI. sowohl in der Westminster Abbey als auch in Notre-Dame zu Paris gekrönt. Danach kehrt England Europa den Rücken, es sei denn, es wird gezwungen, einem potenziellen Eroberer wie Philipp II. von Spanien 1588 die Stirn zu bieten. Dem Ausbau des Empire tritt dann die Gleichgewichtspolitik zur Seite, wodurch Europa neue Bedeutung in der britischen Politik gewinnt: Durch wechselnde Bündnisse soll die jeweils stärkste Macht daran gehindert werden, europäischer Hegemon zu werden.

Kraft seiner Mission eines Balancierers fühlte sich England also durchaus europäisch und war fest davon überzeugt, den Kontinent mehrfach vor der Unterjochung durch eine Vormacht gerettet zu haben. Ludwig XIV. musste seine holländischen Besitzungen räumen, Napoleon wurde zur See zum ersten Mal an seine Grenzen erinnert. Am Abend vor der Schlacht von Trafalgar (20. November 1805) trug

Nelson in sein Tagebuch dieses Gebet ein: «Möge Gott, der Herrscher, den ich anbete, meinem Land und zum Nutzen von Europa insgesamt einen großen und glorreichen Sieg schenken.» Premierminister Pitt der Jüngere ergänzte diesen Gedanken bei der Gedenkfeier für den Seehelden am 9. November des gleichen Jahres in Londons Mansion House: England als Vorbild werde es schaffen, «dass Europa gerettet wird».

Gewiss, Bündnisse waren oft von nur kurzer Dauer, der Opportunität unterworfen und von Phasen der Zurückhaltung abgelöst, wenn die Insel sich nicht festlegen wollte. Aber im Ersten Weltkrieg schickt das Land ein Expeditionsheer nach Flandern, von wo eine Dreiviertelmillion Soldaten nicht mehr heimkommt. Im Zweiten Weltkrieg riskiert man, dem braunen Diktator allein zu trotzen. Während seiner gesamten Geschichte – zweimal in großem Stil, 1848/49 sowie in der Zeit der nationalsozialistischen Verfolgungen auf dem Kontinent – bildet England einen Leuchtturm der Freiheit für viele vom europäischen Kontinent Vertriebene. Dabei werden «The Hitler Emigrés», wie Daniel Snowman in seinem gleichnamigen Buch (2002) eindrucksvoll nachweist, für England zu einer großen Bereicherung. Namen wie Karl Popper in der Philosophie, Nikolaus Pevsner in der englischen Architekturgeschichtsschreibung, Ernst Gombrich in der Kunstgeschichte oder George Weidenfeld, der Verleger und internationale Brückenbauer, sind aus der Kulturgeschichte der Insel nach dem Zweiten Weltkrieg nicht wegzudenken.

Als Dean Acheson, US-Außenminister der Nachkriegszeit, im Dezember 1962 seinen berühmten Kommentar abgab, England habe «ein Empire verloren, aber noch keine neue Rolle gefunden», antwortete Premierminister Harold Macmillan mit einem offenen Brief, Acheson unterliege «einem Irrtum, der von ziemlich vielen Leuten in den letzten 400 Jahren begangen wurde, einschließlich Philipp II. von Spanien, Ludwig XIV., Napoleon, dem Kaiser und Hitler». Angesichts dieses Resümees darf es niemanden wundern, unter den Mandarinen der britischen Politik und den führenden Historikern des

Landes überwiegend der Meinung zu begegnen, England sei kein antieuropäisches, es sei seinen Werten nach ein grundsätzlich proeuropäisches Land: für Freiheit und Selbstbestimmung, politische und ökonomische, für jeden Underdog, der Hilfe suchend an Englands Türen klopft, für freien Handel, ein Vorbild auch als eine friedlich koexistierende multi-ethnische Gesellschaft.

Warum ist die Insel dennoch anders? Es liegt an der Exekution von Politik: England hat immer auf eigene Rechnung entschieden und gehandelt, mit allen Risiken des Scheiterns, hat seinen Teil in die Geschicke des Kontinents eingemengt und ihn wieder abgezogen, wenn es dies für ratsam hielt. Dass Mehrheitsbeschlüsse die Hoheit souveräner Regierungen überlagern können, war für das britische historische Empfinden schwer zu erlernen. Nach 1945 erschien eine solche europäische Integration von britischer Warte aus auch nicht dringlich. Verhinderung eines neuen europäischen Krieges? Dafür hatte man den Brüsseler Pakt von 1948 geschlossen (aus dem später die Westeuropäische Union hervorging), ein Militärbündnis zwischen Frankreich, Großbritannien und den Benelux-Staaten, sowie den Nato-Vertrag von 1949. Das würde reichen.

Adenauers Diktum, England sei für ihn «kein europäisches Land», traf nur in einer Hinsicht zu: dass die Insel für supranationale Integration, die als neue Idee auf dem Tisch lag, in ihrer Geschichte kein Präzedens fand und wiederholte Einladungen, sich anzuschließen, zunächst ausschlug. Vergessen darf man auch nicht, dass Großbritannien 1945 mit seiner Nationalgeschichte im Reinen war, anders als die Deutschen, die vor der ihren schier davonlaufen wollten, oder Länder wie Italien oder Frankreich, die lädiert aus dem Krieg hervorgegangen waren. Dank seiner weitgehend intakten Nationalgeschichte fühlte sich das Königreich in seiner Singularität bestätigt. Warum sie gegen ein übernationales Konzept austauschen?

DIE «VERPASSTEN GELEGENHEITEN» SEIT 1945

Hugo Young spricht in seinem Standardwerk über die Geschichte Großbritanniens in Europa nach 1945 («This Blessed Plot», 1998) kritisch von lauter «verpassten Gelegenheiten». Aber die waren vor dem Hintergrund der englischen Geschichte unausweichlich, im Sinne von Goethes «So musst du sein, / Dir kannst du nicht entfliehen». Die Zeugnisse, die dies belegen, sind Legion. Con O'Neill, in den 50er-Jahren an der britischen Botschaft in Bonn tätig, rekapitulierte im Blick auf die Montanunion: «Dass es eine Behörde geben könnte mit Hoheit über Entscheidungen nationaler Regierungen, war etwas, das wir einfach für grotesk und absurd hielten.» 1955, zwei Wochen bevor die Außenminister der sechs Gründungsstaaten der Europäischen Wirtschaftsgemeinschaft (EWG) ihr historisches Treffen in Messina auf Sizilien abhielten, überbrachte Belgiens Außenminister Paul-Henri Spaak den Briten persönlich den Entwurf zur EWG, aber erhielt als Antwort: «Es kann natürlich keine Frage sein, dass wir uns jemals einer supranationalen Organisation anschließen werden.» Russell Bretherton, den Whitehall dann in der Zeit bis 1957 wenigstens aus Höflichkeit zu den Besprechungen über die Römischen Verträge zur Gründung der EWG abgestellt hatte, belehrte seine europäischen Kollegen: «Gentlemen, ihr versucht hier etwas auszuhandeln, das ihr nie auszuhandeln imstande sein werdet; und wenn doch, wird es niemals ratifiziert. Aber wenn es ratifiziert werden sollte, wird es nie funktionieren.»

Stephen Wall, der wie Hugo Young Bilanz zieht, jedoch aufgrund seiner diplomatischen Erfahrungen an vorderster Front der britischen Europa-Politik, nennt sein Buch passend «Ein Fremder in Europa» («A Stranger in Europe», 2008), worin frei von Polemik die Andersartigkeit Englands im Konzert der europäischen Partner hervortritt.

Das Empfinden der Andersartigkeit der politischen Tradition verführte die britische Elite zu gelegentlichen Demonstrationen einer alten, tief sitzenden Arroganz gegenüber dem Kontinent. Solche Hybris kam diesseits des Kanals nicht gut an, um es höflich auszudrücken. Nach dem Treffen in Messina Anfang Juni 1955, bei dem nicht nur die britische Politik, sondern auch die britische Presse nicht anwesend war – fesselnder schien damals der Prozess vor dem Schwurgericht Old Bailey gegen zwei Brüder, die unglücklicherweise auch Messina hießen, wegen Zuhälterei und Drogenhandel –, meinte Finanzminister R. A. Butler, er habe «von irgendwelchen archäologischen Ausgrabungen in einer alten sizilischen Stadt gehört», an denen Großbritannien aber nicht beteiligt gewesen sei. Im September 1955 wurde Harold Macmillan, damals Außenminister, zu einem Treffen seiner europäischen Kollegen nach Nordwijk eingeladen, doch ließ er durch seine Mitarbeiter wissen: «Sagt ihnen, ich sei gerade mit Zypern beschäftigt.» Was ist eine Zusammenkunft europäischer «Archäologen» gegenüber einer brennenden Frage des verlöschenden Empire!

Ein Kabinettspapier des gleichen Jahres hielt fest, es sei «im englischen Interesse, dass der Gemeinsame Markt zusammenbricht». Wie gut für England, dass er das nicht tat, denn dreißig Jahre später war für Margaret Thatcher der europäische Binnenmarkt von allerhöchstem Interesse. Aber da hatte England unter ihrer Führung neue wirtschaftliche Dynamik entfaltet, und seine Unternehmer sahen in Europa einen lukrativen Markt. Dafür waren der Premierministerin auch Mehrheitsbeschlüsse recht. Im Übrigen hatte Außenminister Peter Carrington schon 1980 festgestellt: «Britische Außenpolitik muss von nun an wesentlich im europäischen Rahmen geführt werden.»

Sir Julian Bullard, britischer Botschafter in Bonn von 1984 bis 1988, berichtete, wie Helmut Schmidt ihm einmal seine «bekannte Geschichte» vorgetragen habe: dass er anglophil aufgewachsen sei, aber von der Geschichte der britischen Beziehungen zur Europäischen Gemeinschaft «in die Arme der Franzosen getrieben» wurde. Auf dem Dubliner EG-Gipfel 1979 brachte Margaret Thatcher Schmidt derart in Rage, dass er um ein Haar den Sitzungssaal verlassen hätte.

Der Vorbehalt der Briten gegenüber dem sich integrierenden Europa lag auch in ihrer Mentalität begründet, in dem, was Kate Fox, ähnlich wie George Orwell, «die antitheoretischen, antidogmatischen, antiabstrakten Elemente des englischen Empirismus und seiner Tradition» nennt. Jeremy Paxman sekundiert in «The English»: «Die Vorstellung vom Ziel entwickelt sich bei den Engländern immer langsam, weil sie zu allen Zeiten nur wenig Sinn für politische Theorie entwickelt haben.»

So konnten Reibereien besonders mit den philosophisch ganz anders gepolten Deutschen nicht ausbleiben. Bei ihnen als den Schrittmachern der Integration entdeckte man besonders jene Vorliebe für eine «Papierwüste aus institutionellen Projekten», die Außenminister Geoffrey Howe 1984 bei einem Besuch in Bonn beklagte. Schon den Genscher-Colombo-Plan vom November 1981, mit dem die europäische politische Zusammenarbeit vertieft werden sollte, bezeichnete das Foreign Office in einer internen Studie als «langatmig und germanisch» und sprach von «eher theologischen Themen» des Vorschlags, in denen man die deutsche Handschrift zu erkennen glaubte. Das erinnert an das, was George Bernard Shaw in einer Rezension der englischen Übersetzung von Marx' «Das Kapital» geschrieben hatte: «Die Metaphysik darin kann man sich sparen.» Nach dem ersten Treffen zwischen Margaret Thatcher und Bundeskanzler Helmut Kohl Anfang 1983 erhielt die Britische Botschaft in Bonn aus der Londoner Zentrale die Nachricht, die Premierministerin «sei nicht besonders erpicht darauf, in naher Zukunft den einigermaßen langatmigen Vorträgen Herrn Kohls ausgesetzt zu werden». Noch Botschafter Sir Christopher Mallaby kabelte im Mai 1991 ans Foreign Office: «Die Deutschen lieben instinktiv Rahmenstrukturen und Organisationen.»

DIE EISERNE LADY

Sir Henry Tizard, wissenschaftlicher Berater des Verteidigungsministeriums, verfasste 1949 ein vertrauliches Papier über die britische Position in der Welt, das der gängigen Meinung in Whitehall diametral widersprach und wohl deshalb rasch in die Archive verbannt wurde: «Wir haben von uns selbst das Bild einer Großmacht, die nur zeitweilig durch ökonomische Schwierigkeiten gehandicapt ist. Wir sind aber keine Großmacht mehr und werden niemals wieder eine sein. Wir sind eine große Nation, aber wenn wir uns weiter wie eine Großmacht aufführen, werden wir bald auch aufhören, eine große Nation zu sein.»

Sir Henry – das konnte er nicht wissen – hatte die Rechnung ohne die Periode des Niedergangs gemacht, die England in den 70er-Jahren des 20. Jahrhunderts erleben sollte. Damals kam den Briten sogar das Gefühl, wenigstens einer großen Nation anzugehören, vollkommen abhanden, von Großmacht ganz zu schweigen. Streiks beherrschten das Land, schon unter der Regierung von Edward Heath wurde im Winter 1973/74 der Strom an drei Tagen in der Woche rationiert, die Menschen mussten zum Einkaufen Kerzen auf ihren Trolleys montieren. 1976 bettelte Premierminister James Callaghan beim Internationalen Währungsfonds um eine Milliardenanleihe, die mit für England erniedrigenden Auflagen gewährt wurde. Dann kam der «Winter des Missvergnügens» 1978/79: Tote wurden nicht beerdigt, der Müll nicht mehr abgeholt, die Ratten feierten Festwochen, die Bergarbeiter streikten, und das Militär musste herbei, um die Energieversorgung zu sichern.

Nach Winston Churchill im Mai 1940 war Margaret Thatcher im Mai 1979 der zweite britische Regierungschef, «zu dem es keine Alternative gab», wie Sir Geoffrey Howe eingängig kommentiert hat. Das Land war am Ende. Doch in einem Akt singulärer Kühnheit zerstörte Frau Thatcher den Konsens der britischen Nachkriegspolitik, auf dessen Basis sich in oft nur kurzen Abständen Labour und Tories in der Regierung abgelöst hatten, ohne Vorteile für das

«The lady's not for turning»: Margaret Thatcher auf dem Parteitag der Konservativen, 1980. Die Eiserne Lady beharrt auf ihrem Weg.

Gemeinwohl. Ohne die Thatcher-Revolution wäre New Labour nicht möglich gewesen. Sie ist der Schlüssel noch zum heutigen Großbritannien.

Der Aufbruch in stürmisches Unternehmertum auf der Insel begann in Thatchers Ära, sie befreite die Kredit- und Finanzmärkte von strangulierenden Kontrollen und brachte mit der Kombination aus Privatisierung und Deregulierung England wieder auf die Straße zum wirtschaftlichen Gewinn. Dabei betonte sie immer die persönliche Verantwortung des Einzelnen. Aber gerade die ging in den Jahren seit ihrem Abgang mehr und mehr verloren, bis nackte Gier und das Spiel mit unkalkulierbaren Risiken das Land 2007/08 an den Rand einer Katastrophe brachten.

In ihrer Kompromisslosigkeit war Margaret Thatcher, die im April 2013 starb, eine unbritische Figur, fast «teutonisch», wie oft angemerkt worden ist. «The lady's not for turning», war ihr Lieblingssatz – mit dieser Dame gab es kein Umkehren. Moskau, beeindruckt bei aller Gegnerschaft, prägte für sie den Ehrentitel «Eiserne Lady». 1975 hatte sie Edward Heath als Parteiführer «erlegt», 1984 siegte sie, was niemand vor ihr geschafft hatte, auch über die Bergarbeiter unter deren radikalem Anführer Arthur Scargill. Zuvor, 1982, hatte die argentinische Junta unter General Galtieri ihr auch noch den Gefallen getan, die Falkland-Inseln zu besetzen. Die Rückeroberung wurde, um Churchills Wort zu übernehmen, Thatchers «finest hour».

Lauter Triumphe «against the odds», gegen alle Gewinnchancen: Margaret Thatcher durfte denken, wieder eine große Nation anzuführen. Vielleicht eine Großmacht? Als solche sah man sie persönlich im politischen Kontext ihrer Zeit durchaus; nur in wenigen Generationen tauchen Begabungen auf, wie sie sich in der Eisernen Lady versammelten. «Wir haben aufgehört, eine Nation auf dem Rückzug zu sein», verkündete sie 1983 stolz. Das war der Hintergrund, der ihr erlaubte, in Europa so aufzutreten, wie sie es tat, unter anderem mit ihrer berühmt-berüchtigten Forderung nach einem Rabatt auf den britischen Beitrag zum Brüsseler Haushalt. «I want my money back», lautete ihr Schlachtruf. 1984 gab man ihr, entnervt, nach. Damals warnte Präsident Mitterrand seinen Europa-Minister Cheysson vor der Britin: «Sie hat die Augen von Caligula, aber die Lippen von Marilyn Monroe.» Dass die gleiche Entschlossenheit, mit der sie ihr Programm umsetzte, auch der Anlass ihres Sturzes wurde, gehört zur Tragik dieser Frau. Ihr Starrsinn, gerade auch in der Europa-Frage, verwandelte sich in Hybris; Nemesis folgte.

MARGARET THATCHERS DEUTSCHLANDBILD UND DAS FORTWIRKEN IHRER SICHT VON EUROPA

Groß an Frau Thatcher war allerdings auch ihre Fähigkeit, an alten Axiomen der britischen Politik festzuhalten, darunter der Politik eines Mächtegleichgewichts. Ihre Generation war in der Zeit der braunen Diktatur groß geworden und musste erleben, dass keine *balance of power* dem Tyrannen mehr beizukommen vermochte, nachdem er einmal zu voller Größe herangewachsen war. Ihr Deutschlandbild war damit für alle Zeiten festgelegt und wie man das Land in der Mitte Europas in Schach halte, die für sie entscheidende Frage. Durch Integration natürlich, sagten Franzosen und andere. Nein, war ihre Antwort, das würde den deutschen Einfluss in Europa erst recht vergrößern. Wir hätten dann ein deutsches Europa vor uns. «Ein wiedervereinigtes Deutschland», so argumentierte sie seit 1989, nachzulesen in ihren Memoiren «Downing Street Years» (1993) unter der Überschrift «Das deutsche Problem und das Gleichgewicht der Macht», «ist einfach zu groß und zu mächtig, um in Europa einfach ein Spieler unter vielen zu sein.» In dem Buch nennt Thatcher die deutsche Neuvereinigung «die einzige Niederlage» ihrer Außenpolitik.

Eigentlich war es ihre zweite. Denn noch im Jahr des Mauerfalls hatte sie mit aller Kraft – aber vergeblich – für eine Modernisierung der atomaren Kurzstreckenwaffen auf deutschem Boden plädiert: Das deutsche Vorfeld sei unverzichtbar im Konzept der Abschreckung. Dabei hatten die Abrüstungsschritte zwischen Moskau und Washington diese Waffen bereits nahezu obsolet gemacht. Der Streit brachte damals sogar – ein seltener Vorgang – den Bundespräsidenten auf den Plan, Richard von Weizsäcker, der im Denken der Premierministerin überholte Kategorien zu entdecken meinte und ihr öffentlich heftig widersprach.

Erstaunlich offen aber legte Margaret Thatcher noch drei Jahre nach ihrem Rücktritt 1990 in ihren Memoiren ihre Bedenken auf den Tisch: «Deutschland ist seiner Natur nach eher eine destabilisierende als eine stabilisierende Kraft in Europa, die nur durch das militärische und politische Engagement der USA und die engen Beziehungen zwischen den anderen zwei größten souveränen Staaten, Frankreich und Großbritannien, ausbalanciert werden kann.» Die Russen seien sich dessen ebenfalls bewusst, schreibt sie, aber leider hätten deutsche Kredite und Investitionen sie ruhiggestellt. Auch Frankreich ist für die Eiserne Lady eine Enttäuschung: Mitterrand hätte sich den deutschen Interessen widersetzen sollen. Aber er verlasse sich eben zu sehr auf die deutsch-französische Achse, und der Ruck, sich davon zu befreien, habe sich als «zu schwierig für ihn» erwiesen.

Ihr Blick ist rückwärts gerichtet: «Seit Bismarck hat Deutschland unberechenbar zwischen Aggression und Selbstzweifel geschwankt. [...] Niemand versteht das ‹deutsche Problem› besser als die modernen Deutschen. Der wahre Ursprung ihrer *angst* ist dieses Wissen um sich selbst.» Zu dieser Analyse passte das unvergessliche Seminar in Chequers, dem Wochenendsitz der britischen Premierminister, im März 1990, wo Frau Thatcher mit namhaften britischen und amerikanischen Historikern zusammentraf, um über die deutschen Nationaleigenschaften zu diskutieren. Angeblich diskutierte die Gesprächsrunde in Chequers folgende Charakteristika der Deutschen: «aggressiv, dickköpfig, herrschsüchtig, sentimental, darauf aus, geliebt zu werden, voller Minderwertigkeitskomplexe etc.». Charles Powell, Thatchers Privatsekretär und Protokollant des Treffens, bestritt später diese Wiedergabe. Aber wir wissen aus Thatchers eigenen Worten und den Erinnerungen weiterer Zeitzeugen nur zu gut um ihr Problem mit dem deutschen Problem.

War sie die Einzige mit solchen Vorbehalten? Keineswegs. Laut Jacques Attalis Tagebuch «Verbatim III» – Attali war lange Jahre enger Berater des französischen Präsidenten – sagte Mitterrand am 30. November 1989 zu Hans-Dietrich Genscher, dem Bundesaußenminister: «Entweder wird die deutsche Vereinigung nach der europäischen Vereinigung hergestellt, oder Sie haben ein Dreierbündnis Frankreich, Großbritannien, Russland gegen sich, und das Ganze endet als Krieg.» Ein solches Dreierbündnis gab es schon einmal, 82 Jahre zuvor. Die Macht der alten Bilder. Doch schon am 25. Mai 1990 klang es bei Mitterrand, laut Attalis Notat, ganz anders: «Gorbatschow wird wieder von mir verlangen, dass ich mich der deutschen Wiedervereinigung widersetze. Ich würde es mit Vergnügen tun, wenn ich glaubte, dass er bei der Stange bleibt. Aber warum soll ich mich mit Kohl überwerfen, wenn Gorbatschow mich drei Tage später fallen lässt?» Für die Wiedervereinigung stark machte sich dagegen, jedenfalls nach außen hin, der damalige italienische Ministerpräsident Giulio Andreotti. Erst nach Einsicht in DDR-Akten erfuhr Helmut Kohl, dass sich Andreotti privat äußerst scharf gegen den deutschen Gang der Dinge ausgesprochen hatte. Der Bundeskanzler, so berichtete John Major später, habe «immer Margaret Thatcher verteidigt als die Einzige, die ehrlich genug war, ihre Ansicht in aller Öffentlichkeit vorzutragen».

Auch ihre Meinung zur europäischen Integration stand unerschütterlich fest, am klarsten formuliert in ihrer Rede vor dem Europa-College in Brügge im September 1988. «Mein erstes Leitprinzip ist dies: Bereitwillige und aktive Kooperation zwischen unabhängigen souveränen Staaten ist der beste Weg, eine erfolgreiche Europäische Gemeinschaft zu bauen.» Immer wenn sich die britische Regenbogen-Presse in bekannt euroskeptischer Art dieses Themas bemächtigt und mehr solcher Deklarationen der Unabhängigkeit fordert oder wenn die EU wieder einmal in ihre Einzelegos zu zerfallen droht, hört man prominente Namen wie den Oxforder Politikwissenschaftler Timothy Garton Ash größere europäische Kohäsion einfordern, ein stärkeres europäisches Profil in der Zeitgeschichte; und dabei wird auch London in die Pflicht genommen.

Das politische Lager nickt dazu meist zustimmend – ein verdächtiger Reflex, in dem ehrliche Überzeugung, *political correctness* und Nachbeten ein labiles Junktim eingehen. Was ist die Wirklichkeit? In den Römischen Verträgen, dem Urtext der Europäischen Union, 1957 verabschiedet, begegnet uns zum ersten Mal offiziell die Formel von der «immer engeren Union zwischen den Völkern Europas». Tony Blair, der im Februar 2006 – damals noch Hausherr in Downing Street – im St. Antony's College in Oxford eine Grundsatzrede zu England und Europa hielt, machte aus der bekannten Formulierung eine «immer engere Union zwischen frei kooperierenden souveränen Regierungen». Fast gleichlautend hatte es Margaret Thatcher, die vielgescholtene, gesagt. Und als eines der Ziele, die David

Cameron in den Verhandlungen mit Brüssel erreichen will, um das Referendum über die britische EU-Mitgliedschaft zu gewinnen, hat er dies genannt: dass für London die Festschreibung einer «immer engeren Union» nicht gelten soll.

Weitgehend einig ist sich das politische Establishment auch in Bezug auf einen anderen Pfeiler der britischen Außenpolitik, die USA. Die *special relationship* zur amerikanischen Familie und zu Washington ist unverändert strategisches Axiom. Wie John Major 1996 in einem Interview ausführte: «Im Gegensatz zu jeder anderen europäischen Nation sind wir genuin gespalten in der Frage unserer Interessen – Europa oder die USA? Aber warum künstlich wählen, wenn unsere Interessen fast gleichmäßig verteilt sind auf zwei große Blöcke – Amerika und Europa? Meine Antwort ist: Wir wären ja verrückt, da eine Wahl zu treffen.»

So herrscht, trotz des heftigen Streits über den Verbleib in der EU, fast so etwas wie eine Große Koalition der Grundüberzeugungen, aus denen die politische Klasse Großbritanniens schöpft. Dazu gehören die *special relationship* mit den USA, europäische Integration so weit wie nötig, aber Souveränität so weit wie möglich – und die Unwahrscheinlichkeit einer Übernahme des Euro in naher Zukunft. David Marsh wagt in seinem fesselnden Buch «Der Euro. Die geheime Geschichte der neuen Weltwährung» (2009) die – ironische – Prognose, man könnte «vielleicht für 2025» damit rechnen, dass die Briten den Euro übernehmen. Doch auf die Grundfrage, die Hans-Friedrich von Ploetz, von 1999 bis 2002 deutscher Botschafter in London, im Juli 2000 in einem Gespräch mit der Chefredaktion des Massenblattes «The Sun» aufwarf, gibt es noch immer keine Antwort: «Was wollen Sie für Großbritannien? Nur die Rolle des europäischen Zuschauers? Ist das Ihre Version der britischen Geschichte?»

14

DIE MULTIKULTURELLE GESELLSCHAFT

WIE TERROR ENTSTEHT

Tiefer als von ihren Außenbeziehungen werden die Briten von der Zukunft ihrer multi-ethnischen Gesellschaft bewegt. Das hohe Maß an Toleranz und Koexistenz zwischen den Ethnien hat nicht verhindert, dass der Islamismus einen Nährboden in Großbritannien hat finden können. Wie es dazu kam, gehört zu den faszinierendsten Aspekten der britischen Gegenwartsgeschichte, die man kennen muss, will man die Befindlichkeit der heutigen Briten verstehen.

Wer in Großbritannien nach entsprechenden Wartejahren und dem Bestehen des neuen Einbürgerungstests endlich zur Feier seiner Naturalisierung schreitet, darf bei der Zeremonie diese Worte sprechen: «Ich, N. N., schwöre im Namen Gottes, des Allmächtigen, dass ich, indem ich britischer Staatsbürger werde, Ihrer Majestät, Königin Elisabeth II., sowie ihren Erben und Nachfolgern Treue und Gefolgschaft leisten werde, entsprechend den Gesetzen des Landes.» Es ist möglich für Angehörige nicht-christlicher Religionen, die Formulierung «im Namen Gottes, des Allmächtigen» auszutauschen gegen die Option, er/sie bekräftige «feierlich und ehrlich» seine/ihre Treue zum Souverän. Aber bekräftigt wird sie, diese Treue, mit welcher linguistischen Variante auch immer.

So hatten auch mehrere der acht Terroristen geschworen, die im Juli 2005 Bombenanschläge auf das Londoner U-Bahn- und Bus-Netz verübten, einmal mit tödlicher Wirkung, das zweite Mal zum Glück erfolglos. Der Eid ist eine Leerformel, wenn im Herzen dessen, der ihn spricht, eine ganz andere Agenda dominiert, eine, die Naturalisierung als Schlupfloch benutzt für unsägliche Taten. Von der Gruppe der ersten vier Täter freilich, die am 7. Juli 52 Unschuldige mit in den Tod rissen, waren die zwei führenden Köpfe, Mohammed Sidique Khan und Shehzad Tanweer, als Kinder von pakistanischen Einwanderern in Yorkshire bereits als Briten aufgewachsen, aber doch nicht gänzlich akkulturiert – wie viele aus der zweiten und dritten Einwanderergeneration. Der Kultur ihrer Eltern halb entwachsen, in der Gesellschaft des Gastlandes oft mit Schwierigkeiten hochzukommen konfrontiert, leben sie im Halbdunkel ihrer Identität, anfällig für Einflüsterer und Demagogen, die ihnen im radikalen Islam die Erlösung von allen irdischen Widersprüchen in Aussicht stellen.

Prophetisch hatte der Schriftsteller Hanif Kureishi, Sohn eines pakistanischen Vaters und einer englischen Mutter, das Problem der kulturellen Entfremdung vor allem unter muslimischen Jugendlichen der zweiten Generation in einer Erzählung aus dem Jahr 1993, «My Son, the Fanatic», vorweggenommen. Darin muss ein pakistanischer Einwanderer, der sich ordentlich und gesetzestreu als Taxifahrer durchbringt, die Entdeckung machen, dass sein Sohn Ali zu einem dschihadsüchtigen Fanatiker geworden ist. «Wie hast du dazu werden können?», beschwört ihn der Vater, Parvez. «Indem ich hier lebe», gibt Ali zurück. Parvez, entsetzt: «Aber ich liebe England, die lassen dich hier doch so ziemlich alles tun, was du willst.» Ali sticht nach: «Das ist ja das Problem.»

In seinem Bekennervideo, das drei Wochen nach den Anschlägen vom Juli 2005 am 1. September über den arabischen TV-Sender Al-Dschasira ausgestrahlt wurde, trug Mohammed Sidique Khan unter anderem dieses vor: «Ich und Tausende mit mir lassen alles zurück für das, woran wir glauben. Unser Antrieb, unsere Motivation kommt nicht von greifbaren Gütern, welche die Welt anzubieten hat. Unsere Religion ist der Islam, der Gehorsam gegenüber dem einzig wahren Gott, sowie die Gefolgschaft seines prophetischen Boten.

Eure demokratisch gewählten Regierungen verüben Gräueltaten gegen mein Volk auf der ganzen Welt. Und eure Unterstützung für diese Regierungen macht euch direkt verantwortlich. [...] Wir befinden uns im Krieg, und ich bin Soldat. Jetzt bekommt auch ihr die Realität dieser Situation zu schmecken.»

Dschihad hatten auch die vom Horn von Afrika stammenden vier Täter des 21. Juli im Sinn, von denen einige nicht die Einbürgerung, sondern Asyl suchten. Darunter der 27-jährige Muktar Said Ibrahim aus Eritrea, den die Anklage später als Anführer identifizierte. Einer Nachbarin hatte er ein halbes Jahr vor den Anschlägen eine Broschüre, «Understanding Islam», zum Studium überlassen. «Lies mal dieses Heft hier, das wird dich bekehren», ermunterte er sie. Markiert mit gelbem Farbstift war die Passage: «Jeder, der sagt: ‹Es gibt keinen verehrenswerten Gott außer Allah› und der in diesem Glauben stirbt, wird das Paradies erreichen.»

Die Londoner Ermittler konnten zurückverfolgen, dass die acht Terroristen jenes Sommers in einer Moschee in Finsbury Park im Norden Londons Kontakt hatten zu dem dort wirkenden selbsternannten Imam Abu Hamza al-Masri, den die Behörden, unbegreiflich für viele Sicherheitsdienste vor allem des befreundeten Auslands, lange hatten gewähren lassen mit seinen Auftritten, die das Blut gerinnen ließen. Seine Predigten – mehr Indoktrinationen – waren gespickt mit Aufrufen wie «Beseitigt die Juden vom Antlitz der Erde» oder «Schlachtet die Ungläubigen ab, errichtet das weltweite Kalifat». Irgendetwas in der britischen Psyche pflegte solche Hassausbrüche wie unwirkliche Erscheinungen zu registrieren. Das konnte man doch nicht ernst nehmen! Auch hat in Großbritannien das Recht auf freie Meinungsäußerung, und sei diese noch so bizarr, eine lange Tradition und wurde bis vor Kurzem ungern Sicherheitserwägungen zuliebe eingeschränkt. Gewähren lassen galt auch gegenüber diesem Schulmeister des Heiligen Krieges als die beste Methode, ihn im Blick zu behalten und so gleichsam einzugattern. Selbst nachdem die Polizei 2003 besagte Moschee gestürmt und belastendes Material sichergestellt hatte, ließ man den Mann mit der eisernen Hakenhand und der schwarzen Augenklappe auf der Straße vor der Moschee weiter tönen. Erst ein Jahr später, als die USA ihn auf die Liste gesuchter Terroristen setzte, wurde Abu Hamza in London vor Gericht gestellt und zu sieben Jahren Gefängnis verurteilt. 2012 lieferte man ihn an die USA aus, wo er wegen terroristischer Umtriebe im Jemen und den USA im Januar 2015 eine lebenslängliche Strafe erhielt.

George Orwell schrieb in «The English People» (1947) über seine Landsleute: «Die herausragende und [...] originellste Eigenschaft der Engländer ist ihre Gewohnheit, sich nicht gegenseitig umzubringen.» Denkt man an zwei Engländer namens Mohammed Sidique Khan oder Shehzad Tanweer, dann wurde im Sommer 2005 Orwells Diktum durch die Wirklichkeit grausam verhöhnt. Und die Zeitgenossen wachten auf. Neue Anti-Terror-Gesetze passierten das Parlament, darunter auch die Erlaubnis, Verdächtige bis zu 24 Tage ohne Anklageerhebung in Gewahrsam zu nehmen. Das verletzt eine geheiligte Rechtstradition, das Habeas corpus, wonach ein Verhafteter in kürzester Frist einem Richter vorgeführt werden und mit einer Anklage konfrontiert werden muss. Sicherheit und Freiheit, daran erinnerte auch US-Präsident Barack Obama 2009 in seiner Inaugurationsrede, stehen in einem delikaten Verhältnis zueinander, und es darf die Freiheit der Sicherheit zuliebe nicht geopfert werden.

Das ist den Briten durchaus geläufig, aber die sich häufenden Terrorvorfälle, darunter der 2006 vereitelte Plan, Flugzeuge auf der Atlantikroute mit Hilfe von Flüssigsprengstoff zu zerstören, oder die versuchten Detonationen im Londoner West End ein Jahr später und der Anschlag derselben Drahtzieher auf den Glasgower Flughafen, haben die Gesellschaft gezwungen, ihr Phlegma zu überwinden und die Bedrohung in ihrer Mitte ernst zu nehmen. Eine neue Vorbeugungsmaßnahme ist jetzt auch gegen die Anstiftung zu religiösem Hass gerichtet. Die Demonstranten, die im Februar 2006 mit extremistischen Plakaten und Aufrufen vor der dänischen Botschaft

Position bezogen, aus Protest gegen die im Jahr zuvor veröffentlichten angeblich islamfeindlichen Karikaturen in einer dänischen Zeitung, konnten sich nicht mehr auf das Recht der freien Meinungsäußerung berufen: Mehrere von ihnen erhielten ein Jahr später empfindliche Gefängnisstrafen. Der Mord am helllichten Tag an dem Soldaten Lee Rigby durch zwei Islamisten wurde 2013 zu einem Fanal.

Aber galt nicht in der Geschichte britische Gelassenheit, dieser unaufgeregte, flexible Umgang mit kritischen Situationen, als geradezu vorbildlich auf der ganzen Welt? Von der Eigenart des Briten, sich nicht leicht aus der Ruhe bringen zu lassen, hat ein deutscher Autor eine der eindringlichsten Beschreibungen überhaupt geliefert. Ernst Jünger, der nie Großbritannien besucht hat, der in Frankreich seine eigentliche Heimat fand, zog während seiner Jahre im besetzten Paris des Zweiten Weltkriegs in einer Tagebucheintragung vom 16. August 1942 den folgenden charakterologischen Vergleich zwischen Engländern und «Preußen» (wie seine Generation die Deutschen oft betitelte):

«Die angelsächsische Konstanz in anbrüchigen Verhältnissen – ein wunderlicher und unvorhergesehener Zug in unserer Welt, den man eher den Preußen prophezeit hätte. Der Unterschied liegt aber darin, dass der Engländer ein bedeutend größeres Quantum an Anarchie verdauen kann. Wenn beide Gastwirte in ramponierten Vierteln wären, so möchte der Preuße, dass das Reglement in jedem Zimmer aufrechterhalten wird. Er hält damit auch einen gewissen Anstrich von Ordnung aufrecht, unter dem das ganze Gebäude vom Nihilismus ausgefressen wird. Der Engländer lässt die wachsende Unordnung zunächst auf sich beruhen, fährt ruhig fort, einzuschenken und zu kassieren, und steigt endlich, wenn ihm die Wirtschaft zu toll wird, mit einem Teil der Gäste nach oben und vermöbelt die anderen.

Charakterologisch hat der Engländer dem Preußen gegenüber den Vorteil des Phlegmatikers vor dem Sanguiniker und sachlich den des Seemannes gegenüber dem Landmann. Seefahrendes Volk ist an größere Schwankungen gewöhnt.»

Das ist besser kaum auszudrücken; in der Spiegelung mit einem anderen Nationalcharakter tritt das, was wir an England bis heute rühmen, besonders plastisch hervor. Aber die britische Fähigkeit, «ein bedeutend größeres Quantum an Anarchie zu verdauen», steht mit dem fundamentalistischen Terror vor einer Herausforderung, die mit den alten Tugenden der Geduld und der Toleranz allein nicht mehr zu meistern ist.

WIE ES NACH DEM ZWEITEN WELTKRIEG ZUR EINWANDERUNG KAM

Am 30. Dezember 1930 lief in Hamburg ein dieselgetriebenes Motorschiff vom Stapel, das in der Immigrationsgeschichte Englands nach dem Zweiten Weltkrieg geradezu ikonografische Bedeutung gewinnen sollte. Ursprünglich unter dem Namen «Monte Rosa» für Kreuzfahrten der Hamburg-Südamerikanischen-Dampfschiffahrtsgesellschaft bestimmt, wurde es unter den Nationalsozialisten der Kraft-durch-Freude-Flotte zugeschlagen, nahm 1940 am Überfall auf Norwegen teil und evakuierte am Ende des Krieges Deutsche aus Danzig und Ostpreußen. Im Mai 1945 fiel das Schiff in Kiel den Briten in die Hände, die es zu einem Truppentransporter für die Route Southampton – Singapur/Hongkong umfunktionierten und es «Empire Windrush» nannten. Mit diesem Schiff beginnt die Geschichte der Einwanderung nach Großbritannien und damit die Verwandlung der Insel von einer weißen anglo-protestantischen Nation in die multi-ethnische Gesellschaft von heute.

492 karibische Passagiere nahm die «Empire Windrush» auf ihrer einzigen «zivilen» Fahrt auf dem Weg von Australien nach England in der letzten Maiwoche 1948 in Kingston, Jamaika, an Bord, ausnahmslos Männer. In England seien die Straßen mit Gold gepflastert, hatten jamaikanische Schifffahrtsagenten, die sich mit den Reisetickets ein schnelles Geld verdienen wollten, verbreiten lassen.

Die Wirklichkeit sah anders aus. Großbritannien darbte im Schnürkorsett der Nachkriegszeit, Lebensmittel waren rationiert, die Stimmung gedrückt, Unterkunft schwer zu finden, Arbeit ebenfalls. Kein Willkommen erwartete die Einreisenden, als sie am 22. Juni 1948 in der Themse andockten und unter den Augen der nationalen Medien – das Fernsehen hatte seine erste große Stunde – von der «Empire Windrush» an Land gingen.

Der Bezug aufs Empire war nicht nebensächlich: In dem Bestreben, die fortgesetzte Relevanz des britischen Weltreiches, inzwischen zum Commonwealth of Nations mutiert, auch nach dem Kriege hochzuhalten, hatte die britische Regierung im Nationality Act von 1947 die Tore des Landes geöffnet für alle «imperialen Untertanen» seiner Königlichen Majestät Georgs VI. Noch waren die Krisen nicht absehbar, die sich im Laufe der Abwicklung des Kolonialreiches in den kommenden Jahren ergeben sollten, und niemand sah 1948 den Druck voraus, der daraus notgedrungen in der Migrationsfrage entstehen musste.

Doch bei aller idealistischen Rhetorik und der Generosität der Gesetze sah das offizielle London dem Projekt «Empire Windrush» nur mit Sorgen entgegen. «Die Ankunft einer so beträchtlichen [sic] Zahl von Menschen, und das ohne organisierte Vorkehrungen, muss Schwierigkeiten und Enttäuschungen hervorrufen», warnte Labours Arbeitsminister George Isaacs im Unterhaus, noch ehe das Schiff überhaupt eingetroffen war. «Ich hoffe, man wird keine Ermunterung aussprechen für andere, dem zu folgen.» Unter den Engländern herrschte teilweise noch eine nicht selten praktizierte Apartheid. «No Blacks. No Dogs», starrte den Ankömmlingen vor manchen Unterkünften entgegen, und es war kaum ein Trost für sie, dass die Abweisung manchmal auch die Iren erwischte: «No Blacks. No Dogs. No Irish.»

Galten 1948 noch 492 Einwanderer als «eine beträchtliche Zahl von Menschen», so hatten nur zehn Jahre nach der «Empire Windrush» bereits eine Viertelmillion Immigranten England erreicht. Die

Teilung Indiens, die Flucht von Nationalchinesen nach Hongkong, erste Unruhen in Afrika, so die Mau-Mau-Irredenta in Kenia, ließen die britische Option für viele Bewohner des Commonwealth attraktiv genug erscheinen. Da für die meisten Ankömmlinge aufgrund der oft rassistischen Abwehr durch die Einheimischen nur die bescheidendsten Gegenden Englands und seiner Hauptstadt als Ansiedlungsgebiete in Frage kamen, bildeten sich rasch so etwas wie *immigration clusters*, hart gesagt: Gettos freiwilliger Segregation, in denen Neuankömmlinge sich einigermaßen geborgen fühlten in ansonsten unfreundlicher Umwelt; das konnte keine Integration befördern.

Es hatte freilich seine positive Kehrseite. Vor allem den größten Gruppen unter den Immigranten, Pakistanis und Indern, gelang es, im Laufe der Zeit parallele Stützpfeiler der Existenz aufzubauen, mit eigener Infrastruktur im Bankwesen, in der Erziehung, der juristischen Betreuung und im kommerziellen Angebot. Den Erfolgreichen gelang der Sprung in den britischen Mainstream.

Aber der steigende Pegel des Zustroms stiftete Ängste, an denen die Politiker nicht vorbeikonnten. Kommt den Deutschen des Jahres 2016 die Problematik nicht irgendwie bekannt vor? Die seit 1948 gültige *open-door*-Politik wurde novelliert: Commonwealth-Bürger kamen nur noch mit gültigen Arbeitserlaubnis-Scheinen (*vouchers*) ins Land. Sofort meldete jedoch das Finanzministerium Bedenken an, hatte man inzwischen doch Immigranten als billige Arbeitskräfte schätzen gelernt und sah, was sie an Mehrwert für die britische Wirtschaft bedeuteten. Und wie immer, wenn ein einschränkendes Gesetz mit neuen Barrieren droht, war die Zahl derjenigen, die sich in letzter Minute noch die alten Regelungen zunutze machen wollten, beträchtlich: Allein in den zwölf Monaten, bevor der Commonwealth Immigrants Act von 1962 in Kraft trat, kamen weitere 130 000 Bürger aus den ehemaligen Kolonien ins Mutterland.

Das Gesetz hatte zudem einen großen Haken: Familienangehörige von schon nach Großbritannien Ausgewanderten durften ungehindert nachziehen. Das änderte schlagartig die demografische Balance unter den Einwanderern. Bisher waren es zumeist Männer ohne Familienanhang gewesen, die sich zum Leben auf der britischen Insel entschlossen hatten, von wo aus sie mit Transferzahlungen ihre Familien zu Hause unterstützten. Unter dem drohenden Regime der *vouchers* und den damit schrumpfenden Arbeitsmöglichkeiten gingen die inzwischen eingesessenen Einwanderer dazu über, die andere Möglichkeit des Gesetzes von 1962 voll auszuschöpfen: Familiennachzug. Machten noch 1961 Frauen nur ein Sechstel aller Immigranten aus, so waren nach weiteren zehn Jahren drei Viertel der Neubürger Frauen und Kinder. Großbritannien war in voller Fahrt, eine gemischt-farbige Gesellschaft zu werden, beflügelt von der englischen Sprache als lingua franca des Commonwealth.

Aber war die Insel nicht schon immer für alle Verfolgten und Sicherheit Suchenden der europäische Hafen erster Wahl gewesen? Der hohe Ruf ihrer Freiheit beruhte auch darauf, dass sie sich nicht gegen Flüchtlinge abschottete. «Kein flüchtig Haupt hat Engelland / Von seiner Schwelle noch gewiesen», sang Ferdinand Freiligrath im 19. Jahrhundert. Die Briten waren schließlich das Amalgam aus diversen Einwanderungsströmen, die schon vor der normannischen Eroberung zu einer ethnisch höchst gemischten Bevölkerung geführt hatten, einer «mongrel half-bred race», wie Daniel Defoe in seinem epischen Gedicht «The True-Born Englishman» von 1701 geschrieben hatte – einer Mischlingsrasse aus lauter Halbblut.

Das aber war eine andere Mischung, ohne das farbige Element im Sinne der Hautfarbe, das jetzt hereinströmte. Und so kam das Jahr 1968. Nein, nicht '68 wie auf dem Kontinent. Ein ganz anderer Sturm als die Studentenrevolte sollte in England losbrechen. Ein neues Gesetz zum Verbot der Rassendiskriminierung im Arbeits- und Wohnungsmarkt, der Race Relations Act, war von der Labour-Regierung unter Harold Wilson verabschiedet worden, aber ein namhafter Abgeordneter der Konservativen, Enoch Powell, nahm Anstoß. Powell, Altphilologe von Haus aus, galt als intellektuelles Genie, begabter Rhetoriker und brillanter Linguist, der unter anderem fließend Urdu beherrschte, das Hauptidiom Pakistans und vieler von Powells Wählern in seinem Wahlkreis Wolverhampton.

Ausgerechnet am 20. April 1968 – die Koinzidenz mit dem Geburtstag Adolf Hitlers sollte er später tief bedauern – wählte der Politiker einen Auftritt in Birmingham, um eine wuchtige Breitseite zu führen gegen die steigenden Zahlen der Einwanderung: «Wir müssen wahnsinnig sein, buchstäblich wahnsinnig, um als Nation den jährlichen Zufluss von um die 50 000 Familienangehörigen zuzulassen, die größtenteils die Basis bilden für das zukünftige Wachstum der von Einwanderern abstammenden Bevölkerung. [...] Es ist, als schaue man einer Nation dabei zu, wie sie eifrig ihren eigenen Scheiterhaufen aufschichtet.»

So ging es weiter in kühnen Kadenzen, bis zu jener Stelle, mit der dieser Text als die «Rivers of blood»-Rede in die Geschichte eingehen sollte. Der Altphilologe in Powell holte die «Aeneis» des Vergil herbei, das römische Nationalepos, und darin die Prophezeiung der Cumäischen Sybille vom «schrecklichen Kriege und dem Tiber, der mit viel Blut schäumt»: «Wenn ich in die Zukunft blicke, erfüllt mich Vorahnung; wie der Römer scheine ich ‹den Fluss Tiber mit viel Blut schäumen› zu sehen. Jenes tragische und ausweglose Phänomen, das wir mit Schrecken auf der anderen Seite des Atlantiks [in den USA] beobachten [...] kommt hier durch unseren eigenen Willen und unsere eigene Achtlosigkeit über uns. [...] Einzig entschlossenes und sofortiges Handeln wird es auch jetzt noch abwenden. Ob es den öffentlichen Willen geben wird, dieses Handeln zu verlangen und durchzuführen, weiß ich nicht. Ich weiß nur, dass der große Verrat darin bestünde, zu sehen und nicht zu sprechen.»

Powell hatte an das Unantastbare gerührt und sich zum Sprachrohr einer allgemeinen Stimmung gemacht. Er erhielt enthusiastischen Zuspruch, wie Tausende von Zuschriften und spontane Pro-Powell-Demonstrationen belegten. Doch die politische Klasse reagierte anders. Edward Heath, Anführer der Tories, entließ Enoch

Powell prompt aus dem Schattenkabinett; er wurde ein Paria unter seinesgleichen, seine politischen Ambitionen gingen in der Kontroverse um ihn zugrunde.

Der aufreizende Ton der Rede, die unter anderem behauptete, Einwanderer würden nie so recht echte Briten werden, hatte unmittelbar aber auch einen positiven Effekt: Er mobilisierte weiße und farbige Gruppen in Gemeinden und Städten, die jetzt darangingen, Powell eines Besseren zu belehren und zu beweisen, dass es durchaus so etwas wie eine Koexistenz zwischen den einzelnen Ethnien in Großbritannien gebe. Der langfristige Effekt freilich war ein negativer: Mit Powells Rede wurde es fast unmöglich, Rassen- und Einwanderungsfragen nüchtern und sachlich zu diskutieren, mit der Folge, dass politisch korrektes Beschweigen an die Stelle einer offenen Debatte trat. Niemand wollte riskieren, als Rassist abgestempelt zu werden. So wanderte das Thema in den Untergrund und wurde seitdem ein Tabu der Gesellschaftsgeschichte. Das führte unter anderem in der Stadt Rotherham in South Yorkshire zur langjährigen Vertuschung von Untaten an Jugendlichen, vornehmlich jungen Frauen, die von Männern mit pakistanischem Einwanderungshintergrund begangen wurden. Die Behörden wussten von Pädophilie und Prostitution, aber schwiegen aus Angst, die Offenlegung der Vorgänge würde ihnen den Vorwurf des Rassismus eintragen. Erst 2012 kam der Skandal an die Öffentlichkeit und führte zur Aufarbeitung eines Phänomens, das man seit Enoch Powell nicht anzutasten gewagt hatte.

Derweil schlug Englands Gewissen weiter für alle Bedrängten in seinen ehemaligen Kolonien. Als in den frühen 70er-Jahren im Gefolge der Afrikanisierung in Kenia und Uganda der dort seit Empire-Tagen ansässige indische Mittelstand ohne viel Federlesens hinausgeworfen wurde, nahm das Mutterland die Verantwortung auf sich und ließ Tausende der Betroffenen herein. Auch als 1972 die Zuzugsgesetze erneut novelliert wurden im Sinne einer stärkeren Restriktion, änderte sich nicht viel. Multikulturalität wurde das erstrebenswerte Ideal. Was tat es da, dass in der Realität auch viel Indifferenz gegenüber den Neuankömmlingen im Spiele war. Es war wohlfeil, Großbritannien als Einwanderungsland auszuloben. In der Praxis geschah für die Integration wenig, und die Neuankömmlinge wurden meist sich selbst überlassen sowie den öffentlichen Dienstleistern, die sich abmühten, der Heerscharen Herr zu werden, ob im Schul- oder Gesundheitswesen, auf dem Wohnungs- oder Arbeitsmarkt. Wobei dieser noch das geringste Problem darstellte: Die zwölf ununterbrochenen Wachstumsjahre der britischen Wirtschaft seit 1995 zum Beispiel schufen Platz für viele zusätzliche Arbeitskräfte, und auch die Immigranten konnten diese Gelegenheit zu ihren Gunsten wahrnehmen. Im Übrigen war die englische Sprache meist das einigende Band.

Man könnte zur Beschreibung der Einwanderung, die nach keinem langfristigen Plan verlief, sondern nach typisch britischem *laisser-faire* einfach passierte, den hier schon mehrfach zitierten Sir John Seeley anfügen, einen Historiker des 19. Jahrhunderts, der in seiner berühmt gewordenen Schrift von 1883 über «The Expansion of England» meinte: «Wir scheinen gewissermaßen eine halbe Welt erobert und bevölkert zu haben in einem Anfall von Geistesabwesenheit.» Immer wieder ist dies geflügelte Wort zur Beschreibung der Unsystematik herangeholt worden, mit der England sich über die Erde auszubreiten verstand nach Maßgabe sich bietender Möglichkeiten, nicht nach irgendeinem theoretisch-abstrakten Gesamtkonzept. Ähnlich ist die Metamorphose der britischen Gesellschaft durch Einwanderung in der Nachkriegsära vor sich gegangen: unordentlich, im Stil eines großen, unter der Fahne des Multikulturellen gutgeheißenen *muddle through*, eines Irgendwie-Durchkommens, Durchwurstelns, dessen Ende so offen wie undurchdenkbar ist.

Doch war die Gesellschaft letztlich überzeugt, man werde mit der Einwanderung schon fertig; lange standen allen Zweiflern die Optimisten gegenüber, die an der Fähigkeit der Briten nicht rütteln ließen, die Folgen ihrer Geschichte auf typisch pragmatische Art zu meistern, ohne Verrat üben zu müssen an der Tradition eines weltoffenen Landes. Das hat sich in jüngster Zeit dramatisch verändert. Zur Migration aus dem Commonwealth, auch zu den akademisch sich Fortbildenden aus aller Welt tritt heute die Freizügigkeit innerhalb der EU hinzu, was zusammen einen enormen Einwanderungsdruck ausübt auf die Regierung und alle verantwortlichen Behörden. Seit 2013 hat die Insel eine jährliche Netto-Zunahme ihrer Bevölkerung um mehr als 300 000 Menschen verkraften müssen, die Hälfte davon aus Osteuropa, die sich den florierenden britischen Arbeitsmarkt zunutze machen wollen. Das zerrt an den Nerven der Einheimischen, die beunruhigt fragen, wie lange das Land noch diesen Zustrom werde verkraften können, ehe es an seiner eigenen Attraktivität kollabiert. Hier liegt einer der größten Vorbehalte gegenüber einer fortgesetzten britischen Mitgliedschaft in der Europäischen Union.

MULTIKULTURALISMUS, EIN BELASTETES WORT

Unter den 63 Millionen Briten zählt man heute ca. acht Millionen Nicht-Weiße. Königin Elisabeth II. sprach bereits im Jahr ihres 50. Thronjubiläums, 2002, öffentlich davon, das multi-ethnische Großbritannien stelle für sie die größte Veränderung der Gesellschaft seit ihrer Thronbesteigung dar. Sie meinte es durch und durch positiv und gab damit die Ansicht der Mehrzahl ihrer Untertanen wieder. In der Tat hat das farbige Ingredienz im britischen Bevölkerungsmix dem Land auf vielen Gebieten Bereicherung gebracht. Erst waren es die indischen und pakistanischen Eckläden, Familienbetriebe die meisten, die Schrittmacher spielten für die Öffnung der Ladenzeiten im Groß- und Einzelhandel. Dann erhielt die englische Küche eine subkontinentale Beimischung, Chicken Tikka Masala ist heute so britisch wie Fish & Chips und Roast Beef, die Restaurants chinesischer, thailändischer und indischer Provenienz mit Takeaway-Angebot sind inzwischen Legion.

In der Hauptstadt London begegnet uns eine Miniaturausgabe der Vereinten Nationen, sie ist der kosmopolitische Nabel der Welt.

Ein Londoner Polizist aus der Gemeinschaft der Sikhs weist den Weg

320 Sprachen hat man als in London gesprochene Muttersprachen ausgemacht, in der Mehrzahl der Grundschulen der inneren Bezirke Londons ist Englisch nur die zweite Sprache. Auch der Amtsschimmel hat sich längst darauf eingestellt, vielsprachig wiehern zu müssen: Die meisten Londoner Kommunalverwaltungen verschicken ihre Mitteilungen über Müllabfuhr, Gemeindesteuern, Wahlberechtigungen etc. in vielen, meist vorderasiatischen Sprachen. Im West-Londoner Bezirk Ealing zum Beispiel auf Arabisch, Armenisch, Assyrisch, Bengali, Farsi, Gujerati, Hindi, Punjabi, Somali, Tamil und Urdu. Englisch, Französisch und Polnisch (hinzugekommen im Gefolge des Massenzuzugs von über einer Million Polen auf die Insel seit 2004) stellen die europäische Minderheit dar. Dabei hat man zuletzt eine überraschende Entdeckung gemacht: In Einwanderungsfamilien findet sich oft ein stark ausgeprägtes Leistungsethos, der Drang voranzukommen, mit der Folge, dass ihre Kinder in staatlichen Schulen nicht selten besser abschneiden als die Kinder der ansässigen weißen Bevölkerung.

Aber das friedliche Bild einer multikulturellen Harmonie im Alltag trügt. In Wahrheit steht die Multikulturalität auf dem Prüfstand, und das nicht erst seit den Terror-Anschlägen vom Sommer 2005. Im Sommer 2001 wurde das Land von Rassenunruhen in den nordenglischen Städten Bradford, Oldham und Burnley erschüttert. Als Konsequenz aus diesen Ausschreitungen, wo eingesessene Immigranten meist pakistanischer Herkunft gegen Weiße und umgekehrt vorgegangen waren, erschien damals der Report einer rasch eingesetzten Kommission «über die Kohäsion unserer Kommunen». Man war auf Wahrheiten gestoßen, die längst auffindbar gewesen wären, hätte *political correctness* nicht den Blick auf die Realität verstellt: so auf das Phänomen der «parallelen Leben», wie sie weiße und farbige Bevölkerungsgruppen in Ballungsgebieten führten, gemäß einer Praxis «freiwilliger Segregation», hinter der sich Furcht und Misstrauen aufbauten und andere potenzielle Zündstoffe, vor allem der soziale Ausschluss. Dieser wird freilich von vielen führenden Figuren innerhalb jener Gettos durch falsch verstandene kulturelle Selbstdefinition eher noch befördert. Der Report ging daher scharf mit behördlichen Praktiken ins Gericht, nach denen Geldmittel immer nur entsprechend dem ethnischen Schubladenprinzip verteilt wurden, statt übergreifende Integrationsprojekte zu fördern. Der damalige Innenminister David Blunkett sprach sogar Gedanken aus, die seit Enoch Powell verpönt waren: «Es ist ja geradezu gefährlich geworden für weiße Menschen mittleren Alters, schwierige Probleme auch nur anzusprechen. Aber meiner Ansicht nach hat die Welt es satt, sich von Politikern herablassende Plattitüden reichen zu lassen. Das Wort von der multikulturellen Gesellschaft ist inzwischen dermaßen abgewertet und Fehlinterpretationen ausgesetzt – man erwartet ja fast, dass wir uns so aufführen, als sei jeder von uns multikulturell. Aber wir haben jeder ein unterschiedliches Herkommen und unterschiedliche Interessen. Es kommt nun darauf an, dies zu akzeptieren und keine Bedrohung darin zu sehen.» Auch diese Diskussion kommt uns im Deutschland anno 2016 sehr vertraut vor.

Die Bedrohung sollte sich dann im September 2001 in den USA als terroristischer Zerstörungswille entpuppen, und vier Jahre später erfuhren auch die Briten, dass im Schatten des kulturellen *laisser-faire* ein hassbewehrter Feind lauerte, von dem man noch keine Vorstellung hatte. Seitdem konzentriert sich die Arbeit in den Kommunen auf Früherkennung radikaler Tendenzen und betont heute besonders stark die Mitverantwortung der einzelnen Ethnien selbst und ihres führenden Personals. Aber da sich die Gesellschaft so schwertut mit der Definition ihrer Identität, bleibt offen, wie weit britische Fairness, britische Toleranz gehen kann oder sollte bei der Sicherung des Zusammenhalts der Gesellschaft. Der 2014 als «Trojanisches Pferd» bekannt gewordene Skandal rund um mehrere Schulen in Birmingham, deren Leitung es darauf abgesehen hatte, ihre Curricula muslimisch zu unterwandern, war ominös. Er zeigte, wie leicht sich in den Faltenwürfen der Gesellschaft ein Denken einnisten kann, das wenig mit den traditionellen Grundwerten einer westlichen Demokratie zu tun hat. Nur so ist erklärbar, wie viele Hunderte von Briten sich dem Dschihad der IS-Terroristen in Syrien und Irak angeschlossen haben. Der als «Dschihadi John» bekannt gewordene Killer der Terror-Gruppe, der im November 2015 durch einen Drohnen-Anschlag zur Strecke gebracht wurde, hat Anfang 2016 bereits einen Nachfolger gefunden – Siddhartha Dhar aus dem Londoner Stadtteil Walthamstow. Ein zum Islam bekehrter Hindu, der in einem Terror-Video am 3. Januar 2016 zusammen mit anderen zur Hinrichtung von fünf IS-Gefangenen antrat.

Bewundernswert ist dennoch, mit wie viel Gelassenheit die Briten trotz solcher Zerreißproben an der multi-ethnischen Zukunft ihres Gemeinwesens festhalten. Noch gelingt in Großbritannien die Balance innerhalb einer unendlich sich ausfächernden Bevölkerung, auf der Grundlage weitgehender Freizügigkeit und der vielleicht bekanntesten aller britischen Tugenden: leben und leben lassen. Freilich mit gestiegener Wachsamkeit.

15

DER KOPF DER «FIRMA»: DIE QUEEN

Von ihren Schlafgemächern auf Windsor Castle, ihrer bevorzugten Residenz, kann sie in der Ferne Terminal Five des Flughafens Heathrow sehen, wie er sich gen Osten hin abzeichnet. Schon früher hatte Windsor unter dem Düsenlärm der von Heathrow aufsteigenden Maschinen zu leiden, mehr noch unter den landenden. Wer jemals in Begleitung das Schloss besucht hat, weiß, dass die Konversation anhalten muss, wann immer ein gerade im Anflug befindliches Flugzeug über Windsor hinwegdüst. Ein beliebter Witz, mit dem Europäer sich gerne über die angeblich naiven Amerikaner lustig machen, geht so: Ein amerikanisches Ehepaar besucht gerade Windsor und fühlt sich durch den Fluglärm arg belästigt. Darauf der Mann zu seiner Frau: «Darling, ich verstehe nicht, warum die das Schloss so nah am Flughafen gebaut haben.»

Elisabeth II. in ihrem 800 Jahre alten Gemäuer ficht das nicht an. Sie wirkt in ihren hohen Jahren besonders gelöst und entspannt, Aufatmen ist die Losung. Endlich keine Skandalgeschichten mehr aus dem Innern der Familie. Endlich keine Enthüllungen mehr aus dem Diana-Jenseits oder anderen Dunkelkammern des Einst. Selbst das dornigste aller Probleme, die Beziehung zwischen ihrem ältesten Sohn und seiner Geliebten, ist aus dem Wege geschafft. Charles und Camilla Parker Bowles, die Herzogin von Cornwall, sind getraut und mit dem Segen des Erzbischofs von Canterbury, dem Primas der Anglikaner, in ihr gemeinsames Leben entlassen. Wer hätte das noch 2002, zur Zeit des goldenen Thronjubiläums der Queen, vorauszusagen gewagt. Damals hieß es, der Thronerbe, als künftiger Monarch auch Kopf der anglikanischen Kirche, die Scheidungen nicht anerkennt, habe nur eine Wahl des Verzichts – entweder auf den Thron oder auf Camilla als Ehefrau.

Dieser Widerspruch zwischen Neigung und Tradition wurde zugunsten des Prinzen gelöst: Charles musste weder auf eine zweite Ehe noch auf die Erbfolge verzichten. Freilich, wann seine Zeit auf dem Thron gekommen sein mag – das steht in den Sternen. Noch wiegt sich die Nation in der Vorstellung, die Queen werde es immer geben. Beneidenswert gesund und fit, wie bis ins hohe Alter ihre Mutter, die Queen Mother, absolviert die Monarchin ihre Pflichten mit immerwährendem Stoizismus. Hunderte von Terminen pro Jahr, darunter auch Reisen ins nahe Ausland wie 2015 nach Deutschland – der Debatte um das höhere Rentenalter kann diese für Staat und Commonwealth Dauerverpflichtete nur amüsiert zuhören.

Laut der ungeschriebenen Verfassung ist sie auch gar nicht pensionierbar. Der britische Monarch hat in den Sielen zu sterben. Abzudanken oder zugunsten der nächsten Generation zu verzichten, ist nicht vorgesehen. Wenn der Herrscher durch Krankheit regierungsunfähig wird, wie einst Georg III., übernimmt der Thronnachfolger die Rolle als Regent, aber nie als König, solange der Vorgänger/die Vorgängerin noch lebt. Als dennoch einmal ein englischer König abdankte – Eduard VIII. im Dezember 1936 –, war das Königtum in den Grundfesten erschüttert. Davon wurde Elisabeth tief geprägt. Dass der Thronerbe, ihr Onkel, damals die Pflicht gegenüber der Nation und ihrer heiligsten Institution aufkündigte, um einer zweimal Geschiedenen willen – die Erinnerung daran stand auch beim Charles-und-Camilla-Kompromiss 2005 Pate. Bloß keine neue Verfassungskrise, kein neues Entweder – oder!

«Nicht geboren zu regieren, aber vom Charakter her dazu eminent geeignet», so hat Sarah Bradford, ihre Biografin, Elisabeth II. beschrieben. Das findet seit der Thronbesteigung vor 64 Jahren alle Welt so. Als die Nachricht vom Tode ihres Vaters 1952 die 25-jährige

Prinzessin und ihren Mann in Kenia erreichte, war ihre erste Frage: «Welche Formalitäten muss ich in dieser Stunde erfüllen?» Gefasstheit und emotionale Disziplin hatte Georg VI. seiner Ältesten mit großem Bedacht eingepflanzt, seit ihre Thronfolge Ende 1936 unausweichlich geworden war.

«Sind wir jetzt auf immer König?», fragte die sechsjährige Margaret ihre ältere Schwester bei der Abdankung des Onkels. «Ja», so deren Antwort. Darauf Margaret, erschrocken: «Du meinst, dann wirst du eines Tages Queen?» «Ich denke schon», so die lapidare Antwort der Zehnjährigen. «Ich dien», steht als Motto im Wappen des Prince of Wales. «Dieses noble Wort», so verkündete Elisabeth an ihrem 21. Geburtstag in einer Radioansprache an das Commonwealth, sei für sie Leitmotiv auf ihrem künftigen Weg. Man kann diese innere Bereitschaft der jungen Frau fast nur wie eine Lebensweihe beschreiben, eine mystische Unterwerfung. Aus dieser Quelle hat die Queen bis heute geschöpft, darin die eigene Familie und deren strauchelnde Mitglieder weit überragend. Und zwar so weit, dass sie zeitweilig schon wieder aufhörte, Vorbild zu sein. Jedenfalls hat ihr Erstgeborener immer geklagt über seine verlorene Kindheit, über die nie präsente Mutter, bei der die Verpflichtungen des Amtes unzweifelhaft vor denen gegenüber den eigenen Kinder rangierten.

Das liegt weit zurück. Alle Fehler verblassen vor der Besichtigung einer einzigartigen Lebensleistung. Einzigartig auch in der Art, wie sich die Königin von ihren beiden Schreckensjahren, 1992 und 1997, erholt hat, zu neuer Zuversicht und zu neuer Stärkung der Monarchie. Deren Zukunft hing in diesen beiden Jahren am seidenen Faden. Das Volk begehrte auf: Albträume von Schlagzeilen, eine dysfunktionale Familie, lauter zerbrochene Ehen. Drei der vier Königskinder sind geschieden, zwei neu verheiratet, was zu der Zeit, als Elisabeths Schwester Margaret sich in einen geschiedenen Rittmeister verliebt hatte, undenkbar gewesen wäre: Sie musste sich von dem Mann trennen. Als ein Feuer im November 1992 Teile von Windsor Castle verwüstete, lehnte das Parlament ab, für die nicht versicherten Verluste die Staatskasse zu bemühen – den Wiederaufbau möge das Staatsoberhaupt tunlichst aus öffentlichen Spenden oder eigenem Vermögen bezahlen. Der nächste Schock: Steuern auf die Einkünfte der Monarchin, ein historischer Affront! Und die königliche Luxusjacht «Britannia» wollen wir auch nicht mehr finanzieren, bitte schön. Stilllegen, ausmustern. Das wurde 1997 zur gefährlichen Metapher für die Monarchie selbst, als die Königin auf den Tod der geliebten Diana, Prinzessin von Wales, anfänglich wie gefühlsgehemmt reagierte. Der Film «The Queen» hat es noch einmal in der brillanten Darstellung durch Helen Mirren in Erinnerung gerufen. Nur langsam fand das Volk damals zu seiner Königin zurück.

Doch Wunden verheilen. Elisabeth II. erlebte schon zur Zeit ihres goldenen Thronjubiläums 2002 neue Höhen der Beliebtheit. Eine historische Persönlichkeit steht vor den Nachgeborenen, die immer nur die Skandale der Windsors vor Augen hatten. Auch Charles ist unverkrampfter geworden und geht seiner alten Leidenschaft nach, sich in aktuelle Debatten einzumischen, sei es über moderne Architektur, Umwelt- oder Ernährungsfragen. Protokollarisch riskant, kann er sich als Prinz noch leisten, was er als König hinter größerer Diskretion verstecken müsste.

Auf der Haben-Seite der Monarchie steht auch ein Name aus nicht-königlichem Hause: Catherine Middleton. Die Hochzeit von Prinz William, Charles' Ältestem, mit der bürgerlichen Tochter aus einer reich gewordenen Unternehmerfamilie hat sich längst als großer Glücksfall für die Royals erwiesen. Ihre Beständigkeit, ihr natürliches Gebaren, dazu ihre Celebrity-Erscheinung haben Catherine, heute Herzogin von Cambridge, in der Wertschätzung der Briten ganz nach oben kommen lassen, was auf die Monarchie insgesamt abstrahlt. Zwei Kinder sind aus der 2011 geschlossenen Ehe inzwischen hervorgegangen, Prinz George und Prinzessin Charlotte, ein entscheidender Zugewinn an jugendlicher Ausstrahlung für die königliche Familie. In hohem Alter kann die Queen auf eine stabile royale Erblinie schauen: Mit Charles, William und George stehen drei Generationen bereit, die Kontinuität der Monarchie in Großbritannien zu sichern.

Kontinuität personifiziert Elisabeth II. seit 1952 auch persönlich. Es ist jene Eigenart, die schon Walter Bagehot in seinem Klassiker «Die englische Verfassung» (1867) als wichtigstes Merkmal der britischen Monarchie herausstellte. Zwölf Premierminister kamen und gingen bisher in diesem zweiten elisabethanischen Zeitalter, was ein weiteres Charakteristikum unterstreichen könnte, das Bagehot am konstitutionellen Königtum Großbritanniens ausmachte: «Es wirkt als eine Maske. Es ermöglicht, dass unsere wirklichen Herrscher wechseln, ohne dass es achtlose Leute erfahren.» Ganz so unbemerkt gehen die «wirklichen Herrscher» heute zwar nicht mehr über die Bühne, wie es Bagehot in seiner Ironie beschrieb. Aber in allen Veränderungen bleibt das Urmeter weiterhin bei der monarchischen Tradition, die von niemandem beständiger repräsentiert wird als von der immerwährenden Queen selbst. Sie bezeugt Geschichte wie sonst kein Staatsoberhaupt der Welt. Diese Kontinuität kommt auch den Beziehungen zwischen dem britischen Mutterland und dem Commonwealth zugute. Kein Politiker verfügt über solche in Jahrzehnten gewachsene Kennerschaft dieser globalen Verzweigungen wie Elizabeth II. Ein wichtiger Faktor der Stabilität.

Einmal wöchentlich, meist dienstags, empfängt die Queen den Bewohner von Downing Street 10 und bespricht mit ihm die Vorgänge in Politik und Gesellschaft. Der Fundus ihres zeithistorischen Wissens ist inzwischen stupende und erlaubt ihr, nicht bloß höflicher Gesprächspartner zu sein, sondern Beraterin und Stichwortgeberin für die wechselnden Spitzen der Exekutive. Noch immer muss, wer eine Regierung bilden will, bei der Königin um Erlaubnis nachsuchen, pro forma natürlich nur. Aber auch ein solches Detail gehört zu den Formen, in denen ein Land, das auf Kontinuität schwört, sich wiedererkennt.

Tony Blair, der bei Antritt der Königin noch nicht einmal geboren war, bewegte sich daher in einem BBC-Interview auf festem

Boden, als er meinte, die Monarchie sei «gesichert». Sie ist es, und das in einem Land, wo immer mal wieder auch republikanische Gelüste wach werden. Blairs Ehefrau Cherie zum Beispiel beharrte auf ihrem Dissens gegenüber einer Tradition wie dem Hofknicks: Sie verweigerte ihn. Das bewog die Queen zu einer pointierten Reaktion, die, was sonst so gut wie nie geschieht, aus der Vertraulichkeit des Hofes an die Öffentlichkeit geriet: «Ich spüre förmlich, wie sich Cherie Blairs Beine versteifen, sobald ich den Raum betrete.» Eine Kostprobe jenes Humors, den man Elisabeth seit ihrer Jugend nachsagt, den sie jedoch hinter der Fassade der Proprietät und dem Ernst ihres Wesens versteckt hält.

Da hat es ihr Mann, Prinz Philip, der Herzog von Edinburgh, leichter, unverkennbar wie er ist in seiner rüden, zum Sarkasmus neigenden Kruste. In einer Zeit der *political correctness* ist der «Duke» der komplett Unangepasste, ein erfrischender Kontrast zur protokollarisch perfekten Elisabeth. Philip ist seinen eigenen Weg gegangen innerhalb des britischen Establishments, das er, der griechisch-deutsche Außenseiter, herzlich zu verachten gelernt hat, während er ihm gleichzeitig seine unverwechselbare Art eingepflanzt hat, mit dem Fettnäpfchen als heraldischer Signatur. Denn alles, was sich nicht gehört, ist des Herzogs Spezialität. Nicht viele Menschen oder Gruppen können in den vergangenen Jahrzehnten seinem manchmal ätzenden Witz entgangen sein. Einen früheren Generalsekretär des Commonwealth, einen Nigerianer, der in Landestracht vor ihm stand, sprach er mit den Worten an: «Sie sehen ja aus, als wenn Sie gerade ins Bett gehen wollten!» Auf einem Empfang für Behinderte frotzelte er einen der Besucher an: «Wozu brauchen Sie einen Stock, wo Sie doch im Rollstuhl sind?» Und Helmut Kohl begrüßte er bei einer Zusammenkunft fröhlich-frech mit «Guten Tag, Herr Reichskanzler!»

Doch käme niemand auf den Gedanken, den Herzog von Edinburgh auf diese seine Eigenart zu verkürzen. Man weiß, dass Philip privat höchst charmant, ja liebenswürdig sein kann, nachdenklich

Königin Elisabeth II. 1954 im Ornat des Hosenbandordens, gemalt von Pietro Annigoni

und mit natürlichem Humor begabt. Wie Elisabeth nimmt auch ihr Mann die Staatspflichten sehr ernst, alle diese Auftritte und Zeremonien, und das mit seinen 94 Jahren. 780 gemeinnützige Organisationen nennen Prinz Philip als ihren Ehrenvorsitzenden, mehr als vier Millionen junge Leute im Alter zwischen 14 und 18 Jahren haben seit 1956 an dem «Duke of Edinburgh Award» teilgenommen, einem Programm zur Charakterbildung, zur körperlichen und sozialen Ertüchtigung.

Woher dann dies manchmal wie schroff wirkende Wesen? Das hat sich ein Mensch zugelegt, der in seiner Jugend, vernachlässigt von den Eltern und seinen griechisch-deutschen Verwandten, jahrelang wie abgestellt war in den Internaten Salem, Cheam und Gordonstoun. Hart gegen sich selbst und die Umstände, später auch gegen den ihm gegenüber zunächst kühlen Hof, hat er sich durchgebissen. Seiner emotionalen Kondition eignete seitdem eine gewisse

Kompromisslosigkeit, die am meisten der Älteste zu spüren bekam, Prinz Charles, schon als Philip ihm die strenge Internatserziehung in Gordonstoun verordnete – der Vater war an ihr gewachsen, der Sohn sollte sie hassen. Seinem eigenen Biografen gegenüber, Jonathan Dimbleby, verriet Charles vor Jahren manche Einzelheiten aus der Zeit dieses äußerst gespannten Vater-Sohn-Verhältnisses. Auch ließ er über Prinz Philips Eigenarten manche Indiskretion fallen, so über dessen Abneigung, in Konzerte zu gehen – er wolle «nicht angerührt werden»: «I don't want to be moved by it.» Doch «der alte Stänkerer», als den sich der Duke schon mal bezeichnet, geht unentwegt in jede neue Runde seiner Vita, auch seiner Ehe, die 2016 bereits 68 Jahre währt.

Man hat vergessen, was die strahlende Erscheinung der jugendlichen Königin Elisabeth II. einst dem trostlosen Nachkriegsgrau Englands an Farbe zufügte. Nicht nur Englands: Sie wurde zur ersten modernen Celebrity, und das mit globaler Ausstrahlung, dank des flügge gewordenen Fernsehens. Lange vor Diana, Prinzessin von Wales, war Elisabeth «Königin der Herzen», als welche Blair die unglückliche Lady Di nach ihrem Unfalltod bezeichnete. Elisabeth und ihre bildhübsche Schwester Margaret bescherten der Regenbogenpresse von damals willkommene Auflagesteigerungen. Der elf Tage währende Staatsbesuch der Königin 1965 in der Bundesrepublik Deutschland glich einem Huldigungszug.

Glamour und Ehrerbietung – das war kein Gegensatz. Wenn in den 50er- und 60er-Jahren in britischen Kinos nach der letzten Vorstellung die Nationalhymne erklang, erhoben sich die Zuschauer wie selbstverständlich. Mit solcher Ehrfurcht mag es vorbei sein, aber geblieben ist die tiefe Verwurzelung des Königtums in der britischen Psychologie. Eine Zeitung wie der «Guardian» versucht zwar hin und wieder, seiner anti-royalistischen Neigung nachzugeben, meist mit der Beschwerde, was der Unterhalt der Windsor-Kernfamilie – der Queen, Prinz Philips, Charles' und seiner beiden Söhne – den Steuerzahler im Jahr koste. Aber die Summe von knapp 40 Millionen Pfund nimmt sich bescheiden aus gegenüber dem, was heute englische Fußballclubs für einzelne Spieler auf dem Transfermarkt zu zahlen bereit sind. Überdies spielt die Monarchie ihre Unterhaltskosten allemal ein, mit globaler Attraktivität und den Devisen, die dadurch ins Land gelockt werden. «Value for money», sagt der Ökonom dazu.

Derweil übt der Kopf der «Firma», wie man die Windsors gerne nennt, übt die Queen auf ihren morgendlichen Ausritten durch Windsor Park eine muntere Gangart, mit Kopftuch, ohne Helm – den sie ablehnt –, ungeschwächt trotz ihrer 89 Jahre, ein beruhigendes Bild des Immergleichen. The same procedure as every year.

ANHANG

ZEITTAFEL

55/54 v. Chr.	Zwei Feldzüge Caesars in Britannien
43	Beginn der römischen Eroberung der Insel unter Kaiser Claudius
122–135	Bau des Hadrianswalls, der nördlichen Begrenzung des römischen Besitzes
um 400	Sächsische Piraten dringen vermehrt auf die Insel vor
ca. 410	Die römische Armee beginnt mit dem Abzug
6. Jh.	Beginn der Christianisierung
500–600	Erste angelsächsische Königreiche
800–900	Zeit der Wikinger-Einfälle
878	Alfred, König in West-Sachsen (Wessex), besiegt die dänischen Wikinger und drängt sie auf das von ihnen in England besetzte Gebiet, den Danelag, zurück
um 940	Wessex, Mercia, Northumbria und der Danelag werden vereint; ein neuer Name für das Gebiet entsteht erst später
1016	Knut, Herrscher der Dänen, Norweger und der Hebriden, wird zum König des neuen Inselreichs gewählt; er führt den Namen «Englaland» ein
1066	Wilhelm, Herzog der Normandie, besiegt bei Hastings (Kent) den letzten angelsächsischen König, Harald. Beginn der normannischen Eroberung Englands
1154	Mit Heinrich II. beginnt die Herrschaft der Plantagenets
1215	Magna Charta
1295	Eduard I. beruft das *model parliament* ein
1314	Unter Robert the Bruce siegen die Schotten bei Bannockburn über die Engländer und besiegeln damit auf Jahrhunderte ihre Unabhängigkeit
1338–1453	Hundertjähriger Krieg zwischen England und Frankreich
1348–1375	Die Pest reduziert die englische Bevölkerung um fast ein Drittel
1415	Bei Azincourt besiegt Heinrich V. die Franzosen
1431	Jeanne d'Arc stirbt in Rouen auf dem Scheiterhaufen

1485	Mit Heinrich VII. beginnt die Herrschaft der Tudors
1533	Heinrich VIII. (1509–1547) lässt seine Ehe mit Katharina von Aragon annullieren
1534	Die päpstliche Hoheit über den englischen Katholizismus wird beendet und der König zum Haupt der englischen Kirche erklärt
1536	Beginn der Auflösung der Orden und Klosterkirchen
1558	Mit Calais verliert England seinen letzten französischen Besitz
1558–1603	Elisabeth I.
1564–1616	William Shakespeare
1587	Hinrichtung von Maria Stuart
1588	Sieg über die spanische Armada
1600	Gründung der Ostindischen Handelsgesellschaft
1603–1625	Beginn der Herrschaft der Stuarts. Jakob I. (Jakob VI. von Schottland) regiert Schottland und England in Personalunion
1607	Erste englische Kolonie in Jamestown, Virginia
1642–1646 und 1648/49	Englischer Bürgerkrieg
1649	30. Januar: Hinrichtung Karls I. Abschaffung der Monarchie
1653–1658	Protektorat Oliver Cromwells
1660	Restauration der Monarchie unter Karl II.
1685–1688	Jakob II. versucht, England zu rekatholisieren
1688/89	Glorreiche Revolution: Auf Drängen des englischen Parlaments landet Wilhelm, Prinz von Oranien, mit einer Streitmacht im Westen Englands. Das Parlament hebt ihn als Wilhelm III. auf den englischen Thron, zusammen mit seiner Ehefrau Mary. Bill of Rights
1701	Im Act of Settlement wird die englische Thronfolge auf protestantische Erben beschränkt. Beginn des spanischen Erbfolgekrieges
1707	Vereinigung von England und Schottland zu Großbritannien
1714	Mit Georg I. kommt das Haus Hannover auf den britischen Thron
1756–1763	Siebenjähriger Krieg, den Frankreich und England vor allem in ihren amerikanischen und indischen Kolonien ausfechten
1775–1783	Amerikanischer Unabhängigkeitskrieg
1781	Lord Cornwallis kapituliert bei Yorktown
1801	Union von Irland und Großbritannien
1805	Sieg Admiral Lord Nelsons über die französische Flotte bei Trafalgar
1807	Das Parlament beschließt das Ende des Sklavenhandels
1815	Schlacht von Waterloo. Napoleon wird auf einem englischen Schiff in die Verbannung nach St. Helena gebracht
1829	Emanzipation der Katholiken

1837	Mit Königin Viktoria (1837–1901) endet die Personalunion Großbritanniens mit dem Königreich Hannover
1853–1856	Krimkrieg zwischen Russland, Frankreich, England und der Türkei
1858	Die Verantwortung für Indien geht von der Ostindischen Handelsgesellschaft auf die britische Regierung über
1867	Kanada wird britisches Dominion
1876	Königin Viktoria erhält den Titel «Kaiserin von Indien»
1899–1902	Burenkrieg
1900	Gründung der Labour-Partei
1904	England und Frankreich schließen die Entente cordiale
1907	Tripelentente zwischen Großbritannien, Frankreich und Russland
1911	Der Parliament Act beendet das legislative Vetorecht des Oberhauses
1914–1918	Erster Weltkrieg. Das Empire geht auf der Seite Englands in den Krieg
1917	König Georg V. ändert aufgrund der anti-deutschen Stimmung den Namen der königlichen Familie von Sachsen-Coburg-Gotha zu Windsor
1919	Vertrag von Versailles. John Maynard Keynes warnt in «The Economic Consequences of the Peace» vor Vergeltung gegen Deutschland
1921	Gründung der Republik Irland. Sechs Grafschaften im Norden Irlands kommen als Provinz Ulster zum neuen «Vereinigten Königreich von Großbritannien und Nordirland»
1936	Rheinlandbesetzung. London verhindert Sanktionen gegen Deutschland. Dezember: Eduard VIII. verzichtet auf den Thron
1938	Münchner Abkommen mit Hitler, der Höhepunkt der britischen Appeasement-Politik
1939–1945	Zweiter Weltkrieg
1940	10. Mai: Winston Churchill wird Premierminister
1943	Teheran-Konferenz: Die Alliierten einigen sich auf die Forderung der bedingungslosen Kapitulation Deutschlands
1945	Labour gewinnt bei den ersten Unterhauswahlen nach dem Krieg, neuer Premierminister wird Clement Attlee
1946	Churchill spricht in Fulton, Missouri, von einem «Eisernen Vorhang, der sich über Europa gesenkt» habe, und skizziert in Zürich «eine Art von Vereinigten Staaten von Europa»
1947	Großbritannien entlässt Indien, Pakistan und Burma in die Unabhängigkeit
1951–1955	Churchill erneut Premierminister
1952	Königin Elisabeth II. folgt auf ihren Vater, Georg VI.
1956	Suez-Krise
1960	Die Entkolonialisierung in Afrika beschleunigt sich

1963 u. 1967	Frankreichs Präsident Charles de Gaulle legt gegen den britischen Antrag auf Beitritt zum Gemeinsamen Markt zweimaliges Veto ein
1969	Beginn der Bürgerkriegsunruhen in Nordirland (Ulster)
1973	Großbritannien wird zusammen mit Irland und Dänemark Mitglied der Europäischen Wirtschaftsgemeinschaft (EWG)
1976	Wirtschaftskrise: Die britische Regierung muss beim Internationalen Währungsfond um eine Milliarden-Anleihe nachsuchen
1978/79	«Winter des Missvergnügens»: Eine Welle von Streiks erschüttert Großbritannien
1979–1990	Margaret Thatcher Premierministerin
1982	Falkland-Krieg
1986	*Big bang* in der Londoner City: Die britische Finanzwirtschaft wird dereguliert, eine neue Unternehmerkultur wird angestoßen
1990	Bei den «2+4-Verhandlungen» um Deutschlands Wiedervereinigung fällt Außenminister Douglas Hurd eine versöhnende Rolle zu. Sturz Margaret Thatchers durch ihre eigene Partei
1992	16. September: «Schwarzer Mittwoch». Unter dem Druck globaler Spekulationen löst die Regierung John Major das britische Pfund aus dem Europäischen Währungssystem (EWS)
1994	Tony Blair wird Labour-Vorsitzender und zwingt seine Partei auf den von Thatcher vorgezeichneten marktwirtschaftlichen Kurs
1997–2007	Tony Blair Premierminister
1998	April: Karfreitagsabkommen über den Friedensprozess in Nordirland. August: Terror-Anschlag im nordirischen Omagh
1999	Beginn der Regionalisierung (*devolution*): Wales und Schottland stimmen für autonome Regierungen in Cardiff und Edinburgh
2005	Bombenattentate von islamistischen Terroristen auf das Londoner Nahverkehrsnetz mit 52 Opfern
2007	In Schottland verliert Labour seine traditionelle Dominanz und wird in der Regierung von der Scottish National Party (SNP) abgelöst. In Nordirland schließt Ian Paisley, Anführer der protestantischen Democratic Unionist Party (DUP), Frieden mit der katholischen Partei Sinn Féin und bildet mit ihr eine Allparteien-Regierung. Tony Blair tritt vorzeitig als Premierminister zurück. Sein Nachfolger Gordon Brown muss im Herbst zum ersten Mal in der britischen Geschichte eine Bank, die Northern Rock, verstaatlichen. Beginn der Auswirkungen der weltweiten Finanz- und Wirtschaftskrise auf Großbritannien
2009	Ein Spesenskandal erschüttert das Unterhaus. Die Labour-Partei erreicht bei den Kommunalwahlen mit 23 Prozent und bei der Wahl

zum Europäischen Parlament mit 15,7 Prozent der Stimmen einen Tiefpunkt in ihrer Geschichte

2010 Nach der Unterhauswahl kommt es zu einer Koalitionsregierung aus Konservativen und Liberaldemokraten unter Premierminister David Cameron und seinem Stellvertreter Nick Clegg

2011 April: Hochzeit von Prinz William und der bürgerlichen Catherine Middleton. Zwei Kinder kommen 2012 und 2015 zur Welt, Prinz George und Prinzessin Charlotte

2012 London richtet die Olympischen Spiele aus, zum zweiten Mal seit 1948. Die Queen begeht ihr diamantenes Thronjubiläum

2013 Im Januar verkündet David Cameron, bis spätestens 2017 ein Referendum über die britische EU-Mitgliedschaft («in» oder «out») abzuhalten

2014 In einem Referendum über Schottlands Unabhängigkeit entscheiden sich die Schotten mit 55 Prozent der Stimmen für einen Verbleib in der Union mit Großbritannien

2015 Bei der Unterhauswahl erringen die Konservativen die absolute Mehrheit und können von nun an unter David Cameron alleine regieren. Die Scottish National Party erringt 56 der 59 schottischen Unterhaussitze. Die Liberalen schneiden mit nur noch acht Sitzen verheerend schlecht ab. Labour wählt im Oktober Jeremy Corbyn zum neuen Parteivorsitzenden

Frankreich unter Heinrich II. (1154–1189)

Das Britische Empire 1922

Großbritannien mit Dominien und Kolonien (Ägypten 1914 unter brit. Schutzherrschaft)
Britische Interessensphäre in Persien
Irak
Zypern
Bagdad
Trans-jordanien
Katar
Karatschi
Delhi
Maskat
Oman
Kalkutta
Bombay
Burma
Hongkong
Weihaiwei
Pazifischer Ozean
Anglo-Ägypt. Sudan
Aden
Sokotra
Indien
Brit.-Somaliland
Colombo
Ceylon
Malediven
Brit.-N.-Borneo
Malaiische Staaten
Singapur
Borneo
Kenia (Brit.-Ostafrika)
Nairobi
Sansibar
Seychellen
Chagos-I.
Kokos-I.
Neuguinea
Papua
Salomonen
Port Moresby
Neue Hebriden
Nauru
Gilbert- u. Ellice-I.
Fidschi-I.
Njassaland
Salisbury
S.-Rhodesien
Mauritius
Betschuanaland
Swasiland
Basutoland
Australien
Fremantle
Sydney
Melbourne
Tasmanische See
Tasmanien
Neuseeland
Prinz-Edward-I.
Indischer Ozean

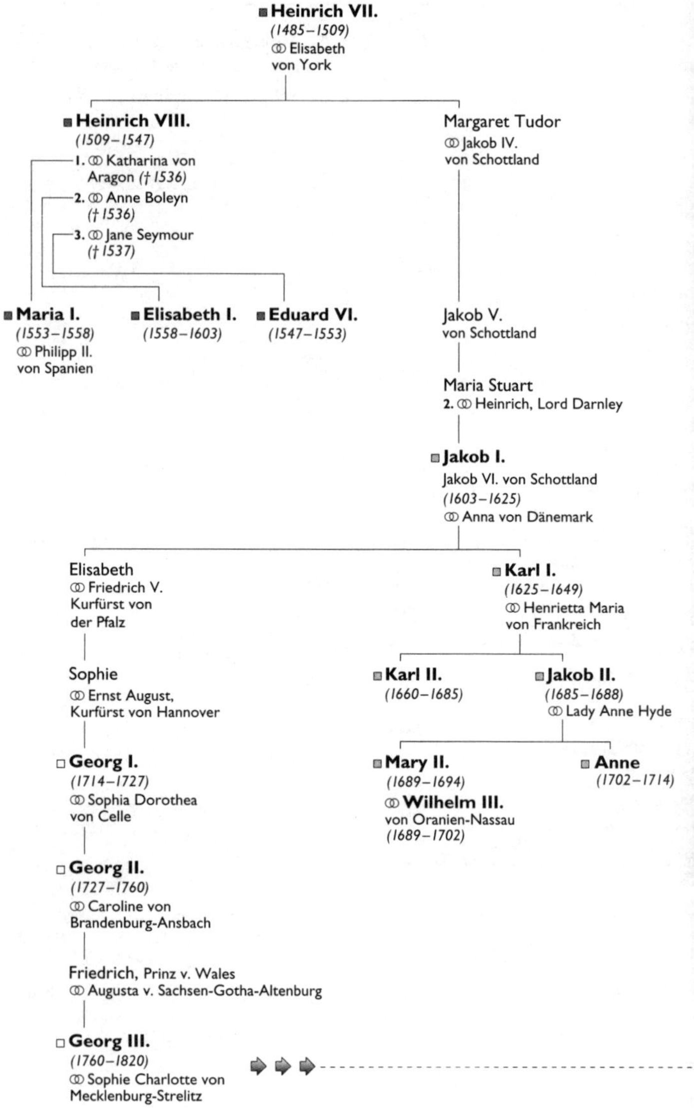

Stammtafel der britischen Dynastien seit der Tudor-Zeit

[Haus Hannover] **Georg III.**
(1760–1820)
⚭ Sophie Charlotte von Mecklenburg-Strelitz

[Haus Hannover] **Georg IV.**
(Regent seit 1811, König 1820–1830)
⚭ Caroline von Braunschweig-Wolfenbüttel

[Haus Hannover] **Wilhelm IV.**
Herzog von Clarence
(1830–1837)
⚭ Adelheid von Sachsen-Meiningen

Eduard
Herzog von Kent
⚭ Viktoria von Sachsen-Coburg

[Haus Hannover] **Viktoria**
(1837–1901)
⚭ Prinz Albert von Sachsen-Coburg-Gotha

Viktoria
⚭ Friedrich III.
Deutscher Kaiser
(9. 3. 1888–15. 6. 1888)

Wilhelm II.
Deutscher Kaiser
(1888–1918)

[Haus Sachsen-Coburg-Gotha] **Eduard VII.**
(1901–1910)
⚭ Alexandra von Dänemark

[Haus Windsor] **Georg V.**
Herzog von York
(1910–1936)
⚭ Maria von Teck

[Haus Windsor] **Eduard VIII.**
Herzog von Windsor
(1936, abgedankt)
⚭ Wallis Simpson

[Haus Windsor] **Georg VI.**
Herzog von York
(1936–1952)
⚭ Lady Elisabeth Bowes-Lyon

[Haus Windsor] **Elisabeth II.**
(1952–)
⚭ Prinz Philip Herzog von Edinburgh

Alice
(† 1878)
⚭ Ludwig IV. von Hessen

Viktoria
(† 1950)
⚭ Ludwig von Battenberg

Alice
(† 1969)
⚭ Andreas von Griechenland

Philip
(jetzt Herzog von Edinburgh und Prinzgemahl)

Charles
Prinz von Wales
1. ⚭ Lady Diana Spencer *(† 1997)*
2. ⚭ Camilla Parker Bowles

Anne

Andrew

Edward

William
⚭ Catherine Middleton

Henry

George

Charlotte

- HAUS TUDOR
- HAUS STUART
- HAUS HANNOVER
- HAUS SACHSEN-COBURG-GOTHA
- HAUS WINDSOR

LITERATURHINWEISE

Die Literatur zur englischen Geschichte, auch als Teil der europäischen, ist uferlos. Doch ragen drei Titel aus jüngster Zeit heraus, die schon jetzt als so etwas wie moderne Klassiker gelten und die daher hier an den Anfang gestellt werden.

Kershaw, Ian: To Hell and Back. Europe 1914–1949. London 2015.

Starkey, David: Crown and Country. A History of England through the Monarchy. London 2010.

Tombs, Robert: The English and Their History. London 2015.

Allmand, Christopher: The Hundred Years War. England and France at War, ca. 1300–ca. 1450. Cambridge 2001.

Alter, Peter und Kluke, Paul (Hg.): Aspekte der deutsch-britischen Beziehungen im Laufe der Jahrhunderte. Stuttgart 1978.

Annan, Noel: Changing Enemies. The Defeat and Regeneration of Germany. London 1995.

Anstey, Roger: The Atlantic Slave Trade and British Abolition. London 1975.

Ashton, Rosemary: Little Germany. Exile and Asylum in Victorian England. Oxford 1986.

Bagehot, Walter: Die englische Verfassung. Neuwied 1971.

Beevor, Antony: Der Zweite Weltkrieg. München 2014.

Bernard, G.W.: The King's Reformation. Henry VIII and the Remaking of the English Church. New Haven/London 2005.

Bowman, Peter James: The Fortune Hunter. A German Prince in Regency England. Oxford 2010.

Braddick, Michael: God's Fury, England's Fire. A New History of the English Civil Wars. London 2008.

Bradford, Elizabeth: Diana. London 2006.

Brandreth, Giles: Philip und Elizabeth. Porträt einer Ehe. München 2006.

Buruma, Ian: Anglomania – Europas englischer Traum. München 2002.

Cannadine, David: The Decline and Fall of the British Aristocracy. New Haven/London 1990.

Ders. (Hg.): The Speeches of Winston Churchill. London 1990.

Ders.: Winston Churchill. Abenteurer, Monarchist, Staatsmann. Berlin 2005.

Colley, Linda: Britons. Forging the Nation 1707–1837. New Haven/London 1992.

Colls, Robert: Identity of England. Oxford 2002.

Davison, Peter: Orwell's England. London 2001.

De Gaulle, Charles: Memoiren der Hoffnung. Wien 1971.
Dickinson, H. T. (Hg.): Britain and the French Revolution 1789–1815. London 1989.
Eade, Philip: The Young Prince Philip. London 2011.
Ferguson, Niall: Empire. How Britain Made the Modern World. London 2003.
Fontane, Theodor: Wanderungen durch England und Schottland. 2 Bde. Hg. v. Hans-Heinrich Reuter. Berlin 1998.
Fox, Kate: Watching the English. The Hidden Rules of English Behaviour. London 2004.
Gelfert, Hans-Dieter: Typisch Englisch. Wie die Briten wurden, was sie sind. München 2002.
Ders.: Madam I'm Adam. Eine Kulturgeschichte des englischen Humors. München 2007.
Griffin, Emma: A Short History of the British Industrial Revolution. London 2010.
Harris, Robin: Not for Turning. The Life of Margaret Thatcher. London 2013.
Hart-Davis, Adam: What the Victorians Did for Us. London 2001.
Hastings, Max: Bomber Command. London 1979.
Hermann, Arthur: To Rule the Waves. How the British Navy Shaped the Modern World. London 2004.
Herwarth, Hans von: Von Adenauer zu Brandt. Erinnerungen. Berlin 1990.
Hibbert, Christopher: Queen Victoria. A Personal History. London 2001.
Hill, Roland: Eine Zeit aus den Fugen. Erinnerungen eines deutsch-englischen Europäers. Freiburg 2009.
Judd, Denis: Empire. The British Imperial Experience. From 1765 to the Present. London 1996.
Kastendieck, Hans u.a. (Hg.): Großbritannien. Geschichte–Politik–Wirtschaft–Gesellschaft. Frankfurt a.M. 1999.
Kershaw, Ian: Hitlers Freunde in England. Lord Londonderry und der Weg in den Krieg. München 2005.
Ders.: Wendepunkte. Schlüsselentscheidungen im Zweiten Weltkrieg. München 2008.
Keynes, John Maynard: Die wirtschaftlichen Folgen des Vertrags von Versailles. Berlin 2014.
Kielinger, Thomas: Die Kreuzung und der Kreisverkehr. Deutsche und Briten im Zentrum der europäischen Geschichte. Bonn 1997.
Kluxen, Kurt: Geschichte Englands. Stuttgart 1976.

Lenman, Bruce: Britain's Colonial Wars 1688-1783. Harlow 2001.
Lukacs, John: Churchill und Hitler. Der Zweikampf, 10. Mai–31. Juli 1940. Stuttgart 1992.
Ders.: Fünf Tage in London. England und Deutschland im Mai 1940. Berlin 2000.
Macdonogh, Giles: After the Reich. The Brutal History of the Allied Occupation. London 2007.
MacGregor, Neil: Shakespeares ruhelose Welt. München 2013.
MacShane, Denis: Brexit. How Britain Will Leave Europe. London 2005.
Maddicott, J. R.: Origins of the English Parliament. Oxford 2010.
Mander, John: Our German Cousins. Anglo-German Relations in the 19th and 20th Century. London 1974.
Mandler, Peter: English National Character. The History of an Idea from Edmund Burke to Tony Blair. New Haven/London 2006.
Marsh, David: Der Euro. Die geheime Geschichte der neuen Weltwährung. Hamburg 2009.
Massie, Robert K.: Die Schalen des Zorns. Großbritannien, Deutschland und das Heraufziehen des Ersten Weltkrieges. Frankfurt a.M. 1993.
Maurer, Michael (Hg.): O Britannia, von deiner Freiheit einen Hut voll – Deutsche Reiseberichte des 18. Jahrhunderts. München/Leipzig 1992.
Mendelssohn, Peter de: Inselschicksal England. Schrittsteine der Geschichte. München 1965.
Mommsen, Wolfgang (Hg.): Die ungleichen Partner. Deutsch-britische Beziehungen im 19. und 20. Jahrhundert. Stuttgart 1999.
Newsome, David: The Victorian World Picture. London 1998.
Niedhart, Gottfried: Britische Deutschlandpolitik und Adenauers Englandpolitik 1949–1956. In: Deutschland–Großbritannien–Europa. Hg. v. Karl Rohe, Gustav Schmidt und Hartmann Pogge von Strandmann. Bochum 1992.
Oppel, Horst: Englisch-deutsche Literaturbeziehungen. Berlin 1971.
Orwell, George: The Lion and the Unicorn. Socialism and the English Genius. In: The Collected Essays, Journalism and Letters of George Orwell. Bd. 2. Hg. v. Sonia Orwell und Ian Angus. London 1970.
Overy, Richard: Der Bombenkrieg. Europa 1939–1945. Berlin 2014.
Paxman, Jeremy: The English. A Portrait of a People. London 1999.
Pimlott, Ben: Elizabeth II and the Monarchy. Golden Jubilee Edition. London 2002.
Posener, Alan: William Shakespeare. Hamburg 2001.
Posener, Julius: In Deutschland 1945 bis 1946. Berlin 2001.

Prochaska, Frank: The Republic of Britain. London 2000.
Reynolds, David: In Command of History. Churchill Fighting and Writing the Second World War. London 2004.
Ders.: The Long Shadow. The Great War in the Twentieth Century. London 2013.
Roberts, Andrew: Hitler and Churchill. Secrets of Leadership. London 2003.
Rodger, N. A. M.: The Safeguard of the Sea. A Naval History of Britain. London 2004.
Röhl, John C. G.: Der Kaiser und England. In: Victoria & Albert, Vicky & The Kaiser. Ein Kapitel deutsch-englischer Familiengeschichte. Hg. v. Wilfried Rogasch. Berlin 1997.
Schmitt, Carl: Land und Meer. Stuttgart 2001.
Schwanitz, Dietrich: Englische Kulturgeschichte von 1500 bis 1914. Frankfurt a. M. 1996.
Schwarz, Hans-Peter: Das Gesicht des 20. Jahrhunderts. Monster, Retter, Mediokritäten. Neue und ergänzte Ausgabe. Berlin 2010.
Seldon, Anthony und Snowden, Peter: Cameron at 10. The Inside Story 2010–2015. London 2015.
Semmel, Stuart: Napoleon and the British. New Haven, CT 2004.
Speck, W. A.: Reluctant Revolutionaries. Englishmen and the Revolution of 1688. Oxford 1988.
Spencer, Edmund: Sketches of Germany and the Germans. With a Glance at Poland, Hungary and Switzerland in 1834, 1835 and 1836. Boston 2003.
Spender, Stephen: Deutschland in Ruinen. Ein Bericht. Heidelberg 1995.
Thatcher, Margaret: Downing Street No. 10. Die Erinnerungen. Düsseldorf 1993.
Thomas, Hugh: The English and the Normans. Oxford 2003.
Thomas, Michael: Deutschland, England über alles. Rückkehr als englischer Besatzungsoffizier. Berlin 1984.
Taylor, A. J. P.: English History 1914–1945. Oxford 1965.
Toynbee, Arnold J.: Acquaintances. Oxford 1967.
Urbach, Karina: Queen Victoria. Eine Biografie. München 2014.
Voltaire: Briefe aus England. Zürich 1994.
Wall, Stephen: A Stranger in Europe. Britain and the EU from Thatcher to Blair. Oxford 2008.
Wende, Peter: Großbritannien 1500–2000. München 2001.
Ders.: Das britische Empire. Geschichte eines Weltreichs. München 2008.
Wilson, A. N.: The Victorians. London 2002.

Winder, Robert: Bloody Foreigners. The Story of Immigration to Britain. London 2004.
Winter, J. M.: The Great War and the British People. London 2003.
Witt, Jann M.: Horatio Nelson. Triumph und Tragik eines Seehelden. Hamburg 2005.
Young, Hugo: This Blessed Plot. Britain and Europe from Churchill to Blair. London 1998.

BILDNACHWEIS

akg-images: **S. 53**
Associated Press: **S. 201**
Bridgeman Art Library: **S. 95**
Bridgeman Art Library/VG Bild-Kunst, Bonn 2016: **S. 259**
CINETEXT: **S. 99**
Getty Images: **S. 155**
Tim Graham/Getty Images: **S. 250**
INTERFOTO/Illustrated London News Ltd/Mary Evans: **S. 231**
Peter Palm, Berlin: **S. 8, 269–273**
picture alliance/akg-images: **S. 72**
picture alliance/empics: **S. 123**
The Bayeux Tapestry. The Complete Tapestry in Color. With Introduction, Description and Commentary by David M. Wilson. New York 1985: **S. 40**

Leider war es nicht in allen Fällen möglich,
die Inhaber der Rechte zu ermitteln.
Wir bitten deshalb gegebenenfalls um Mitteilung.
Der Verlag ist bereit, berechtigte Ansprüche abzugelten.

PERSONENREGISTER

A

Acheson, Dean 104, 225
Adenauer, Konrad 27f., 181, 215–217, 219–223, 226
Albert von Sachsen-Coburg-Gotha, *Prince Consort* 107, 153, 175–178
Alexander I., *Zar* 151
Alfred der Große, *König von Wessex* 37f., 40
Ali, Monica 29
Ambler, Eric 29
Amelunxen, Rudolf 218f.
Amis, Martin 29
Andreotti, Giulio 235
Anna von Kleve 54
Annan, Noel 181, 217
Anne, *Königin von Großbritannien und Irland* 62
Anne, *Princess Royal* 63
Annigoni, Pietro 259
Archenholz, Johann Wilhelm von 112f.
Arnold, Matthew 174
Ashton, Rosemary 165
Astor, Nancy 206
Attali, Jacques 234
Attila 199
Attlee, Clement 197, 206
Augustus, Gaius Octavius, *röm. Kaiser* 199

B

Bacon, Francis 42
Bagehot, Walter 257
Bainbridge, Beryl 29
Baldwin, Stanley 159
Barker, Pat 29
Barraclough, John Ashworth 215
Barzel, Rainer 217
Baselitz, Georg 33
Beda Venerabilis 38
Bedford, John Lancaster, Duke of 97f.
Beethoven, Ludwig van 174
Bell, George 210f.
Beloff, Max 110
Benson, Arthur Christopher 120
Berlioz, Hector 165
Best, Sigismund Payne 207
Bingham, Harry 120, 134
Birch-Pfeiffer, Charlotte 183
Bismarck, Otto von 108, 157, 180f., 193f., 210, 234
Blair, Cherie 64, 258
Blair, Tony 11f., 30, 63, 110, 126, 150, 235, 257, 260
Blücher, Gebhard Leberecht von 158
Blunkett, David 251
Boleyn, Anne 54
Bolingbroke, Henry St. John, 1. Viscount 27
Boomgaarden, George 35
Bowes-Lyon (*Queen Mother*), Elisabeth 212, 254
Bowman, James 173
Bradford, Sarah 254
Bradshaw, John 77
Brandon, Charles, *Herzog von Suffolk* 102
Brandon, William 102
Brandt, Willy 216, 223
Bretherton, Russell 227
Brougham, William 175, 177

Brown, Gordon 10, 101, 108f., 118, 122
Bülow, Bernhard von 156, 182, 195
Bullard, Julian 228
Bunsen, Christian Karl von 153
Bunyan, John 57
Burke, Edmund 87f., 95, 124, 136, 139, 161
Butler, Richard Austen 228
Byron, George Gordon 171

C

Caesar, Gaius Iulius 11
Caligula, *röm. Kaiser* 232
Callaghan, James 230
Cameron, David 12, 16, 18f., 21, 235f.
Campbell, Thomas 174f., 177
Canning, George 129
Carlyle, Thomas 174
Carrington, Peter 228
Castlereagh, Robert Stewart, 2. Marquess of Londonderry, Viscount 151f., 181
Cato, Marcus Porcius 179
Cecil of Chelwood, Robert Cecil, 1. Viscount 213
Chamberlain, Neville 74, 192, 196f., 199
Chávez, Hugo 13
Cheysson, Claude 232
Chirac, Jacques 105
Christian VII., *König von Dänemark und Norwegen* 110
Churchill, Clementine 198
Churchill, John, *Herzog von Marlborough* 27, 198
Churchill, Randolph 163
Churchill, Winston 9, 14, 22f., 27f., 105, 119, 129, 137, 142, 149, 163, 170, 189, 192, 194, 198–204, 206–211, 216, 220, 230, 232
Churchill, Winston (Spencer-) 9
Cicero, Marcus Tullius 126
Clarkson, Jeremy 108f., 122
Clegg, Nick 125
Clemenceau, Georges 190
Coke, Edward 68
Coleridge, Samuel Taylor 174
Colls, Robert 40
Colombo, Emilio 229
Cook, Thomas 171
Corbyn, Jeremy 13–15
Cornwallis, Charles, 1. Marquess 94, 96, 138
Cranmer, Thomas, *Erzbischof von Canterbury* 57f.
Cromwell, Oliver 57, 66, 70–77, 81, 122, 142
Cromwell, Richard 76
Cromwell, Thomas 56, 58
Crowe, Eyre 184
Cruikshank, Isaac 94

D

Dahrendorf, Ralf 112, 217
De Gaulle, Charles 103–105, 199, 220–223
Defoe, Daniel 39, 42, 245
Dehio, Ludwig 150
Descartes, René 42
Dickens, Charles 172–174
Dimbleby, Jonathan 260
Disraeli, Benjamin 124, 140, 152, 180, 193
Donne, John 57
Drake, Francis 135
Duncan Smith, Iain 125

E

Eckermann, Johann Peter 131
Eden, Anthony 191f., 195f., 220
Edmund «Crouchback» 48
Eduard I., *König von England* 41, 48–50, 136
Eduard III., *König von England* 51
Eduard VI., *König von England* 57
Eduard VII., *König von Großbritannien und Kaiser von Indien* 156
Eduard VIII., *König von Großbritannien und Kaiser von Indien/Herzog von Windsor* 194, 254f.
Eleonore von Aquitanien, *Königin von Frankreich, Königin von England* 43
Elgar, Edward 120
Elisabeth I., *Königin von England* 42, 56–58, 62, 116, 126, 135
Elisabeth II., *Königin von England* 55, 63, 111, 143, 212, 224, 237, 249, 253–261
Elkins, Caroline 144
Engels, Friedrich 88, 160–164
Enright, Anne 29
Equiano, Olaudah 147f.
Erdmannsdorff, Friedrich Wilhelm von 86
Erhard, Ludwig 223
Erler, Fritz 222
Ernst August, *Kurfürst von Braunschweig-Lüneburg* 62

F

Falkener, M. 101
Fallada, Hans 33
Fawkes, Guy 58
Ferguson, Niall 156
Fischer, Hartwig 34
Fisher, Herbert A. L. 175
Fisher, John 55
Fleetwood, Charles 76
Fleming, Ian 29
Fontane, Theodor 31, 80, 121, 128f., 154, 162, 167f.
Forsyth, Frederick 29
Fortescue, John 102f.
Fox, Charles James 94, 124
Fox, Kate 168, 229
Franziskus, *Papst* 65
Freiligrath, Ferdinand 165, 183, 245
Friedrich III., *Deutscher Kaiser* 178f.
Friedrich II. der Große, *König von Preußen* 122, 151, 157f., 174
Friedrich, Jörg 211
Friedrich Franz, *Herzog von Anhalt-Dessau* 86
Friedrich Wilhelm IV., *König von Preußen* 107
Frobisher, Martin 135

G

Gaitskell, Hugh 103f.
Gall, Lothar 36, 193
Galtieri, Leopoldo 232
Gandhi, Mahatma 141
Garton Ash, Timothy 235
Gelfert, Hans-Dieter 36, 161
Genscher, Hans-Dietrich 229, 234
Georg I., *König von Großbritannien und Irland* 62f.
Georg III., *König von Großbritannien und Irland* 110, 113, 122, 136f., 254
Georg V., *König von Großbritannien und Kaiser von Indien* 63
Georg VI., *König von Großbritannien und Kaiser von Indien* 243, 254f.
Georges de la Tour 16
Gilbert, Humphrey 135

Gill, Adrian Anthony 109, 119
Gillray, James 94
Gladstone, William 124
Goebbels, Joseph 129, 195
Goethe, Johann Wolfgang von 87, 131–133, 171, 174, 227
Gombrich, Ernst 225
Gorbatschow, Michail 136, 234f.
Gottsched, Johann Christoph 87
Graves, Robert 158
Grayling, Anthony Clifford 211f.
Green, Stephen 33
Greville, Charles 166
Grey, Edward 188, 196
Grigg, John 209
Grosseteste, Robert 53f.

H

Händel, Georg Friedrich 62f., 172
Haffner, Sebastian 203
Haig, Douglas 158
Haldane, Richard 185f.
Halifax, Edward Wood, 1. Earl of 195f., 200f.
Hamm-Brücher, Hildegard 217
Hamza al-Masri, Abu 239f.
Hanfstaengl, Ernst «Putzi» 198
Harald II., *angelsächsischer König* 37, 40
Harris, Arthur 209–212
Hastings, Max 209
Hastings, Warren 139
Hauptmann, Gerhart 187
Hawkins, John 135
Heath, Edward 230, 232, 246
Hegel, Georg Wilhelm Friedrich 90, 115, 132f., 162
Heine, Heinrich 28, 88, 124, 169, 182–184
Heinrich I., *König von England* 44
Heinrich III., *König von England* 47–49
Heinrich V., *König von England* 93, 98f.
Heinrich VI., *König von England* 97f., 102, 224
Heinrich VII., *König von England* 54, 63
Heinrich VIII., *König von England* 26, 51–58, 116
Helvétius, Claude Adrien 111
Henckel von Donnersmarck, Florian 33
Henrietta Maria, *Königin von England, Schottland und Irland* 68f.
Herder, Johann Gottfried 25f., 87
Herwarth von Bittenfeld, Hans-Heinrich 28, 216, 221
Herzen, Alexander 165
Hitchens, Peter 119
Hitler, Adolf 22, 74, 108, 110, 114, 129, 155, 174, 191–200, 202–205, 208, 211, 225, 246
Hobbes, Thomas 90f., 115
Hoffmann von Fallersleben, August Heinrich 183
Hofmann, August Wilhelm von 178
Hogarth, William 94
Holbein, Hans 53
Horaz 117
Howard, Catherine 54
Howard, Michael 195f.
Howe, Geoffrey 229f.
Howitt, Mary 165
Howitt, William 171
Humboldt, Wilhelm von 174
Hume, David 23, 90f., 118
Hussein, Saddam 11f.
Hyde, Anne 82

I

Ibrahim, Muktar Said 239
Innozenz III., *Papst* 45
Isaacs, George 243
Ismay, Hastings 200, 208

J

Jakob I., *König von England und Irland*/Jakob VI., *König von Schottland* 58, 62f., 67
Jakob II., *König von England, Schottland und Irland* 61f., 77f., 80–84, 88f., 147, 161
James, Phyllis Dorothy 29
Jeanne d'Arc 97
Jefferson, Thomas 90
Johann, *König von England* 43–47
Johannes Paul II., *Papst* 64f.
Johnson, Boris 21
Johnson, Samuel 23
Joseph I., *Kaiser* 153
Jünger, Ernst 241f.

K

Kant, Immanuel 130
Karl VI., *Kaiser* 153
Karl I., *König von England, Schottland und Irland* 36, 66–71, 74–78, 83f., 109
Karl II., *König von England, Schottland und Irland* 61f., 76f., 80f.
Karl VI., *König von Frankreich* 99
Karl VII., *König von Frankreich* 98
Katharina von Aragon, *Königin von England* 54
Katharina von Braganza 77
Kennan, George 209
Kennedy, John F. 104
Kennedy, Paul 134
Kershaw, Ian 193, 200
Keun, Odette 196
Keynes, John Maynard 190
Khan, Mohammed Sidique 238–240
Kinkel, Gottfried 165
Kissinger, Henry 109f.
Kleist, Heinrich von 128
Kluxen, Kurt 80
Kölle, Christoph Friedrich Karl 183
Kohl, Helmut 229, 234f., 258
Kossuth, Lajos 165
Kuenzer, Richard 196f.
Kureishi, Hanif 238

L

Lambert, John 76
Lara, Brian 24
Laud, William, *Erzbischof von Canterbury* 68, 70, 77
Le Carré, John 29
Le Nôtre, André 86
Leiningen, Carl von 153
Leonardo da Vinci 16
Leopold I., *König der Belgier* 107
Lessing, Gotthold Ephraim 86f.
Letts, Quentin 119
Lewes, George Henry 174
Lewis, Clive Staples 30
Lichtenberg, Georg Christoph 106
Liddle, Rod 119f.
Lincoln, Abraham 146
Lissauer, Ernst 187f.
Lloyd George, David 14, 186, 189f., 194
Locke, John 42, 58, 84, 89–92, 218
Londonderry, Charles Vane-Tempest-Stewart, 7. Marquess of 158f., 194

Londonderry, Edith Vane-Tempest-Stewart, Marchioness of 194f.
Louis Philippe I., *König der Franzosen* 166
L'Ouverture, Toussaint 148
Lowe, Keith 211f.
Ludwig I., *König von Bayern* 38
Ludwig XIV., *König von Frankreich* 27, 61, 78, 82, 89, 93, 149–151, 224f.
Lübbe, Hermann 9
Lukacs, John 200
Luther, Martin 54

M

Macaulay, Thomas 42, 139–141, 161f.
MacDonald, Ramsay 191
MacGregor, Neil 34
Macmillan, Harold 103f., 216, 220f., 225, 228
MacShane, Denis 18
Major, John 235f.
Mallaby, Christopher 229
Mandela, Nelson 144
Mandelson, Peter 10
Mander, John 176, 193
Mann, Thomas 187
Mansfield, William Murray, 1. Earl of 148
Margaret, *Countess of Snowdon* 255, 260
Maria I., *Königin von England und Irland* 57f.
Maria II. (Mary), *Königin von England, Schottland und Irland* 78, 82, 84f., 89
Maria von Modena, *Königin von England, Schottland und Irland* 82
Marlowe, Christopher 57
Marr, Andrew 119
Marsh, David 236
Marshall, George C. 220
Marx, Jenny 31f.
Marx, Karl 31, 88, 161–164, 166, 229
Massie, Robert K. 182
Mayer, Karl 183
Mazzini, Giuseppe 165, 167f.
McCartney, Paul 32
McEwan, Ian 29
Mendelssohn Bartholdy, Felix 172
Messina, Brüder 228
Metternich, Clemens Wenzel Lothar von 166
Meysenbug, Malwida von 165
Miliband, Edward Samuel «Ed» 12f.
Mill, John Stuart 42, 163, 168
Milton, John 57, 71f.
Mirren, Helen 256
Mitterrand, François 232–235
Mohammed 114
Moltke, Gebhard von 109
Monroe, Marilyn 232
Montesquieu, Charles de Secondat, Baron de 157
Montfort, Simon de, 6. Earl of Leicester 48f.
Moore, Rowan 209
Moritz, Karl Philipp 121–124
Morus, Thomas 55
Mosley, Oswald 202
Moss, Kate 32
Mountbatten, Prinz Philip, *Herzog von Edinburgh* 255, 258–260
Mountbatten-Windsor, Camilla, gesch. Parker-Bowles, *Herzogin von Cornwall* 64, 253f.
Mountbatten-Windsor, Charles,

Prinz von Wales 64, 86, 253f., 256, 260
Mountbatten-Windsor, Charlotte, *Prinzessin* 256
Mountbatten-Windsor, Catherine, *Herzogin von Cambridge* 256
Mountbatten-Windsor, George, *Prinz* 256
Mountbatten-Windsor, Harry, *Prinz* 260
Mountbatten-Windsor, William, *Herzog von Cambridge* 256, 260
Müller, Adam 127
Muggeridge, Malcolm 112
Musharraf, Pervez 143
Mussolini, Benito 193, 200f.

N

Naipaul, Vidiadhar Surajprasad 29
Namier, Lewis 86
Napoleon I. Bonaparte, *Kaiser der Franzosen* 94, 96f., 100, 124, 133, 149, 151, 154, 158, 181, 204, 224f.
Nehru, Jawaharlal 141f.
Nelson, Horatio 17, 94, 97, 225
Nicolai, Otto 63
Nicolson, Harold 206f.
Nicolson, Victoria «Vita», geb. Sackville-West 206f.
Nietzsche, Friedrich 90
Nye, Joseph 29

O

Obama, Barack 143f., 240
Olivier, Laurence 98f.
Oltermann, Philip 33
O'Neill, Con 227
Orwell, George 42, 122, 150, 158, 169, 193, 229, 240
Osborne, George 19, 21

P

Paine, Thomas 88
Paisley, Ian 59f.
Palmerston, Henry Temple, 3. Viscount 153, 193
Parr, Catherine 54
Paxman, Jeremy 229
Paxton, Joseph 177
Peel, Robert 153
Pepys, Samuel 77
Perikles 199
Pevsner, Nikolaus 225
Pfizer, Gustav 183
Philipp II., *König von Frankreich* 43
Philipp II., *König von Spanien/* Philipp I., *König von Portugal* 149, 224f.
Philipp V. von Anjou, *König von Spanien* 153
Phillipps, Autumn, geb. Kelly 63
Phillips, Melanie 120
Phillipps, Peter 63
Pitt d. J., William 94, 124, 225
Ploetz, Hans-Friedrich von 236
Pope, Alexander 85f.
Popper, Karl R. 225
Powell, Charles 234
Powell, Enoch 245–247, 251
Price, Richard 87
Pride, Thomas 66
Prutz, Robert Eduard 183
Pückler-Muskau, Hermann von 129, 174
Pullman, Philip 30

R
Radbruch, Gustav 41
Rankin, Ian 29
Reynaud, Paul 202f.
Ricardo, David 163
Richter, Will 117
Riedl, Peter Philipp 130
Rigby, Lee 241
Robespierre, Maximilien de 75
Robinson, Henry Crabb 174f., 177
Robinson, Thomas 175
Rochambeau, Jean-Baptiste-Donatien de Vimeur, Comte de 94
Röhl, John C. G. 156, 197
Rommel, Erwin 158
Roon, Albrecht von 193f.
Roosevelt, Franklin D. 137
Roosevelt, Theodore 179
Roth, Martin 34
Rothermere, Harold Harmsworth, 1. Viscount 195
Rowlandson, Thomas 94f.
Rowling, Joanne K. 30
Rubens, Peter Paul 84
Ruge, Arnold 165
Rumford, Benjamin Thompson, Lord 86
Rushdie, Salman 29
Russell, John, 1. Earl of 164, 193

S
Salisbury, Robert Gascoyne-Cecil, 3. Marquess of 156
Sanderson, Thomas 185
Sarkozy, Nicolas 101
Scargill, Arthur 232
Scheler, Max 187
Schellenberg, Walter 207
Schiller, Friedrich 171, 174
Schlegel, August Wilhelm 98
Schlenke, Manfred 132
Schmidt, Helmut 228
Schmitt, Carl 26
Schopenhauer, Arthur 90
Schurz, Carl 165
Schwab, Gustav 183
Schwarz, Hans-Peter 181
Scott, James, *Herzog von Monmouth* 78
Scruton, Roger 119
Seeley, John 135, 139, 248
Seymour, Jane 54
Seymour, Miranda 33
Shaftesbury, Anthony Ashley-Cooper, 1. Earl of 79f., 89
Shaftesbury, Anthony Ashley-Cooper, 3. Earl of 79, 89
Shakespeare, William 11, 20, 25f., 57, 87, 93, 98f., 115f., 126, 134, 187
Shaw, George Bernard 229
Smith, Adam 91f., 134, 163
Smith, Alan 212
Smith, Zadie 29
Snowman, Daniel 225
Sombart, Werner 187
Sophie von der Pfalz 62
Spaak, Paul-Henri 227
Spencer, Diana, *Prinzessin von Wales* 28, 86, 119, 253, 256, 260
Spencer, Edmund 172f.
Spencer, Herbert 115
Starkey, David 119
Stevens, Richard 207
Strafford, Thomas Wentworth, Earl of 70
Stuart, James Francis Edward 82
Sturgeon, Nicola 15f.
Sturz, Helferich Peter 110f., 113

T

Tacitus, Publius Cornelius 157
Tamerlan 199
Tanweer, Shehzad 238, 240
Temple, William, *Erzbischof von Canterbury* 210
Templer, Gerald 215
Tendulkar, Sachin 24, 28
Thackeray, William 173f.
Thatcher, Margaret 169, 219, 228–235
Thomas, Michael 215
Thomson, James 147
Tirpitz, Alfred von 181f., 185f.
Tizard, Henry 230
Tocqueville, Alexis de 42, 103
Tolkien, John Ronald Reuel 30
Tooze, Adam 212
Toynbee, Arnold 196f.
Trevisano, Andrea 116f.
Turner, William 171

U

Ulrici, Hermann 187

V

Vergil 26, 246
Viktoria, *Königin von Großbritannien und Kaiserin von Indien* 63, 107, 140f., 155, 164f., 174–180
Viktoria (Vicky/Kaiserin Friedrich), *Deutsche Kaiserin* 178–180, 182
Villepin, Dominique de 95
Voltaire, François-Marie Arouet 100f., 103, 116f.

W

Walden, George 119
Wall, Stephen 227
Washington, George 199
Watson, Alan 141
Watson, Peter 33
Weidenfeld, George 225
Weizsäcker, Richard von 233
Wellington, Arthur Wellesley, Duke of 158
Wende, Peter 134–136
Wendeborn, Friedrich August 117f.
Wilberforce, William 147
Wilhelm I., *Deutscher Kaiser* 108, 166
Wilhelm II., *Deutscher Kaiser* 63, 140, 149, 155f., 159, 179, 181f., 185–187, 225
Wilhelm I. der Eroberer, *König von England* 37–41, 44, 204
Wilhelm II., *König von England* 44
Wilhelm III. von Oranien (William), *König von England, Schottland und Irland* 62, 78, 82–85, 87, 93
Williams, Rowan, *Erzbischof von Canterbury* 64f., 253
Wilson, Harold 103, 105, 245
Wilson, Woodrow 190
Winder, Simon 33
Wycliffe, John 54

Y

Young, Edward 87
Young, Hugo 227

Z

Zeppelin, Ferdinand von 154